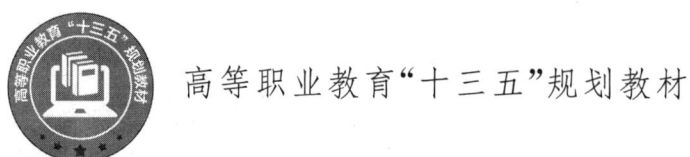

高等职业教育"十三五"规划教材

邮政技术设备与管理

马 记 等 编著

北京邮电大学出版社
www.buptpress.com

内容简介

本书首先介绍了邮政技术设备的面向对象——邮件和邮件处理的工艺流程,在此基础上全面系统地介绍了邮政技术涉及的条码信息、图像信息、各环节生产处理设备。全书共十二章,主要内容包括:绪论、邮件处理工艺、数字图像处理基本知识、条码技术、射频技术、信函分拣设备、包件分拣设备、装卸搬运及仓储设备、邮政通用设备、终端设备及营业设备、邮政信息技术和邮政技术设备管理。

本书针对高职高专的培养目标,结合企业,突出技术实用性,可作为高职高专院校邮政类、快递类、物流等相关专业的教材,也可作为邮政业中从业人员的参考用书。

图书在版编目(CIP)数据

邮政技术设备与管理 / 马记等编著. -- 北京:邮电大学出版社,2018.8
ISBN 978-7-5635-5581-9

Ⅰ.①邮… Ⅱ.①马… Ⅲ.①邮政营业设备-设备管理-高等职业教育-教材 Ⅳ.①F616.5

中国版本图书馆 CIP 数据核字(2018)第 191319 号

书　　　　名:	邮政技术设备与管理
著作责任者:	马　记　等编著
责 任 编 辑:	徐振华　廖　娟
出 版 发 行:	北京邮电大学出版社
社　　　　址:	北京市海淀区西土城路 10 号(邮编:100876)
发　行　部:	电话:010-62282185　传真:010-62283578
E-mail:	publish@bupt.edu.cn
经　　　　销:	各地新华书店
印　　　　刷:	北京玺诚印务有限公司
开　　　　本:	787 mm×1 092 mm　1/16
印　　　　张:	13.75
字　　　　数:	355 千字
版　　　　次:	2018 年 8 月第 1 版　2018 年 8 月第 1 次印刷

ISBN 978-7-5635-5581-9　　　　　　　　　　　　　　　　定　价:35.00 元
· 如有印装质量问题,请与北京邮电大学出版社发行部联系 ·

前　言

互联网下的寄递业务正在突飞猛进的发展,除了业务数量的激增,工业产品的数量占比越来越大,邮件(快件)的物理特征也发生了巨大的变化。面对邮件(快件)物理特征的这些变化,分拣、装卸搬运、运输处理等环节需要采用相应的技术手段,以适应处理对象的变化。

另外,生活快捷化对邮件(快件)时限也有了更高的要求。因此,需要邮政业从不同的角度缩短寄递时间,提升服务质量。如采用云仓储、配送等物流模式,同时,优化邮件(快件)处理流程,提升设备生产能力等。

在信息化设备的支撑下,邮件(快件)生产处理设备的种类和技术性能都有了重大的变化。基于此,本教材立足于原有邮政技术设备基础,及时跟进邮政的新知识、新技术、新工艺、新设备,在章节中增加了许多新的著述内容。

本教材编著的思路从认识邮件本身物理特征和属性开始,全面认识邮件(快件)特征属性和包装要求,之后阐述了不同类别邮件的工艺流程,依据工艺流程中的点、线、面所涉及的设备,在后续各章中一一展开阐述。

参加本教材编写的有马记(第1章、第2章、第4章中4.5节、第5章中5.5节、第6章中6.5节),张志超(第7章),蔡文水(第9章、第10章、第11章),吴淑梅(第3章、第5章、第8章中8.4～8.6节),赵剑伟(第4章、第8章中8.1～8.3节、第12章),陈军须(第6章)。

在出版前,本教材以讲义的形式在学校内进行了试用,在试用的基础上又进行了完善。本教材可针对不同专业筛选不同内容进行教学。

在编写过程中,曾得到中国邮政集团、广州邮区中心局、石家庄邮区中心局、中国邮政航空速递物流集散中心(南京)和中国邮政速递物流股份有限公司无锡长三角邮件集散中心等诸多邮政企业的大力支持,在此向各单位及相关人员表示真诚的感谢!

由于时间仓促以及作者专业学识有限,书中不足之处在所难免,恳请各位专家、读者批评指正。

编著者
2018年5月

目 录

第1章 绪论 ·· 1
　1.1 邮件及其分类 ··· 1
　1.2 邮件的物理和几何特征 ··· 2
　1.3 邮件包装及集装 ··· 5
　1.4 邮件标志 ·· 14
　1.5 邮件地址识别方式 ·· 14
　思考题 ·· 15

第2章 邮件处理工艺 ··· 16
　2.1 邮件处理 ·· 16
　2.2 邮件处理内容 ··· 18
　2.3 邮件处理布局和工艺 ··· 26
　2.4 邮政技术设备及用品用具 ··· 28
　思考题 ·· 31

第3章 数字图像处理基本知识 ·· 32
　3.1 数字图像概述 ··· 32
　3.2 数字图像处理基础 ··· 36
　3.3 数字图像处理设备 ··· 42
　3.4 光学字符识别(OCR)技术 ··· 45
　3.5 邮政编码的图像采集设备及应用 ··· 50
　思考题 ·· 51

第4章 条码技术 ··· 52
　4.1 条码技术发展历程 ··· 52
　4.2 条码基本概念和结构 ··· 53
　4.3 条码识读基本原理 ··· 55
　4.4 二维条码 ·· 56
　4.5 邮政用条码 ·· 58
　思考题 ·· 64

第 5 章　射频技术 ... 65

5.1　射频识别系统概述 ... 65
5.2　射频技术原理 ... 67
5.3　EPC 系统概述 ... 71
5.4　RFID、EPC 与物联网 ... 75
5.5　射频技术在邮政和快递中的应用 ... 76
思考题 ... 80

第 6 章　信函分拣设备 ... 81

6.1　信函分拣设备概况 ... 81
6.2　信函分拣设备的基本组成 ... 83
6.3　信函分拣方式 ... 84
6.4　OVCS 信函分拣设备的工作原理与结构 ... 86
6.5　信函理信机功能与结构 ... 94
6.6　信函分拣设备的使用 ... 96
思考题 ... 100

第 7 章　包件分拣设备 ... 101

7.1　包件分拣设备概述 ... 101
7.2　输送线直推式分拣机 ... 103
7.3　斜导轮式分拣机 ... 104
7.4　摆臂式分拣机 ... 105
7.5　滑块式分拣机 ... 107
7.6　翻转托盘式分拣机 ... 109
7.7　交叉带式分拣机 ... 111
7.8　扁平件分拣设备 ... 118
7.9　机器人智能分拣设备 ... 121
7.10　包件分拣机的控制系统 ... 123
7.11　包件分拣设备的使用和维护 ... 124
思考题 ... 125

第 8 章　装卸搬运及仓储设备 ... 126

8.1　概述 ... 126
8.2　装卸搬运设备 ... 127
8.3　带式输送机 ... 132
8.4　仓储设备 ... 134
8.5　自动化立体仓库 ... 135
8.6　虚拟仓库 ... 137
思考题 ... 137

第 9 章　邮政通用设备 ……………………………………………………………… 138

9.1　条码阅读器 ……………………………………………………………… 138
9.2　条码打印机 ……………………………………………………………… 146
9.3　电子秤 …………………………………………………………………… 152
9.4　捆扎机 …………………………………………………………………… 156
9.5　其他邮政设备 …………………………………………………………… 159
思考题 ………………………………………………………………………… 167

第 10 章　终端设备及营业设备 …………………………………………………… 168

10.1　终端设备 ……………………………………………………………… 168
10.2　邮资机 ………………………………………………………………… 176
10.3　商函设备 ……………………………………………………………… 182
思考题 ………………………………………………………………………… 185

第 11 章　邮政信息技术 …………………………………………………………… 186

11.1　GPS 系统 ……………………………………………………………… 186
11.2　GIS 系统 ……………………………………………………………… 189
11.3　GPS/GIS 应用 ………………………………………………………… 194
思考题 ………………………………………………………………………… 195

第 12 章　邮政技术设备管理 ……………………………………………………… 196

12.1　设备管理概述 ………………………………………………………… 196
12.2　设备的选购 …………………………………………………………… 200
12.3　设备使用维护 ………………………………………………………… 201
12.4　设备维修基本内容 …………………………………………………… 202
12.5　设备改造与更新 ……………………………………………………… 204
12.6　设备资料及备件管理 ………………………………………………… 207
思考题 ………………………………………………………………………… 209

参考文献 …………………………………………………………………………… 210

第1章 绪 论

邮政技术设备涉及邮政和物流方方面面的设备,邮件的生产传递过程包括从用户交寄邮件起,直至将邮件投交给指定的收件人为止的全过程。邮件生产的全过程粗略描述为收寄、分拣、封发、运输和投递。在每个环节中,人和技术设备都参与邮件的处理。且不同业务类的邮件、不同物理特征的邮件、不同标识的邮件都会有不同处理方式,所以,对邮件应有一个初步的了解。

1.1 邮件及其分类

邮件是指通过邮政企业寄递的信件、印刷品、邮包、汇款通知和报刊等。根据不同的邮件进行了多种分类,这些分类方法从不同角度反映了邮件的属性。

1.1.1 邮件按寄递区域的不同分为国内邮件和国际邮件

国内邮件是我国境内互寄的邮件,其区域之外的为国际邮件。国内邮件的函件中,按寄递区域又分为本埠函件和外埠函件。"本埠"是指地级以上城市以市属城区(不包括市辖县和飞地)为范围,县(含县级市)以县境(不含飞地)为范围的地区。"外埠"是指本埠范围以外的地区。

1.1.2 邮件按内件性质分为函件和包件

函件又分为国内函件和国际函件。国内函件包括信函、明信片、邮简、印刷品、盲人读物、邮件广告等;国际函件包括信函、明信片、印刷品、盲人读物、航空邮简和小包。包件可分为国内包件和国际包件。国内邮件包括包裹、快递包裹、直递包裹;国际包件包括普通包裹和保价包裹。

1.1.3 邮件按处理手续不同分为平常邮件和给据邮件

平常邮件是指收寄时不给出收据,处理时不登记,投递时不要收件人签收的邮件。给据邮件与之相反。

1.1.4 邮件按邮局所负的赔偿责任分为保价邮件和非保价邮件

保价邮件是寄件人要求邮政企业在邮件丢失或损毁时,按照保价金额给予补偿的邮件。非保价邮件,邮局只负担规定限度的补偿责任。平常邮件不承担赔偿责任。

1.1.5 邮件按处理时限分为普通邮件和特快专递邮件

普通邮件是按一般时限规定传递处理的邮件。特快专递邮件是以最快速度传递并通过专门组织的收寄、处理、运输和投递的邮件。

1.1.6 邮件按形状分为信函状邮件、扁平状邮件、包状邮件

信函状邮件包括：平信、挂信、信函状平刷；扁平状邮件包括：扁平状平刷；包状邮件包括：普包、快包、挂刷等。

邮件的分类也代表着邮政相关的生产、管理要求以及经营思想。

1.2　邮件的物理和几何特征

随着寄递业务发展，寄递物品数量激增的同时，寄递物品的种类越来越多，其形状多样化，大小接近限制极限，重量范围越来越宽泛。而客户对寄递物品的防护要求、时限要求也越来越高。邮政企业接收邮件后要进行合理有效的处理，掌握多样化邮件的物理特征，便于既安全又快速地处理邮件，这需对寄递物品的物理和几何特征进行了解，并对物理参数提出一定的限制要求。

邮件的物理参数主要包括：外形尺寸、重量、形状和包装形式。

1.2.1　外形尺寸

邮件与产品不同，它涉及社会公众用品和生产物品，有很大的离散性。邮政寄递过程的承载能力不可能无限制要求，邮政收寄包裹的尺寸规格规定：最小尺寸为长、宽、高各边之和不小于 300 mm，且最短边不小于 20 mm；最大尺寸能够允许装入长 1 200 mm、宽 775 mm 的邮袋（2 号邮袋）。

随着物流技术的规范化要求，邮政为适应各类装卸搬运设备、集装单元器具、运输车辆等，某些业务可微调上述规格限制。如普通包裹中单边最长边应小于 1 200 mm，快递业务中单边最长边应小于 1 000 mm。

包裹邮件生产处理劳动强度大、要求高，为了减轻劳动强度，提高生产效率，可用机器代替部分人工作业。若要让机器最大程度发展满足包裹上机率，应对包裹外形进行尺寸研究。目前，直观、简单的方法是统计方法，统计方法进行分布情况研究，了解分布情况，便于实现最大上机率。下面是不同地域的包裹邮件三维尺寸统计分布（抽样 1 000 万件，包装形式有包裹、扁平件等)，如图 1-1 所示。

实际抽样，按照由大到小排列长、宽、高，得出长宽高的尺寸范围为：

长度 L 范围：110～1 535 mm

宽度 B 范围：88～805 mm

高度 H 范围：10～790 mm

由图看出，包裹邮件三维尺寸的主要分布数值：长度：<750 mm，宽度：<650 mm，高度：<450 mm。

进一步数据分析,长宽高的分布比例如图 1-1(c)所示。

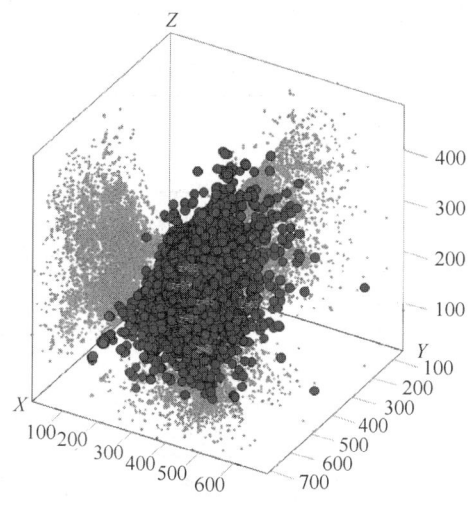

(a)上机包裹三维尺寸分布

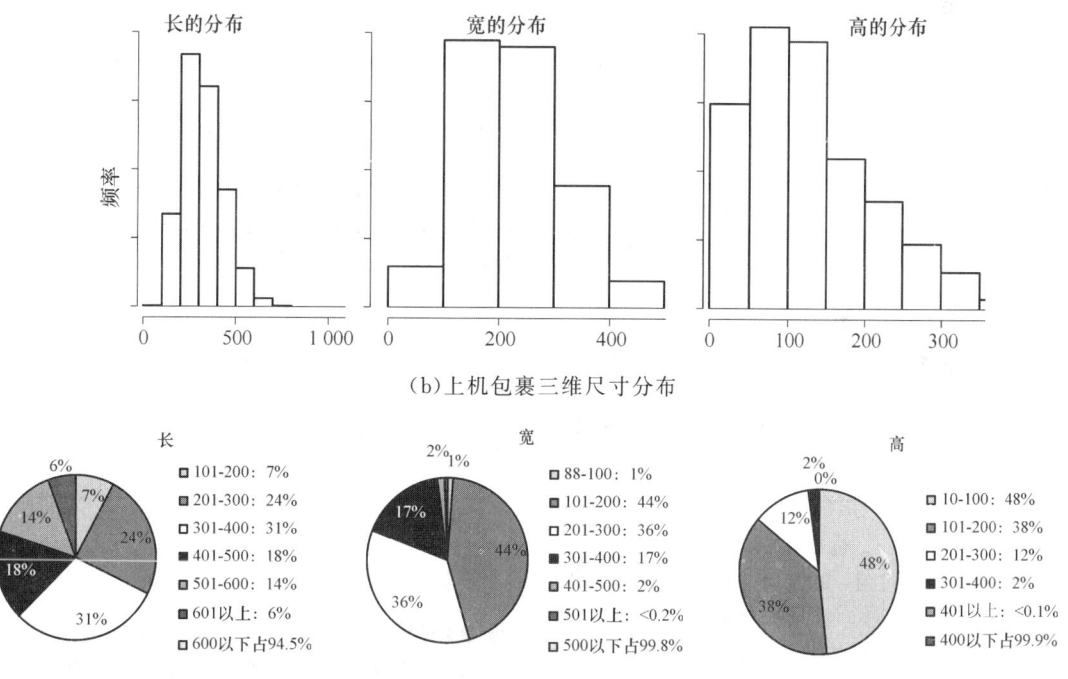

(b)上机包裹三维尺寸分布

(c)包裹三维尺寸分布

图 1-1 包裹三维尺寸分布分析

基于以上数据分布范围和所占区域比重,要实现不低于95%的设备上机率,邮件包装外形尺寸长×宽×高可设定为:600 mm×500 mm×400 mm。

1.2.2 重量和形状

按照《邮政法》规定,邮件重量不大于 50 kg。在收寄过程中结合生产、业务等方面的因素,做了更细化的规定。如普通包裹最大限重 50 kg,快递包裹最大限重 20 kg,脆弱包裹限重小于 10 kg。

目前邮政设备最大处理限重一般要求小于 35 kg。超过 35 kg 的邮件由人工处理。

各类邮件尺寸参见《国内邮件重量尺寸限度表》见表 1-1。

表 1-1 国内邮件重量尺寸限度

邮件类别		最大重量限度	尺寸限度		附件
			最大	最小	
信函		2 kg	长、宽、厚三面合计 90 cm，最长一面不超过 60 cm	长 16.5 cm 宽 112 cm	确需卷寄的，其尺寸如下： 最大尺寸：直径的两倍和长度合计 100 cm，长度不超过 80 cm 最小尺寸：直径的两倍和长度合计 17 cm，长度不少于 10 cm
混合信函		—	—		采用固定尺寸：长 21 cm，宽 11 cm
明信片		—	长 16.5 cm 宽 10.2 cm	长 14.8 cm 宽 10 cm	纸制：每平方米 200~250 克规格的米卡纸、B 等折卡纸、B 等白卡纸、胶版印刷涂布纸
邮简		—	长 23 cm 宽 12 cm	长 17.6 cm 宽 11 cm	
印刷品 盲人读物		35 kg	同包裹	同信函	对 5 kg 以上的印刷品必须使用封装箱或坚韧包装材料妥为包装
包裹	普包	35 kg	以能装入 2 号邮袋为限	长、宽、厚三面合计不少于 30 cm，最短一面不少于 2 cm	省(区、市)内互寄的包裹和跨省(区、市)互寄的直运、直投的包裹，其最大限重和最大尺寸，由收寄的省(区、市)邮政局规定
	快包	40 kg			
	脆弱包裹	10 kg			
邮送广告		同印刷品	同印刷品	同印刷品	
特快专递	信函		专用封套规格长度 324 mm，宽度 229 mm，公差 2 mm		无法装入专用封套的应封入纸质包装箱、特惠箱
	包裹		包装箱的最大尺寸：长度不超过 1 500 mm，长度和长度以外最大横周合计不超过 3 000 mm，公差 2 mm。特殊的以能装入 600 mm×1 100 mm 邮袋为限	包装箱至少有一面的长度尺寸不小于 250 mm，宽度不小于 170 mm 为限（公差 2 mm）	圆卷型包装的最小尺寸为长度 300 mm，直径 60 mm（公差 2 mm），其最大尺寸为直径的 2 倍和长度合计 1 500 mm，长度 1 500 mm。（公差 2 mm）

邮件形状一般简化为信函状、扁平状、包状，也简称为"三状化"。在收寄邮件中，异形包裹越来越多，如三角状、圆筒状、叉状和棒状等，这些形状都不便于设备处理，多由人工处理，其工作强度大，且易破损、易出差错。

1.3 邮件包装及集装

邮件几何形状的离散性、硬度、表面耐磨、颜色和光反射能力等都是影响邮件能否上机的因素。为了约束离散性,对邮件包装提出规范化要求是十分必要的。国际邮联、各国邮政均制定了若干邮件包装标准。近几年邮政、快递企业相继出台了包装实施细则、包装技法或指导书。这些都是在落实邮件的规范处理,以保证处理设备的高效运行。

目前,我国邮件包装用品标准有信封、纸质封套、邮件包装箱、塑料薄膜包装袋、气垫膜包装袋和塑料编织布包装袋等。

1.3.1 邮件包装封装用品

(1) 信封

信封是指邮寄信函时用于封装书面通信内容和文件的纸质封套。按照国家规定的尺寸及各项技术要求印制的信封称为标准信封。中国标准信封由 GB/T 1416《信封》制定。标准信封规格要求见表1-2。在标准中还规定了国内、国际用信封反射率、平滑度、耐折度、耐破指数等物理性参数。

除上述标准制定普通信封,邮政还有其他标准信封,如 GB/T 17128《邮政特种信封》制定的"邮政快件信封、国际邮政公事信封",GB/T 22585《透明窗口信封》、YZ/T 0088《专用信封》中制定的"首日封和纪念封、贺卡信封、邮政公事信封、保价信封、机要信封、邮资信封"。这些信封和普通信封的主要区别是表面印刷内容不同,其尺寸规格和技术要求和 GB/T 1416《信封》基本一致。

表1-2 信封的品种、规格　　　　　　　　　　　　　单位:mm

品种	代号	规格		公差	备注
		长(L)	宽(W)		
国内信封	B6	176	125	±1.5	C5、C4 信封可有起墙和无起墙两种。起墙厚不大于 20 mm
	DL	220	110		
	ZL	230	120		
	C5	229	162		
	C4	324	229		
国际信封	C6	162	114		
	DL	220	110		
	C5	229	162		
	C4	324	229		

(2) 封套

寄递行业中的封套指寄递使用的信封式纸板封装用品。中国标准封套由《GB/T 16606.1 封套》制定。标准封套的规格尺寸宜为 330 mm×240 mm,其他尺寸应符合表1-3 中的规定。

表 1-3　封套规格尺寸　　　　　　　　　　　　　　　　单位:mm

长	宽	封舌
320～360	225～255	≥40
注:特殊规格尺寸的封套,由供需双方协商		

封套承载的邮件重量和体积大于信封,对其材料力学性能的要求也要高于信封。结构形式如图 1-2 所示。

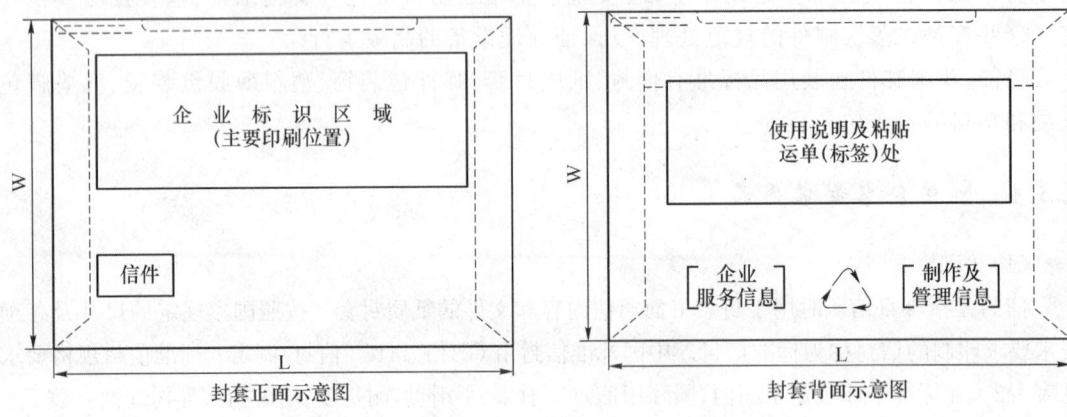

图 1-2　封套式样

（3）包装箱

包装箱是用于包装邮件的、具有一定刚性和韧性的直方体容器,多为瓦楞纸板材料构成。

世界上邮政包装箱的箱型主要有:直方体式、三楞式和卷筒式(盒)。我国主要使用直方体式瓦楞纸板包装箱。邮政包装箱要考虑邮件包容体积、承载能力、安全要求等多项服务责任,同时也要考虑邮件分拣、装卸搬运、运输及投递环节的要求。另外,还要考虑地域性、针对性的个性化要求。

关于邮政包装箱的标准,国家标准有 GB/T 16606.2《快递封装用品　第 2 部分:包装箱》,行业标准有 YZ/T 0093.1《邮件包装箱　第 1 部分:国内》。最新修订的国家标准关于包装箱的规格尺寸和技术指标要求见表 1-4。

表 1-4　包装箱的型号及瓦楞纸板的技术指标

型号	内装物最大质量/kg	最大综合内尺寸/mm	瓦楞纸板最小综合定量/(g·m^{-2})	优等品[a]			合格品[b]		
				耐破强度(不低于)/kPa	边压强度(不低于)/(kN·m^{-1})	戳穿强度(不低于)/J	耐破强度(不低于)/kPa	边压强度(不低于)/(kN·m^{-1})	戳穿强度(不低于)/J
1#	3	450	250	650	3.00	4.0	450	2.00	3.5
2#	5	700	250	650	3.00	4.5	450	2.00	4.0
3#	10	1 000	320	800	3.50	5.0	600	2.50	4.5
4#	20	1 400	360	1 000	4.50	6.0	750	3.00	4.8
5#	30	1 750	420	1 150	5.50	8.0	850	3.50	5.0
6#	40	2 000	640	1 700	8.00	10.0	1 200	6.00	7.5
7#	50	2 500	700	1 900	9.00	12.0	1 300	6.50	8.0

注:[a] 优等品包装箱主要用于国际快递。
　　[b] 合格品包装箱主要用于同城快递和国内异地快递。

目前行业标准执行的包装箱标准是《YZ/T 0093.1 邮件包装箱　第1部分:国内》,标准中的包装箱分为全叠盖式和半叠盖式两类。

全叠盖式包装箱规格尺寸(内尺寸)及承重见表1-5。

表1-5　全叠盖式包装箱规格尺寸及承重

产品型号	规格尺寸/mm			公差/mm	承载重量/kg
	长(L)	宽(W)	高(H)		
YQ□-01	530	290	370	+6	≤25
YQ□-02	530	230	290	+6	
YQ□-03	430	210	270	+6	
YQ□-04	350	190	230	+6	
YQ□-05	290	170	190	+6	
YQ□-06	260	150	180	+6	
YQ□-07	230	130	160	+6	≤8
YQ□-08	210	110	140	+6	
YQ□-09	195	105	135	+4	
YQ□-10	175	95	115	+4	
YQ□-11	145	85	105	+4	
YQ□-12	125	75	85	+4	

半叠盖式包装箱规格尺寸(内尺寸)及承重如表1-6所示。

表1-6　半叠盖式包装箱规格尺寸及承重

产品型号	规格尺寸/mm			公差/mm	承载重量/kg
	长(L)	宽(W)	高(H)		
YB□-01	530	370	290	+6	≤25
YB□-02	530	290	230	+6	
YB□-03	430	270	210	+6	
YB□-04	350	230	190	+6	
YB□-05	290	190	170	+6	
YB□-06	260	180	150	+6	
YB□-07	230	160	130	+6	≤8
YB□-08	210	140	110	+6	
YB□-09	195	135	105	+4	
YB□-10	175	115	95	+4	
YB□-11	145	105	85	+4	
YB□-12	125	85	75	+4	

这两者的区别除结构不同外,其规格中长边没变,宽度和高度互换。
如图 1-3、图 1-4 所示。

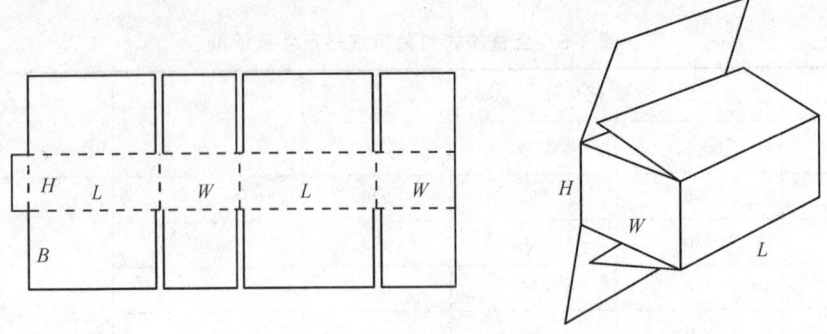

图 1-3　全叠盖式包装箱结构

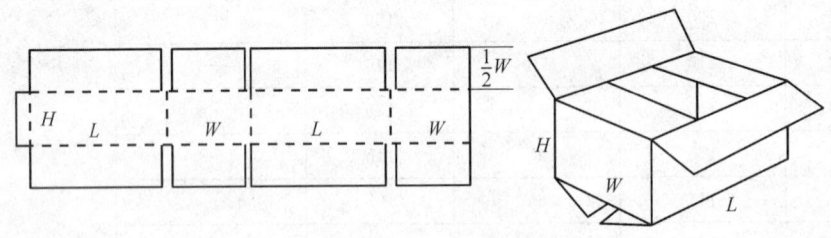

图 1-4　半叠盖式包装箱结构

行业标准包装箱的技术指标按照国家标准的要求制定。其他特殊用途的包装箱箱型结构和规格尺寸等依据客户需求设计制作,包装箱型号可由供需双方协商确定。

随着业务发展,尤其电商包裹的占比增大,包装箱的规格尺寸正在向现代物流运输包装的包装尺寸标准化、包装作业机械化、包装单元大型化等方向发展。为此,包装箱尺寸也将基于物流的基础模数而发生变化。国家标准最新的标准中已经推荐包装箱的基础模数尺寸为 600 mm×400 mm,其平面尺寸宜符合表 1-7 中的规定。

表 1-7　包装箱的平面尺寸　　　　　　　　　　　　　　　　单位:mm

长	宽	备注
150	100	
150	200	
200	200	其他平面尺寸宜符合标准 GB/T 4892—2008 中 6.1 表 1 的规定
300	200	
300	400	
600	400	

快递企业在制定包装规格尺寸中已经采纳了上述推荐。邮政包装箱也正在做调整。邮政系统在试制的样品规格尺寸及承载重量如表 1-8 所示。

表 1-8 包装箱的规格尺寸及承载重量

型号	外部规格尺寸/mm			公差/mm	内装物最大质量/kg
	长	宽	高		
1 号	200	150	100	±3	5
2 号	200	200	180		10
3 号	300	200	200		15
4 号	400	300	250		20
5 号	500	300	300		25
6 号	600	400	350		35

某快递企业包装箱规格尺寸及承重如表 1-9 所示。

表 1-9 某快递企业包装箱规格尺寸及承载重量

型号	规格尺寸/mm			公差/mm	内装物最大重量/kg	接合方式
	长	宽	高			
1 号	200	180	100	±5	5	粘合
2 号	250	200	180		10	粘合
3 号	300	250	200		15	粘合
4 号	400	300	250		20	粘合
5 号	500	300	300		25	钉合
6 号	600	400	350		35	钉合

以上包装箱的规格尺寸都适应邮件上机的范围。

(4) 包装袋

邮政的包装袋为袋式封装用品,分为薄膜塑料袋、气垫膜包装袋和塑料编织布包装袋三种,由邮政提供的适用于国内寄递的包装袋。包装袋推荐的规格尺寸范围如表 1-10 所示。

表 1-10 包装袋种类规格   单位:mm

名称	规格尺寸		备注
	长	宽	
塑料薄膜类	300~550	250~400	可有起墙和无起墙两种形式,起墙厚度不大于 30
气垫膜类	160~480	160~350	
塑料编织布类	460~955	415~525	可有起墙和无起墙两种形式,起墙厚度为 30~200

由于我国快递业快速发展,袋式封装用品的使用量同步增长。其以塑料为基体的包装袋给人体健康、生态环境带来了巨大的负面影响和压力。技术上正在探索可降解材料,以实现低污染、低消耗、低排放、高效能、高效率、高效益的绿色环保。

塑料薄膜包装袋可分为平封式和起墙式两种,其规格尺寸(外尺寸)见表 1-11。

表 1-11　塑料薄膜包装袋规格尺寸　　　　　　　　　　单位：mm

尺寸型号	规格尺寸(长×宽)	起墙(底面)	封舌尺寸	备注
1	300×250	≤30	≥30(平封)	最大承载重量一般限制在 2.0～5.0 kg 之间
2	400×300	≤30	≥50(起墙)	
3	360×460	150	≥200	
4	500×600	200	≥250	

注：特殊尺寸由供需双方共同决定。

气垫膜包装袋包装袋规格尺寸(外尺寸)见表 1-12。

表 1-12　气垫膜包装袋规格尺寸　　　　　　　　　　单位：mm

尺寸型号	规格尺寸(长×宽)	封舌尺寸	尺寸公差	备注
1	250×180	≥30	±10	承载重量一般限制在 3.0 kg 以下
2	360×240	≥30		
3	380×330	≥50		
4	610×540	≥50		

注：特殊尺寸由供需双方共同决定。

塑料薄膜包装袋和气垫膜包装袋为一次性封装，开启后应有明显形变，包装袋表面应适合粘贴带背胶的条码签和包裹详情单，固化后不脱落。气垫膜包装袋还应适合用圆珠笔或普通自来水笔书写文字并适合普通油墨加盖戳记，且字迹、印痕清晰，耐擦涂。

塑料编织布包装袋可分为平封式和起墙式两种，其规格尺寸(外尺寸)见表 1-13。

表 1-13　包装袋规格尺寸　　　　　　　　　　单位：mm

袋号	规格尺寸(长×宽)	承载重量	起墙尺寸	尺寸公差
1	600×400	≤10.0 kg	≤150	−10～+15
2	800×600	≤10.0 kg		
3	1 000×600	≤25.0 kg		

注：特殊尺寸由供需双方协商决定。

在上述各类包装物品中，信封尺寸范围最小，为轻片式扁平件，适用于专业的信函设备分拣处理。封套为扁平形状，尺寸、重量范围适中，可由扁平件设备分拣处理。包装箱尺寸范围和称重范围较大，且为直方体，占据一定空间，需要专业的设备处理。包装袋尺寸范围最大，形状也因为非刚性而变化大，可设备处理，但一些异形、超大、超重的物品一般人工处理。

1.3.2　邮政容器

邮件容器指专门用于盛装邮件的邮袋、信盒、集装箱等。邮件容器可实现集装化、堆叠、系列化的要求。

（1）邮袋

邮政集装容器最早是邮袋，且最具有代表性。之后出现信盒、集装箱(笼)等。

邮袋是国际邮政中普遍使用的集装容器,是邮件在分拣封发和运输中最常使用的一种邮件容器。按照不同用途,邮袋又分为普通邮袋、特快专递邮袋、国际邮件邮袋、航空邮件邮袋等不同种类。按照材料分为涤棉帆布、涤纶布、塑料编织布三种。由于涤棉帆布材料成本高,正在逐渐淘汰,加上散件外运形式,邮袋的使用数量在逐渐减少。在《YZ/T 0021 邮袋》标准中,邮袋有三种规格,如表1-4所示。

表1-14 邮袋规格尺寸

单位:mm

袋号	规格尺寸	公差
1	1 600×1 100	±25
2	1 200×775	±20
3	800×500	±15

机要通信邮袋规格及结构另有规定。

(2) 信盒

信盒有两种,一种是面向于信函的信盒,称为"连体式小型信盒",指用于盛装外形尺寸不超过GB/T 1416中规定的6号信封的信函状邮件容器。其外形尺寸为500 mm×273 mm×170 mm。另一种是面向于扁平件邮件的信盒,称为"中型信盒",其外形尺寸为500 mm×280 mm×310 mm。

信盒以注塑工艺生产的ABS材质的硬质信盒为主,其他有塑料瓦楞板信盒。信盒便于邮件周转、运输,并对邮件进行保护,对开拆封发和运输效率起到一定作用。

两种信盒都有行业标准。标准中规定除具备容纳、强度、刚度、耐老化等性能,还要具备便于邮政生产使用的结构,如盒体间叠加、封口、标签或袋牌存放、自动化作业和存储等。如图1-5所示。

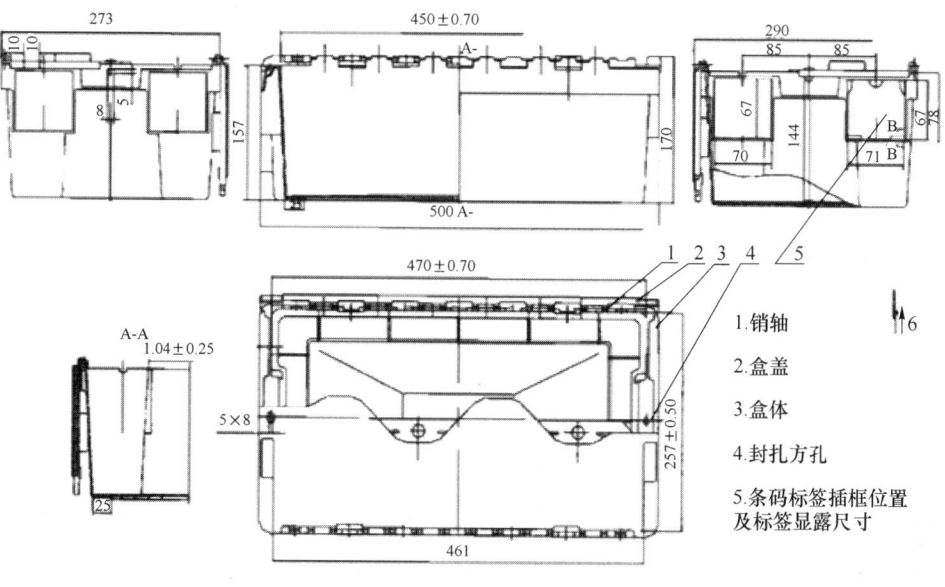

图1-5 小型信盒的结构

(3) 集装箱

国外采用集装箱运邮已有多年历史,最早从20世纪70年代开始在德国、荷兰、比利时、瑞典、美国等国采用。80年代后,又有日本、澳大利亚等国相继采用,目前这些国家的邮政运输已基本实现了集装化作业。我国邮政使用集装箱起始于20世纪90年代,并在使用中不断改进,增加适用性。

集装笼是另一种形式的集装箱,目前的集装笼分类如图1-6所示。

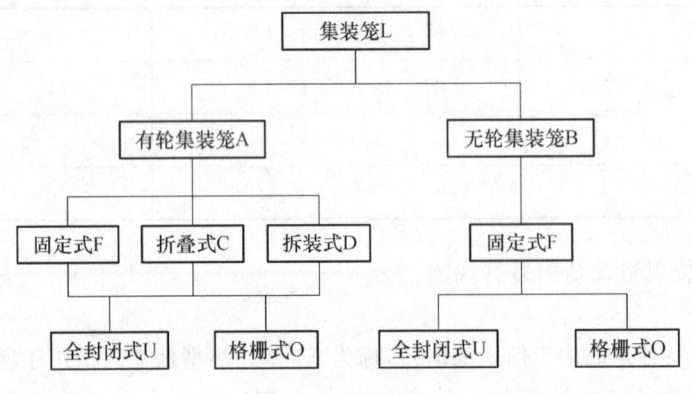

图1-6 集装笼分类

集装笼外规格尺寸和运输车内尺寸相关,内尺寸和信盒外尺寸相关。

集装笼按照尺寸分为Ⅰ型和Ⅱ型。外尺寸如图1-7、图1-8所示,规格尺寸见表1-15。

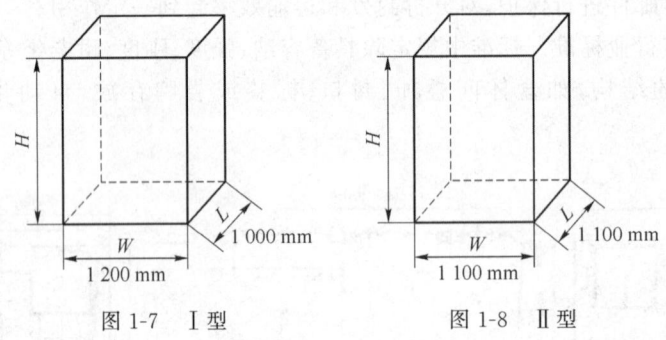

图1-7 Ⅰ型　　　　　图1-8 Ⅱ型

表1-15 集装笼尺寸、公差　　　　　　　　　　　　　单位:mm

号型	项目	长度(L)	宽度(W)	高度(H)	公差
Ⅰ型	外部尺寸	1 200	1 000	1 800	±15
	内部尺寸	1 100	900	1 500	
Ⅱ型	外部尺寸	1 100	1 100	1 700	±15
	内部尺寸	1 000	1 000	1 400	

集装笼的基本结构一般不变,但是有些结构要素还在不断的优化中,以便于装卸搬运,并能实现最大承载量。目前常用的集装笼是有轮集装笼,如图1-9所示。

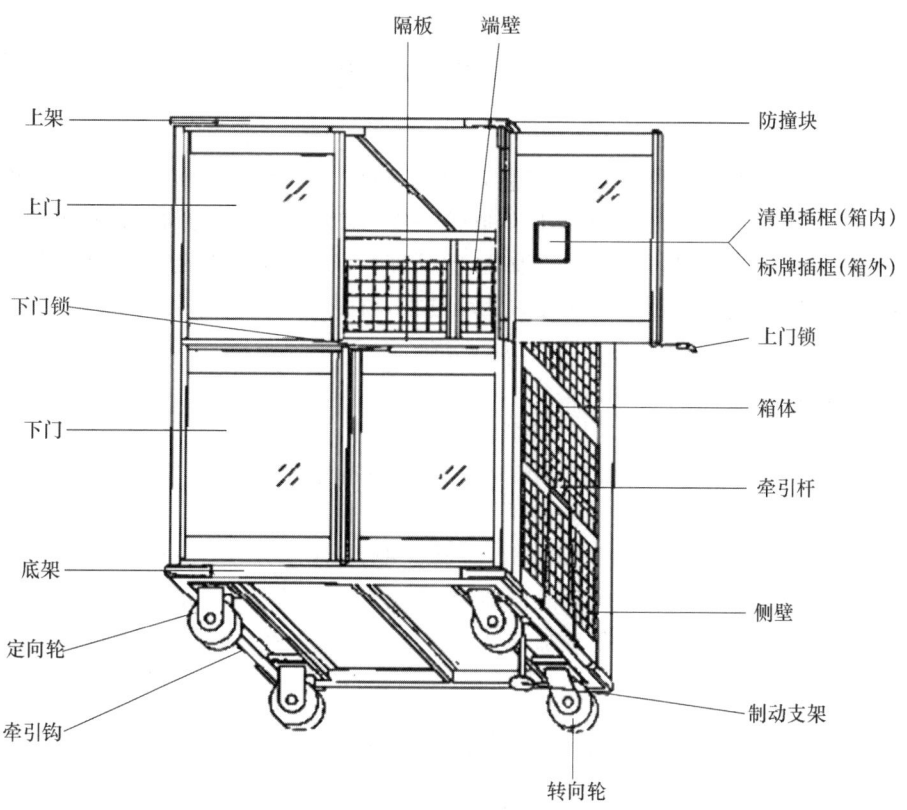

图 1-9 有轮集装笼

1.3.3 邮件包装规格与邮政设施设备的关联

邮件在邮政网的流转过程中,要经过多种设备或设施处理,在经济、技术性合理的前提下,这些相关的设备设施的规格尺寸要最大限度地适应邮件尺寸,形成一个相互配合、相互适应的尺寸链。这个尺寸链涉及邮政的各个环节的设备。如邮筒规格尺寸、智能柜格口、分拣处理设备托盘、传输机皮带、有轮邮政集装箱、邮车厢箱、电动三轮车箱体、邮政用户专用信箱和楼房信报箱等。

以邮件为起因形成的尺寸链是个很长且复杂的尺寸链。这个链涉及的环节多,产生了多次的内外尺寸套接。如信盒盛装信函,信盒的内尺寸适合信函尺寸,而集装笼要盛装信盒,集装笼内尺寸要是适合于信盒外尺寸,邮车盛装集装笼,集装笼外尺寸要适合于车厢内尺寸……所以,制约邮政尺寸链制约因素很多。邮政要不断地依据邮件类型,做好邮政盛装容器选择、容器分类、容器尺寸分析、尺寸确定和标准的制定工作。

因业务变化发展,邮件的物理特征也会相应发生一定的变化,即邮件、运输盛装容器是动态、变化的。所以,邮政应常态化地收集各类信函、包裹、印刷品等邮件的尺寸、重量等信息,研究各类邮件盛装容器在集装箱中的不同码放方式下所装邮件量及人工或机械装卸操作的方便性,不断优化、完善、改进现行容器标准,提高邮政运邮的标准化水平,提高邮政运邮的效率和效益,提高服务质量。

1.4 邮件标志

邮件表面的信息因邮件种类不同，信息要求也不同。如平常信函封面的收件人名址、邮政编码、寄递人名址；在营业局、所生成的代表邮件种类、流水号、原寄局和寄达局的给据邮件的代码等。邮件处理的核心内容是按寄达地址进行路向、寄达地名或投递地址的分拣。为此，首要的任务是赋予邮件相应的标志。邮件的处理过程，就是将这些带有标志的邮件集中在邮件处理中心，用自动分拣设备进行标志的识别与分拣。

目前，邮件的主要标志有：
(1) 代表邮件原寄局和寄达地址的邮政编码；
(2) 信封上书写邮政编码的红框，用来作理信识别标志；
(3) 规范的寄递名址；
(4) 邮政编码等价的条码以及给据邮件上邮件种类、流水号、特征条码。

曾经使用的邮件标志有能够区分面值的磷光、荧光或色框邮票。正在推进、普及的邮件标志有存储邮件数据的射频标签。随着邮件处理技术的不断发展，邮件的标志也在随着变化。

1.5 邮件地址识别方式

邮件标志是邮件分拣处理所依据的基本信息，分拣处理主要是"地址识别"。邮件地址识别是指将邮件地址转换为地址代码信息的过程，目前邮件地址识别有以下几种基本方式。

(1) 按键识别

邮件地址由人阅读，将它转换成预先规定的代表该地址的格口号码，并由键盘输入。它属于半自动分拣过程，人工识别地址，设备传输邮件，适用于早期的分拣机，通过人工识别地址，采用手工键入的方式输入分拣编码，由机器翻译后进行分拣。

(2) 语音识别

邮件地址用语音输入，由识别装置识别语音信息。是和按键识别相近的半自动处理方式，人工识读地址信息转化为语音，机器通过语音识读，分拣处理邮件。

(3) 光学条码识别(Optical Barcode Recognition，简称 OBR 识别)

用光学扫描装置直接阅读与地址邮政编码等价的条码组，由识别装置进行识别。属于自动化分拣处理过程，机器设备自动识别邮件地址信息转化和匹配的条码并分配、传输到制定格口。条码自动识别效率高。

(4) 光学字符识别(Optical Character Recognition，简称 OCR 识别)

用光学扫描装置直接阅读地址邮政编码，由识别装置进行识别。属于自动化分拣处理过程，机器设备自动识别邮件字符信息并分配、传输到制定格口。

(5) 射频标签识别(RFID-Radio Frequency Identification)

这是一种非接触式的自动识别技术，它通过射频信号自动识别目标对象，传递分拣信息，对邮件的朝向没有要求。目前这种方式的标识成本较高，多在网运或内部处理盛装中使用。

思 考 题

1. 邮件分拣应该考虑哪些物理几何因素?
2. 邮件主要形状有哪些?邮件外形尺寸、重量有哪些限定?
3. 邮件包装封装用品主要有几种?每种封装用品面向的邮件主要有哪些?
4. 分析邮件封装用品标准尺寸,它和设备处理之间有什么关系?
5. 邮件的主要标志有哪些?能作为地址识别标志的有哪些?

第 2 章　邮件处理工艺

2.1　邮件处理

邮件处理包括实物处理和相应的信息处理。邮件处理从流程上可划分为收寄、分拣封发、运输、投递环节。因为邮件种类不同，其处理内容有所不同，所以邮政各个环节对邮件处理中使用的工艺方法和设备也不同。邮件分拣封发工作，是邮件传递过程中的重要环节，也是邮件处理中使用技术设备最为集中的环节。

2.1.1　邮件分拣封发

（1）邮件分拣

分拣是指为进行输送、配送，对物品按不同品种、不同地点和单位分配到所设置的场地的一种物料搬运过程，也是一种将物品从集中到分散的处理过程。是一种能够把物品从输送线按照识别信息进行分类和重组，进而导入规定分支路线或格口的技术，即分拣是对物品去向的识别、识别信息的处理和物品的分流搬运处理。

（2）邮件封发

邮件封发是按照规定的封袋标准和要求，把分拣好的邮件装入邮袋或套内，并封装好，再交给运输部门的一项作业。邮件封发方式主要有袋套封发、合封、混封三种，需要根据具体情况选择封发方式。

分拣有多种分拣方式。按分拣的手段不同，可分为人工分拣、机械分拣和自动分拣三大类。

人工分拣是分拣员根据邮件上书写的寄递地址信息，按照邮路编码逐件分入相应格口或堆码的过程。其主要缺点是劳动量大，效率低，差错率高。

机械分拣是以机械为主要输送工具，在各分拣位置配备的作业人员依据标签、色标、编号等分拣的标志，把货物分类取出。也有在箱式托盘中装入分拣的货物，用叉车等机械移动箱式托盘，用人力把货物放到分拣的位置，或再利用箱式托盘进行分配。

自动分拣系统应用于迅速、正确分拣大量物品的情况，现代大型分拣系统的分拣速度每小时可达几万件。分拣技术应用范围越来越广，已经成为物流系统，尤其是配送系统的重要组成部分。

2.1.2　邮件分拣基本过程

邮件分拣是邮件处理的核心内容，邮件分拣设备是邮政设备的重要内容。

分拣起源于邮件分拣。它是按照寄递地址进行路向、寄达地名或投递段道进行选择，并将统一寄达地址或路径的邮件归置到代表该地址或路径的格口中。邮件分拣的流程如图 2-1 所示。

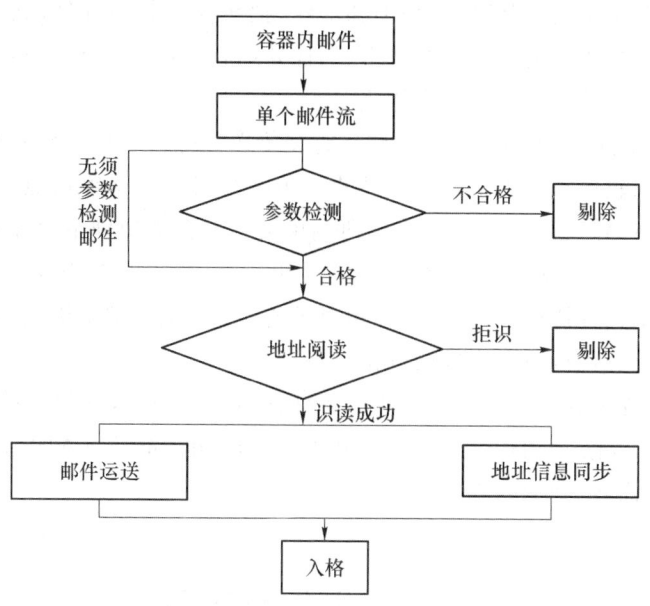

图 2-1　邮件处理基本过程

邮件按照信函状、扁平状和包状分类进行分拣封发处理。

信函状邮件：机器分拣时，首先利用理信机进行顺头顺面整理，将剔出的邮件交手工分拣处理；将理信机处理过的邮件上信函分拣机分拣，机器分拣作业完毕后，记录机器分拣邮件总数，拒识邮件交手工分拣处理，之后封发。

扁平状邮件：接收邮件后，将符合上机分拣标准的，进行顺头顺面整理后，通过机器分拣入格；不符合上机分拣标准的，交手工分拣处理，之后封发。

包状邮件：通过供包台台席实现机器的自动分拣入格，将不能上机分拣的邮件交手工分拣处理。

实现分拣技术的设备简称为分拣设备。无论何种类型的分拣设备，其功能构成一般都是由供给装置、识读、主输送机、载运容器或吊具、卸载部分、格口及控制部分等组成。目前自动分拣设备在邮政、物流中占比越来越大。

自动分拣技术主要分六大部分。一是前输送系统，主要的功能是将要分拣的物件传输到供件系统；二是供件识别系统，对从输送系统传输过来的物件进行信息识别并准确地将物件送到主分拣线上；三是主分拣线，将从供件系统接到的物件运送到指定的位置准确卸下；四是格口，存放从主分拣线卸下的物件；五是主控系统，对前输送系统到格口进行整体控制；六是信息管理系统，通过信息管理系统，对分拣数据进行最大利用，真正实现自动化分拣。

由于需要分拣的物件特性千差万别，所以不可能有完全适用于所有物件的分拣技术，因此针对不同类型的物件产生了不同的分拣技术设备，如信函分拣设备、包件分拣设备、扁平件分拣设备等。

随着物流业的发展，分拣设备正快速应用于仓储、烟草、图书、百货配送等行业。分拣设备的种类也随着各行各业的使用出现了多样化。

2.1.3　邮件分拣发展历程

邮件分拣技术就是指在邮件处理过程中所使用的各种机器设备与装置，它的发展是一个渐进的过程。邮件分拣中，根据邮件的种类和形状，把相同形状的邮件，利用其共性开发研制机械来代替人工体力操作。随着计算机技术、图像处理和模糊技术等高新技术的发展和应用，邮件分拣技术越来越自动化、信息化、智能化。

1978年，中国邮政自行研制开发的推挂式邮袋传送分拣机应用于广州邮政枢纽局。该设备采用工控板、夹钳、轨道等实现了邮袋邮件的输送以及简单分拣等功能，解决了当时邮袋分拣搬运繁重的体力劳动问题。1978年，中国研制出第一台自动识别手写体邮政编码的信函分拣机，并相继在上海、广州等邮政枢纽投入生产使用。20世纪80年代起，我国陆续开发及引进用于信函类的自动化分拣设备，用于处理包裹类的包裹分拣设备，用于处理扁平状邮件的扁平件分拣设备及期刊分拣设备等先进的分拣设备。

20世纪90年代后以后，中国邮政通过自主研发和引进利用，邮件分拣设备从无到有，逐步实现机械化、半自动化、自动化、信息化，直到现在集机、电、光于一体的高度自动化邮件分拣设备，且正探索实施高效、智能的邮政设备。

2.2 邮件处理内容

邮件处理一般在邮件处理中心进行。邮件处理工艺是邮件处理的生产技术流程，一般通过工艺流程图的形式反映出邮件从接收到封发的过程，如图2-2所示。图中，邮件处理工艺要完成邮件的接收、输送、开拆、粗分、分拣、核对、盛装、路分、封发等。分拣和封发是邮件处理流程中重要环节。

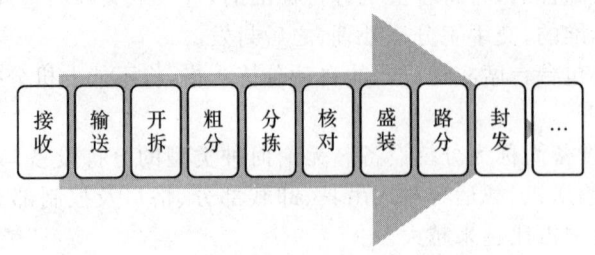

图2-2 邮件处理基本内容

邮件处理的实际过程要细化到每一个细节。邮件处理技术手段也从手工分拣到半自动分拣，再到自动分拣设备分拣不断演进，且还在不断优化改进。图2-3所示的是2 000年初期邮件处理流程，它是利用现有技术设备实现邮件分拣的全流程。

随着业务的发展，种类的增加，如仓储、电商等也使得邮件处理的内容越来越丰富，逐渐拓展到分拣、拣选、存取等全流程处理。而业务规定中的邮件尺寸规格规范化，也提高了机械化、自动化处理效率。流程优化后的邮件处理流程如图2-4所示。

以上是邮件整体处理工艺作业流程，针对不同类型的邮件，如函件、扁平件、包状邮件和速递快件各有处理流程。

第 2 章 邮件处理工艺

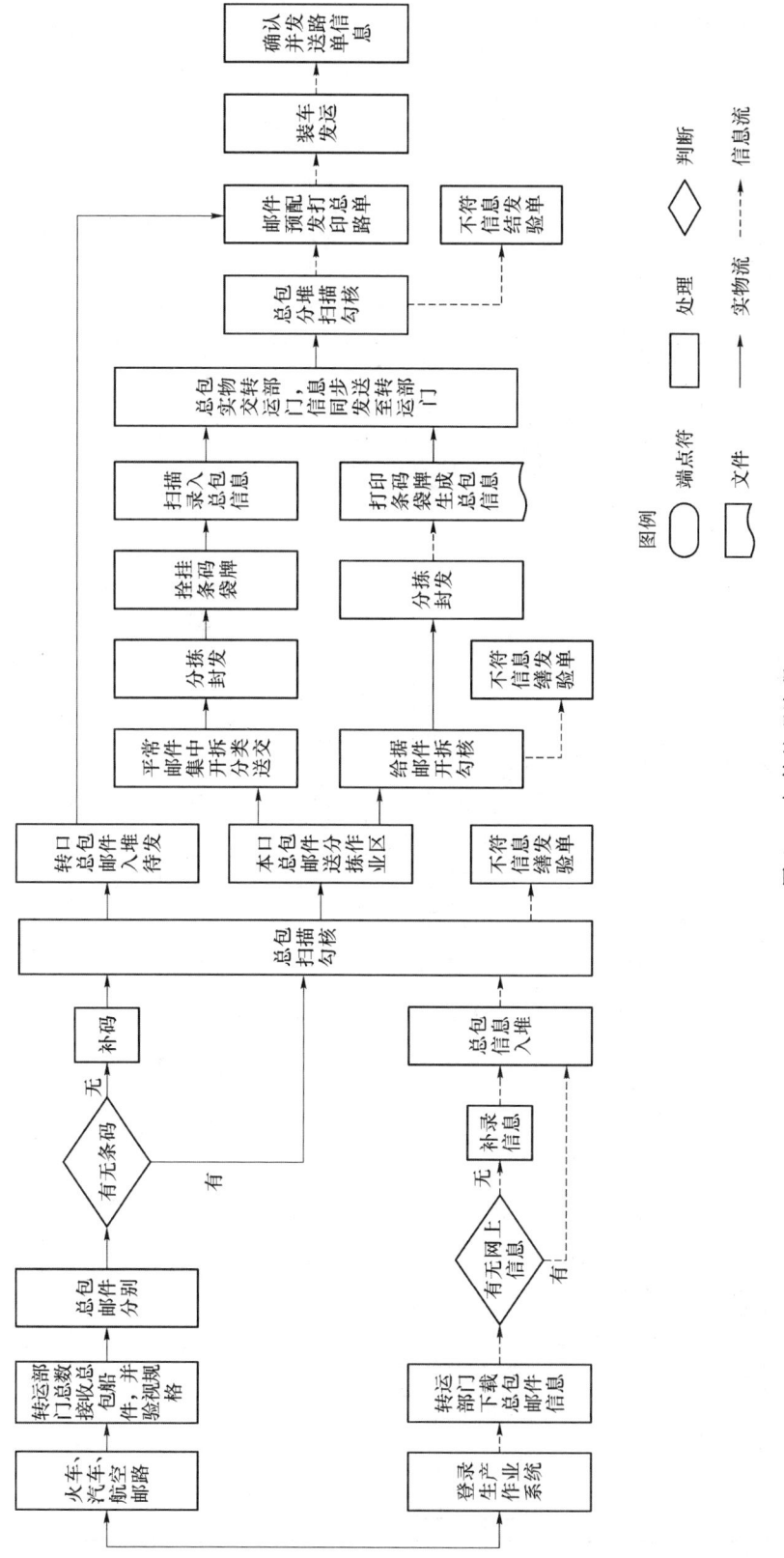

图 2-3 邮件处理流程

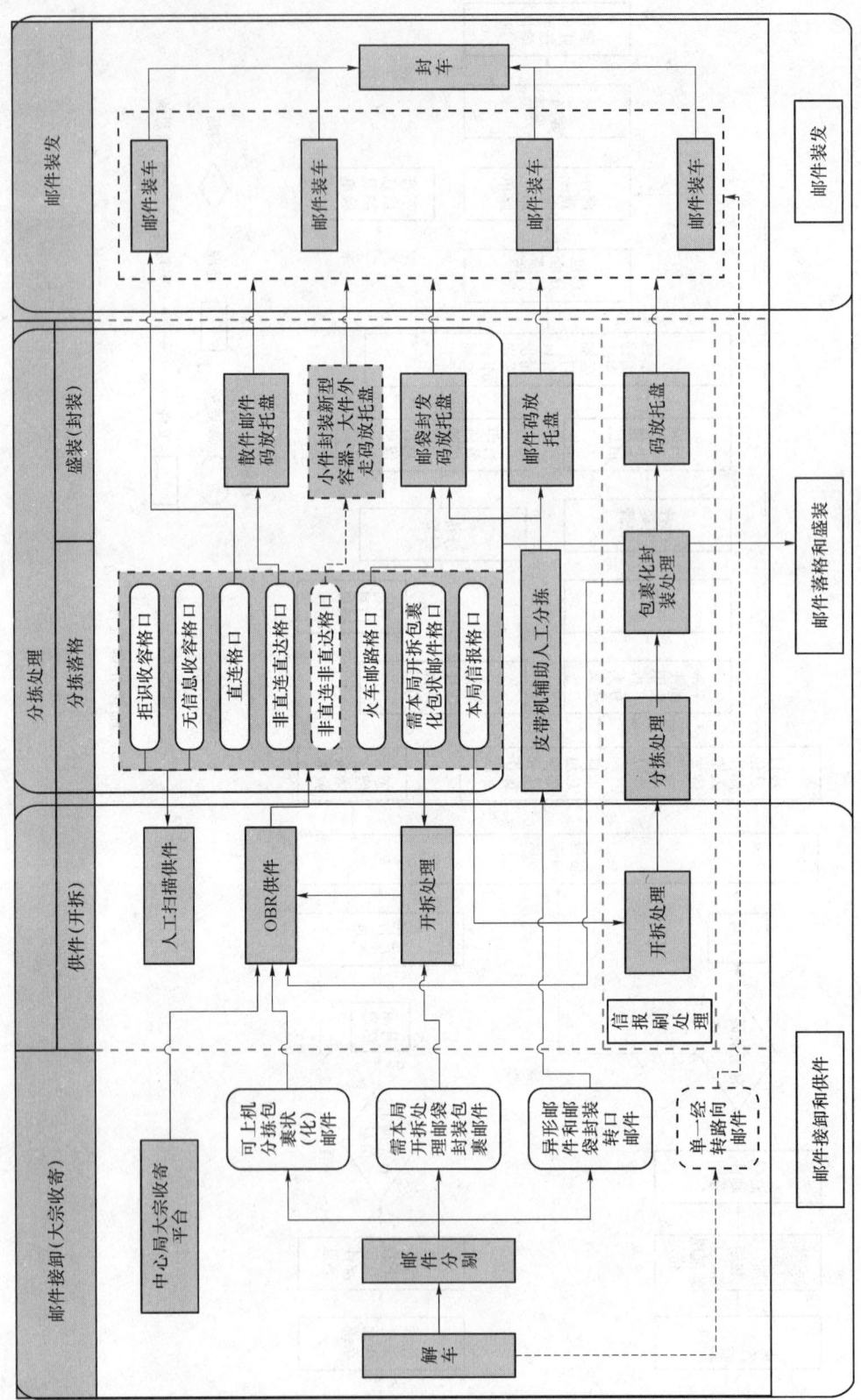

图 2-4 邮件处理流程

2.2.1 函件处理流程

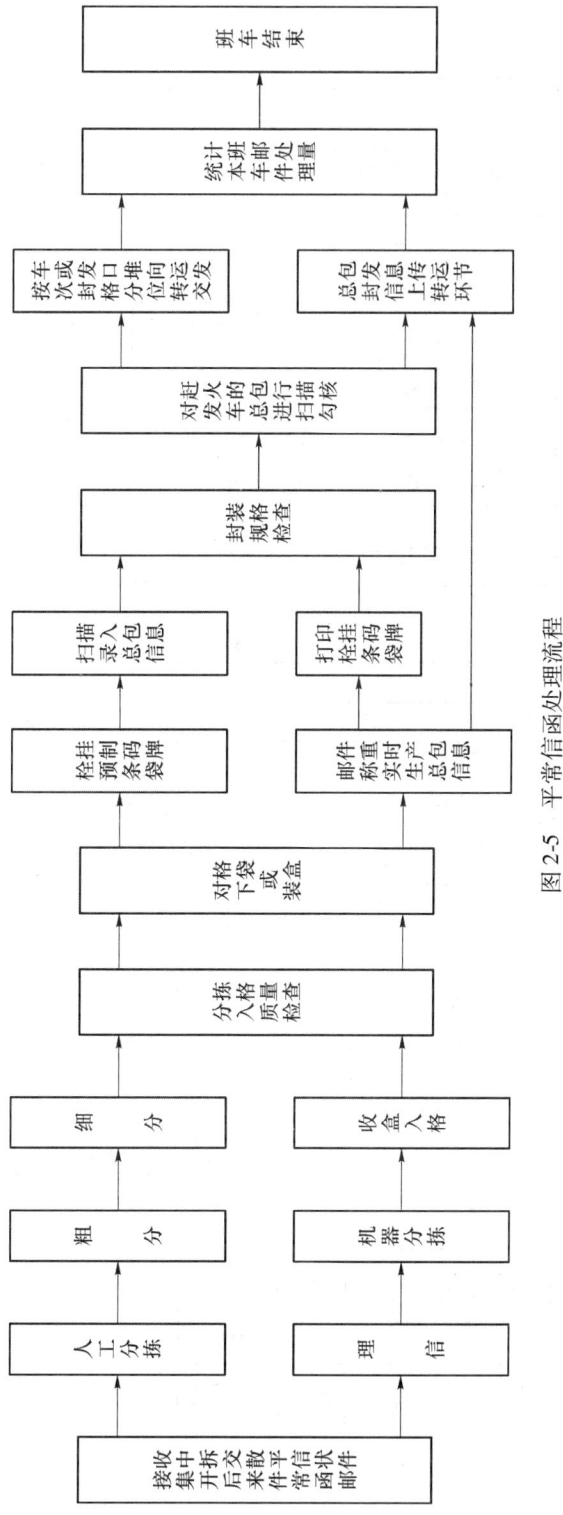

图 2-5 平常信函处理流程

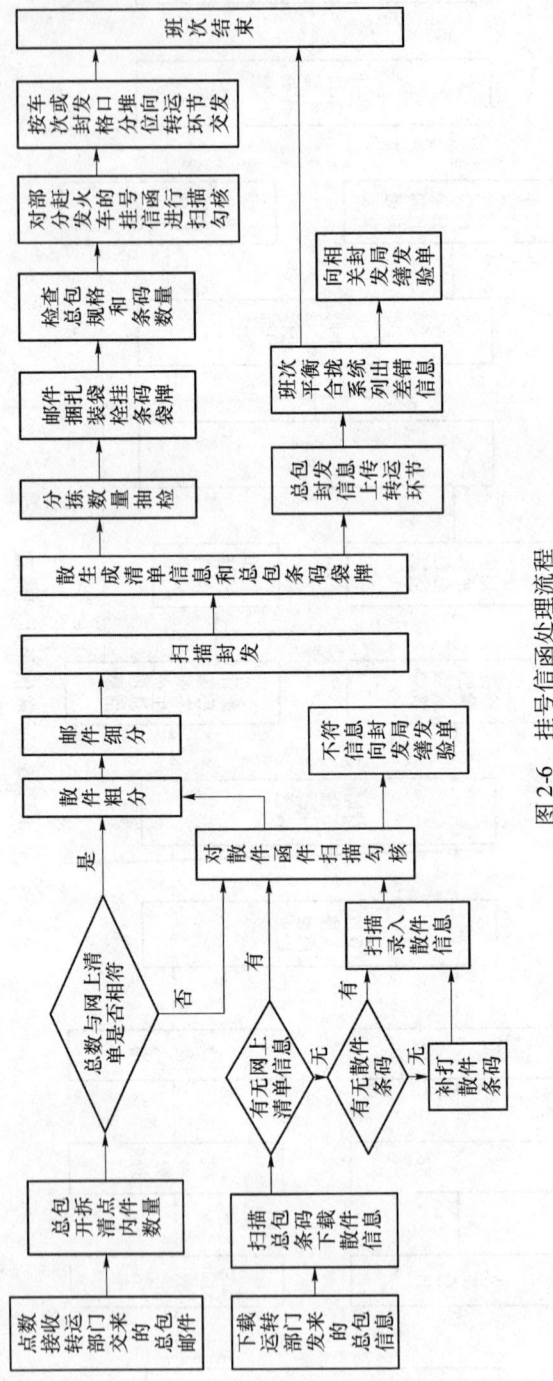

图2-6 挂号信函处理流程

2.2.2 扁平件处理流程

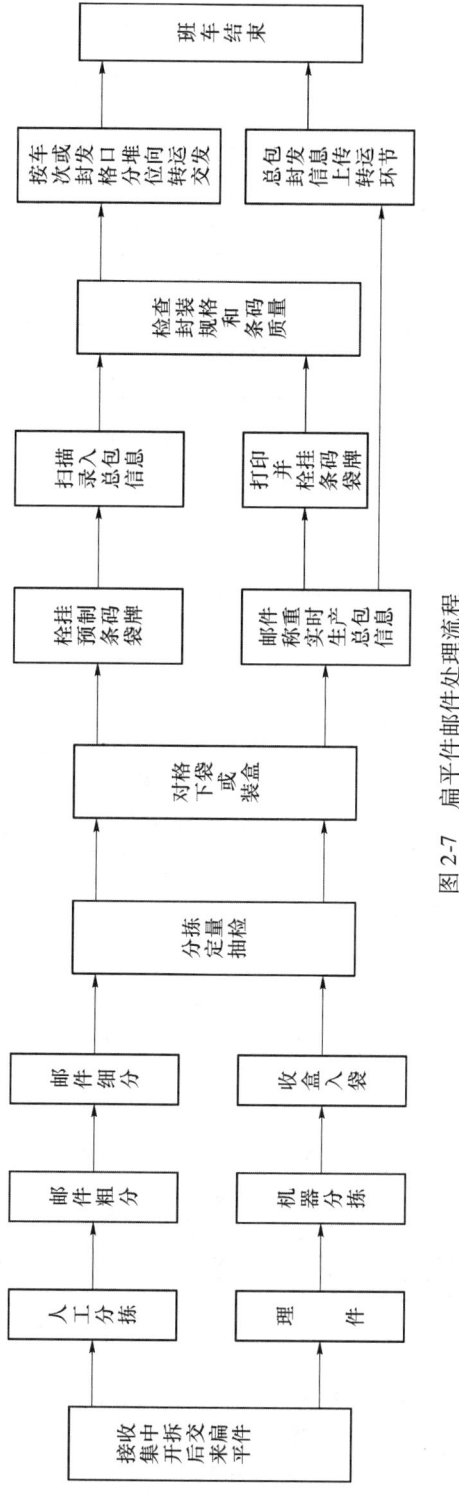

图 2-7 扁平件邮件处理流程

2.2.3 包状邮件处理流程

包状邮件处理流程如图 2-8 所示。

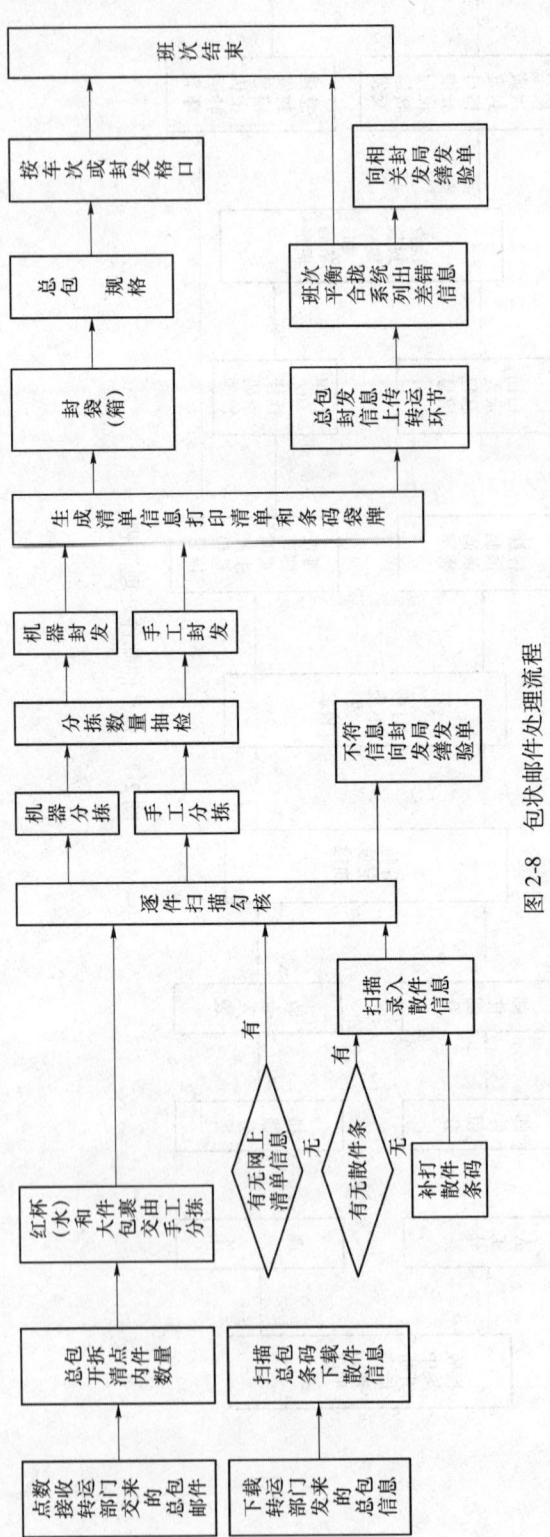

图 2-8 包状邮件处理流程

2.2.4 速递快件处理流程

速递快件由于不同的服务要求,流程如图 2-9 所示。

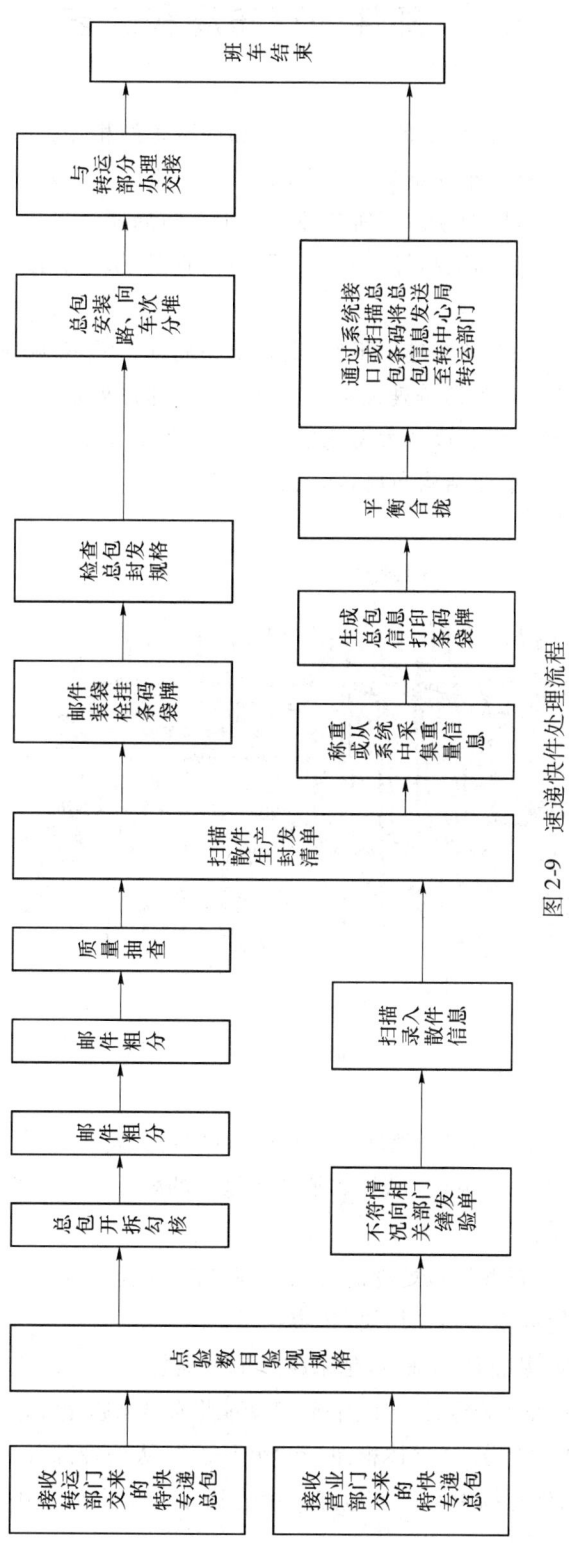

图 2-9 速递快件处理流程

以上各类邮件的处理内容整体上是接收、中转、分拣、封发,但在不同发展阶段完成这些流程使用了不同的邮件处理布局和工艺方法。

2.3 邮件处理布局和工艺

在以铁路运输方式为主阶段,邮件处理中心多和铁路车站相邻。由于车站位置土地紧张,邮件处理中心建筑规模和总体布局难免受到限制,只好向空间延伸发展,出现了多层建筑——立体枢纽邮件处理中心。多层的立体枢纽邮件处理中心布局要考虑多种要素,如邮件重量、邮件处理设备的安装、单层面积和限高等。一般一层为接收发运,之后按照邮件轻重逐层以从重到轻的次序向上安排楼层。

另外,车站周边交通繁忙,邮车进出不便,造成邮路局部不畅,影响邮件时限。

随着交通运输的发展、汽车运输速度和能力的提升,邮件处理手段也逐步由手工到机械化,又到半自动化,再到自动化。设备大型化发展促使邮件处理的工艺需要大面积、快进出的布局,这样就出现了低层大平面结构布局,如图 2-10 所示。

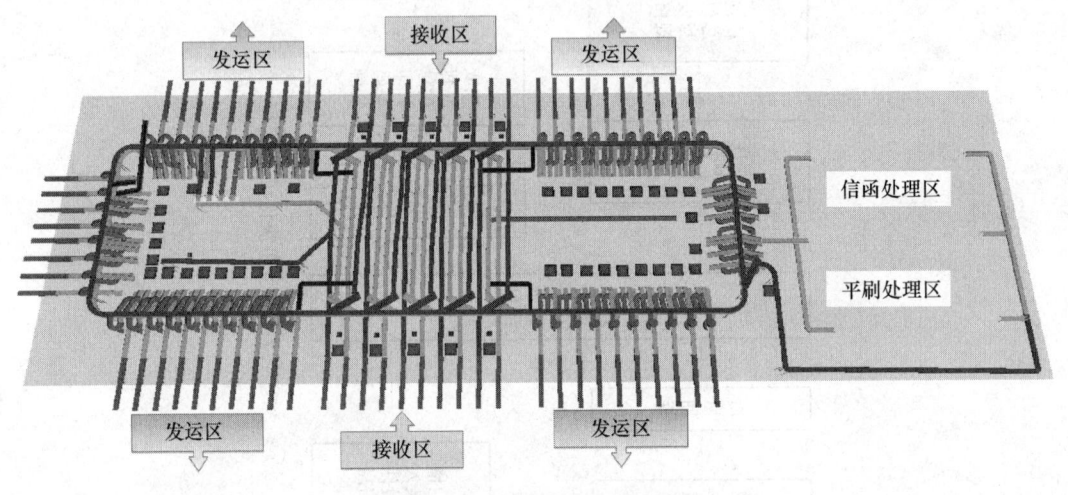

图 2-10 邮件大平面布局示意图

图 2-11 所示的是较大型的邮件处理中心环形布局结构,属于环形工艺。

平面布局中可根据业务量灵活规划,如邮件数量小的处理中心可少配置设备,形成直线型或 U 型。如图 2-12 所示。

随着邮政网的发展及新型设备处理能力的提高,邮件处理中心的布局和工艺方案也逐渐实现模块化,根据处理量可逐步增加模块,扩容扩量。

邮件处理中心的建设从整体到细节,越来越多地依据物品流动理论和集散组织方式进行局址选择、总平面设计、建筑面积确定、工艺设计等,其功能将会越来越完善,灵活度、效率会越来越高。

邮政处理中心从结构上分为"立体枢纽"和"大平面",从处理邮件的角度可以划分为综合邮件处理中心和专业邮件分拣中心。各地邮区中心局多为综合处理中心;而速递邮件处理中心、国际邮件处理中心等为专业分拣中心。

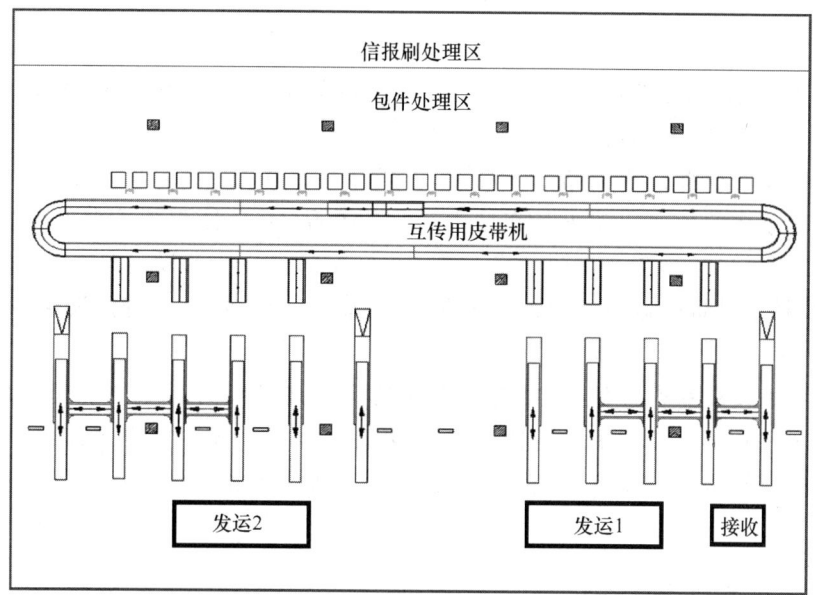

图 2-11 邮件处理环形工艺方案

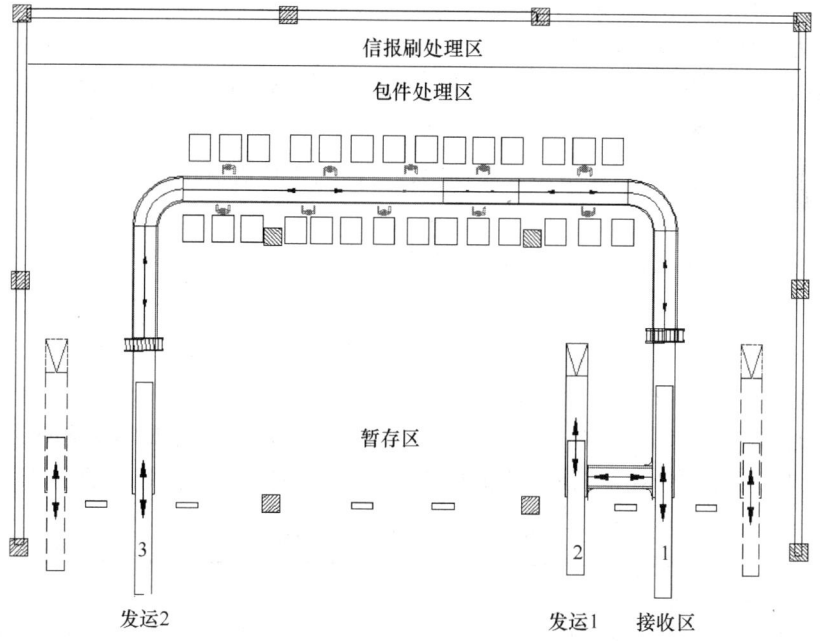

图 2-12 邮件处理 U 型工艺方案

2.4 邮政技术设备及用品用具

邮件处理工艺需要很多设备,按其功能分为装卸设备、输送设备、贮存设备、开拆设备、分拣分发设备和信息监控设备等。

邮件处理设备是直接或间接参加生产过程的生产力,是企业固定资产的重要组成部分。邮政企业主要的生产活动不是直接生产物质产品,而是接受消费者的委托,实现邮件实物空间场所的转移,为社会提供服务。因此,邮政企业的技术设备是直接作用于邮件实物,通过邮政技术设备的运转,优质、高效地完成邮件收寄、处理、运输、投递整个邮政通信生产过程。

随着技术的发展和科技的进步,越来越多的高新技术应用于邮件处理。就目前而言,邮政通信投入使用的邮政技术设备种类较多,处理技术及处理手段也多样化。通常可按设备的用途和处理对象来分类。邮政技术设备分为通用设备和专用设备,本书主要讨论专用设备。

2.4.1 邮政技术设备分类

根据邮政通信生产过程可将邮政设备分为以下四类。

第一类为邮政营业服务设备,是指在邮局营业窗口直接服务于顾客的设备,包括出售设备、收寄设备以及其他辅助设备。

第二类为内部处理设备,是指在邮局内部分发邮件所使用的设备,包括分拣设备、传送设备以及其他辅助处理设备。分拣设备按照被分拣物品的物理性状又分为薄片类、扁平类和包裹类。

第三类为邮件运输设备,是指用来实现邮件空间场所变更所使用的设备,包括运输工具及装卸设备。

第四类为邮件投递设备,是指专为投递邮件所使用的设备,包括局窗口投交设备和局外投递设备。

以上每类设备包含多种设备,常见邮政使用设备如表2-1所示。

为了提高邮政技术设备的使用效率,国家配备了相关的邮政用品用具。邮政用品用具是指进入邮政通信网中使用的具有国家标准、行业标准或其他影响邮政通信全网运行效能的各类信封、明信片、专用包装用品、信筒信箱和日戳等,表中仅列出面向客户的用品。

表2-1 常见邮政使用设备

类别	设备功用	设备名称
邮政营业服务设备	营业厅自助服务设备	邮政编码查询机、自动取款机(ATM)、自动存取款机(CRS)、存折补登机、叫号机、自动收寄设备、邮品自动出售设备
	营业台席设备	邮资机、电子秤、POS机、商易通(EPOS)、点验钞机、捆扎机、信息生成设备(标签打印机、条码打印机、电子标签生成器)、邮政日戳
	……	……

续表

类别	设备功用	设备名称
内部处理设备	分拣辅助设备和系统	安检机、胶带传输设备、邮袋开拆设备、信盒输送设备、红框理信机、平刷辅助分拣设备、射频识别系统、信息系统
	分拣设备	函件分拣机、扁平件分拣机、包件分拣机、总包分拣处理
	仓储设施设备	货架、拣选设备
	商函制作	邮筒机、封装机、地址打印
	基础设施设备	除尘、通风
	……	……
邮件运输设备	装卸搬运	电动叉车、手动叉车、搬运车、伸缩胶带机、装卸过桥、升降平台、AGV 小车
	集装	邮袋、信盒、集装箱/笼、火车邮厢、汽车挂车
	运输	载货汽车、牵引汽车
	……	……
邮件投递设备	移动数据终端等	便携式 PDA
	投递处理	投递排序设备、分拣柜、包装捆扎
	服务设备	智能投递柜
	投递车辆	汽车、电瓶车
	……	……
邮政常用通用设备	信息采集和处理设备	激光条码阅读器、CCD 扫描器、数据采集器、条码阅读器、射频读写器
	专用打印机	信封打印机、袋牌打印机、账单打印机、条码打印机、标签打印机、大型单页纸打印机、大型连续纸打印机
	邮戳盖销机	落地邮戳盖销机
	……	……
邮政用品用具	用品	信封、明信片、封套、邮件包装箱、国内邮件包装袋(塑料薄膜包装袋、气垫膜包装袋、塑料编织布包装袋)

2.4.2 邮件自动分拣系统

1. 自动分拣系统的基本构成

现代分拣系统的基本构成包括前处理设备(混杂一起的物品的输入、分拣运输机系统)和后处理设备,分拣后物品的输出、控制装置及计算机管理四部分组成。

① 前处理设备指在分拣机之前向分拣机输送分拣物的进给台及其他辅助性运输机和作业台等。进给台的主要功能有两个:一个是操作人员利用输入装置将各个分拣物的目的地址送入分拣系统,作为物品的分拣作业命令;另一个是控制分拣物进入分拣机时间和速度,保证分拣机准确地进行分拣。其他辅助性输送机则是向进给台输送分拣物,可根据分拣系统现场的要求和条件进行。

② 分拣机是分拣系统的核心设备,主要用来将分拣物分发到规定场地的分流处理。由于不同行业、不同部门的分拣对象在尺寸、质量和外形等方面都有很大差别,对分拣方式、分拣速度、分拣口的多少等要求也不相同,因此分拣机的种类也很繁杂。采用不同的分拣机,配置不同的前处理设备和后处理设备,可以组成各种满足不同需要的分拣系统。

③ 后处理设备指设置在分拣机后面的分拣溜槽及其他辅助设备。通常在分拣机的每一个出口设置一个分拣溜槽,每一个溜槽存储同一个分拣目的地的分拣物。分拣溜槽越多,可以同时进行分拣的目的地也越多,分拣系统服务的范围就越大。溜槽通常采用钢板或塑料制成的光滑溜槽,也有采用带辊子的溜槽,还有的采用分岔溜槽来增加分拣口的数量。分拣物通常是从溜槽出口由人工收集和装车发送,也有的利用伸缩带式输送机或其他输送机组成后处理系统,以提高分拣效率。

④ 控制装置及计算机管理物料分拣系统控制装置的主要功能有:

a. 接收分拣目的地地址,人工或机械分拣由操作人员利用数字键盘或按钮输入,自动分拣则自动采集和识别地址。

b. 控制进给台,使分拣物按分拣机的要求迅速准确地进入分拣机。

c. 控制分拣机的分拣动作,使分拣物在预定的分拣口迅速准确地拣出。

d. 完成分拣系统各种信息号的检测监控及安全保护。

分拣系统的计算机管理主要是对分拣系统中各设备运行的数据进行记录、监测和统计,用于分拣作业的管理及对分拣作业和设备的综合评价与分析。

2. 自动分拣系统的基本技术要求

① 能够迅速准确地分拣物品,且分拣差错率低。

② 分拣能力要强,现代大型分拣系统分拣口数目可达数百个。

③ 分拣系统对分拣物品的大小、形状、质量、包装形式及材质等因素的适应范围要宽。

④ 工作时对分拣物品的冲击和振动要小,安全保护措施齐全。

⑤ 分拣作业中操作人员输入分拣命令简单方便,人工辅助动作简单、省力。

⑥ 自动控制和计算机管理的功能完善,性能安全可靠。

2.4.3 邮件分拣设备的性能指标

分拣设备的技术参数包括多个方面,和生产直接相关的参数有分拣效率、运行速度、处理规格、格口数量、供件席位数量、差错率和噪声等。

(1) 分拣效率:指整个系统装备能够达到的最大分拣值,实际使用效率一般为最大效率的70%,表示为:件/小时。

(2) 运行速度:指主分拣线的运营线速度,表示为:m/s。

(3) 处理规格:表示系统装备处理邮件形状规格的限定范围,一般表示为:

长:min~max(mm);宽:min~max(mm);高:min~max(mm);重量:≤max(kg)。

(4) 格口数量:表示系统装备最多配置分拣路向数量。

(5) 供件席位数量:指分拣系统能够达到最大分拣效率时应具备的最少供件席位数量。

(6) 差错率:系统因各种原因引起的邮件错分拣率。邮政系统的分拣差错率一般在万分之一(包括)以下,表示为:$n‰≤1$。

分拣差错率=错分邮件数/全部上机邮件数×100%。

(注:分拣差错率计算中错分邮件数不含收容格口中的量)

(7) 运行噪音:距离设备 1 m,分点测试后取得的最大值或平均值,标识为:最大声源噪声≤dB(A)或:平均噪声≤dB(A)。

另外,还要考虑分拣设备可靠性、安全性、易维修维护性、节能环保性和经济性等。

2.4.4 邮政技术设备发展趋势

随着科学技术的发展,运用自动控制技术、信息技术和网络技术来实现邮件分拣设备自动化、信息化和智能化,已成为现代邮件处理技术设备发展的新趋势,也必将大大推动和加快邮件分拣设备现代化进程。主要表现在以下五方面。

(1) 高速低耗:设备的运行效率和运行成本会直接影响到用户利益。在提高分拣效率基础上(除提高设备运行线速度、增加准确度外),利用空间结构,增加格口分布的层数,可使一次到位率增加,提升效率。另外,优化设备结构,减轻运行部件自重,降低功耗,也是设备技术发展的一个关注重点。

(2) 高适应性:适应性主要指对分拣邮件的适应和安装场地的适应。对分拣邮件的适应性主要是通过合理优化结构,适应分拣邮件的规格范围;对安装场地的适应主要指便于安装,即对场地、环境要求简单。另外,模块化的组合,使得设备更具灵活性和可拓展性。

(3) 高自动化:现代分拣设备的自动化程度越来越高,如自动供件、自动卸载,减少维护,提升设备自检能力。并通过信息化、网络化及传感技术,对分拣邮件测量几何形状、重量,自动分配运行单元,并自行跟踪、纠错分拣邮件,进而实现智能化分拣。

(4) 高性价比:技术的进步、方案的优化和设备制造越来越成熟,逐步使得设备越来越完善可靠,企业和制造之间通过标准化、模块化对接,实现设备的简约化,从而也实现设备的高性价比。

(5) 高智能化:智能化不同于自动化,自动化从现场获取信息,并依据现场信息代替人作出判断和选择。智能化是自动化、信息化的一种高层次应用,其作业过程中大量的运筹和决策,如作业计划的制定、运输(搬运)路线的选择,自动导向车的运行轨迹和作业控制,自动分拣机的运行、投递或配送中管理的决策支持等,这种动态管控和自动选择,是高智能的特征。

除了智能化交通运输外,无人搬运车、机器人堆码、无人叉车、自动分类分拣系统等现代技术,都大大提高了分拣处理设备智能化水平,高智能化是邮政发展的一个崭新阶段。

思 考 题

1. 邮件分拣技术路线是什么?每个阶段的特点是什么?
2. 根据邮件处理过程,分析每个环节的工作内容,这些工作内容通过什么技术手段可以解决?
3. 邮件处理的发展历程经历了什么样的路线图?未来趋势是什么?
4. 对平信、挂号信分拣流程图进行分析,哪个环节随着技术发展可以省略?
5. 分析包状、扁平状邮件处理流程,其中通过技术手段简化的环节有哪些?
6. 邮政常用用品用具有哪些?

第 3 章 数字图像处理基本知识

3.1 数字图像概述

图像是用各种观测系统以不同形式和手段观测客观世界而获得的、可以直接或间接作用于人眼进而产生视知觉的实体。图像的类型如图 3-1 所示。

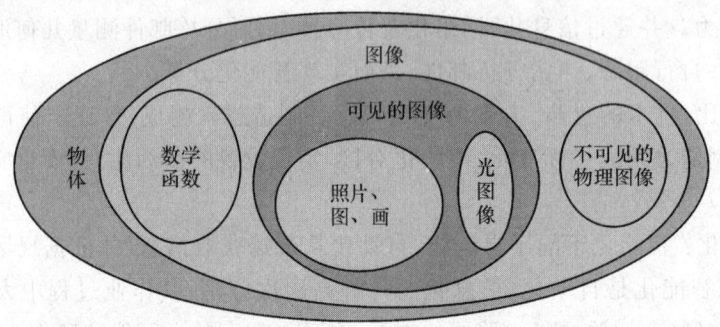

图 3-1 图像的类型

数字图像,又称数码图像或数位图像,是把图像分割成如图 3-2 所示的称为像素的小区域,每个像素的亮度或灰度值由一个整数表示。数字图像是二维图像用有限数字数值像素的表示,并由数组或矩阵体现。

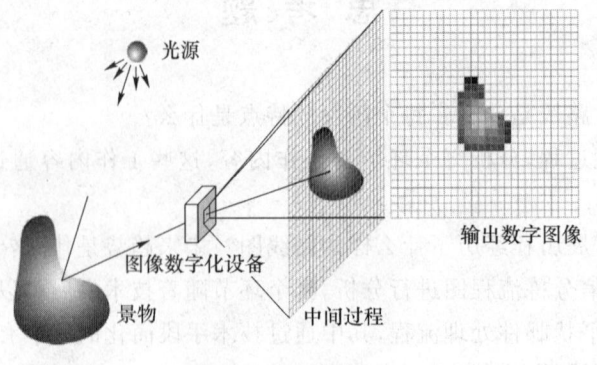

图 3-2 图像数字化

一幅图像可以用一个二维数组 $I(m,n)$ 表示:

m 和 n 表示二维空间 xy 中一个坐标点的位置;

I 代表图像在点 (m,n) 的某种性质的值(例如灰度),如图 3-3 所示图像数字化中表格内数值代表灰度值;位置和性质均为连续描述。

数字图像的二维数组-矩阵表示形式如下:

$$I = I[m,n] \begin{bmatrix} i_{0,0} & i_{0,1} & \cdots & i_{0,n-1} \\ i_{1,0} & i_{1,1} & \cdots & i_{1,n-1} \\ \vdots & \vdots & & \vdots \\ i_{m-1,0} & i_{m-1,1} & \cdots & i_{m-1,n-1} \end{bmatrix}$$

其表示图像的大小为 $m \times n$;对于灰度图像,其像素值为光照度。

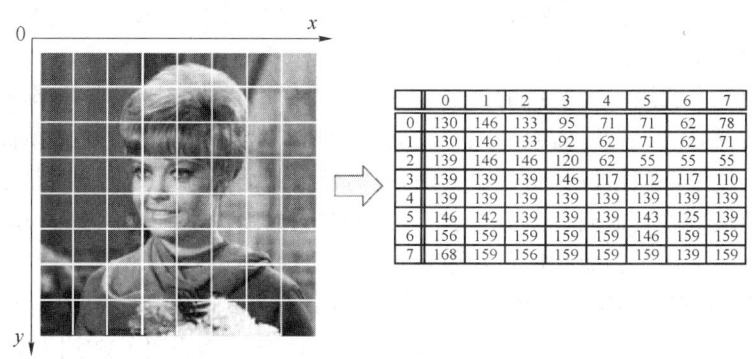

图 3-3　图像数字化

数字图像处理(Digital Image Processing)又称为计算机数字图像处理,它是指将数字图像信号转换成数字信号并利用计算机对其进行处理的过程。

3.1.1　数字图像处理发展概况

数字图像处理最早出现于 20 世纪 50 年代,当时的电子计算机已经发展到一定水平,人们开始利用计算机来处理图形和图像信息。数字图像处理作为一门学科大约形成于 20 世纪 60 年代初期。早期的图像处理的目的是改善图像的质量,它以人为对象,以改善人的视觉效果为目的。图像处理中,输入的是质量差的图像,输出的是改善质量后的图像,常用的图像处理方法有图像增强、复原、编码、压缩等。首次获得实际成功应用的是美国喷气推进实验室(JPL),他们对航天探测器徘徊者 7 号在 1964 年发回的几千张月球照片使用了图像处理技术,如几何校正、灰度变换、去除噪声等方法,并考虑了太阳位置和月球环境的影响,最后由计算机成功地绘制出月球表面地图,获得了巨大的成功。随后他们又对探测飞船发回的近十万张照片进行更为复杂的图像处理,获得了月球的地形图、彩色图及全景镶嵌图,取得了非凡的成果,为人类登月创举奠定了坚实的基础,也推动了数字图像处理这门学科的诞生。在这以后的宇航空间技术,如对火星、土星等星球的探测研究中,数字图像处理技术都发挥了巨大的作用。

数字图像处理取得的另一个巨大成就是在医学上。

1972 年英国工程师 Housfield 发明了用于头颅诊断的 X 射线计算机断层摄影装置,也就是我们通常所说的 CT(Computer Tomograph)。CT 的基本原理是根据人的头部截面的投影,经计算机处理来重建截面图像,称为图像重建。

1975 年,研制出全身用的 CT 装置,获得了人体各个部位鲜明清晰的断层图像。1979 年,这项无损伤诊断技术获得了诺贝尔奖,说明它对人类做出了划时代的贡献。与此同时,图像处理技术在许多应用领域受到广泛重视并取得了重大的开拓性成就,属于这些领域的有航空航天、生物医学工程、工业检测、机器人视觉、公安司法、军事制导和文化艺术等,使图像处理成为一门引人注目、前景远大的新型学科。从20世纪70年代中期开始,随着计算机技术和人工智能、思维科学研究的迅速发展,数字图像处理向更高、更深层次发展。人们已开始研究如何用计算机系统解释图像,实现类似人类视觉系统理解外部世界,这被称为图像理解或计算机视觉。很多国家,特别是发达国家投入更多的人力、物力到这项研究,取得了不少重要的研究成果。其中代表性成果是20世纪70年代末提出的视觉计算理论,这个理论成为计算机视觉领域其后十多年的主导思想。图像理解虽然在理论方法研究上已取得不小的进展,但它本身是一个比较难的研究领域,存在不少困难,并且人类本身对自己的视觉过程了解甚少,因此计算机视觉还是一个有待人们进一步探索的新领域。

数字图像处理在我国国民经济的许多领域已经得到广泛的应用。农林部门通过遥感图像了解植物生长情况,进行估产,监视病虫害发展及治理。水利部门通过遥感图像分析,获取水害灾情的变化。气象部门用以分析气象云图,提高预报的准确程度。国防及测绘部门,使用航测或卫星获得地域地貌及地面设施等资料。机械部门使用图像处理技术,自动进行金相图分析识别。医疗部门采用各种数字图像技术对各种疾病进行自动诊断。

数字图像处理在通信领域有特殊的用途及应用前景。传真通信、可视电话、会议电视、多媒体通信、宽带综合业务数字网(B-ISDN)以及高清晰度电视(HDTV)都采用了数字图像处理技术。

图像处理技术的应用与推广,使得为机器人配备视觉的科学预想转为现实。计算机视觉或机器视觉迅速发展,计算机视觉实际上就是图像处理加图像识别,要求采用十分复杂的处理技术,需要设计高速的专用硬件。

数字图像处理技术在国内外发展十分迅速,应用也非常广泛,但是就其学科建设来说,还不成熟,还没有广泛适用的研究模型和齐全的质量评价体系指标,多数方法的适用性都随分析处理对象而异。数字图像处理的研究方向是建立完整的理论体系。

3.1.2 数字图像处理的基本特点

数字图像处理的基本特点主要包含以下几个方面。

1. 处理信息量很大

数字图像处理的信息大多是二维信息,处理信息量很大。如一幅256×256低分辨率黑白图像,要求约64 kbit的数据量;对高分辨率彩色512×512图像,则要求768 kbit数据量;如果要处理30帧/秒的电视图像序列,则每秒要求500 kbit~22.5 Mbit数据量。因此对计算机的计算速度、存储容量等要求较高。

2. 占用频带较宽

数字图像处理占用的频带较宽。与语言信息相比,占用的频带要大几个数量级。如电视图像的带宽约5.6 MHz,而语音带宽仅为4 kHz左右。所以在成像、传输、存储、处理和显示等各个环节的实现上,技术难度较大,成本亦高,这就对频带压缩技术提出了更高的要求。

3. 各像素相关性大

数字图像中各个像素不是独立的,其相关性大。在图像画面上,经常有很多像素相同或接近的灰度。就电视画面而言,同一行中相邻两个像素或相邻两行间的像素,其相关系数可达0.9以上,而一般来说相邻两帧之间的相关性比帧内相关性还要大些。因此,图像处理中信息压缩的潜力很大。

4. 无法复现全部信息

由于图像是三维景物的二维投影,一幅图像本身不具备复现三维景物的全部几何信息的能力,所以三维景物背后部分信息在二维图像画面上反映不出来。因此,要分析和理解三维景物必须作合适的假定或附加新的测量,如双目图像或多视点图像。在理解三维景物时需要知识导引,这也是人工智能正在致力解决的知识问题。

5. 受人的因素影响较大

数字图像处理后的图像一般是给人观察和评价的,因此受人的因素影响较大。一方面,由于人的视觉系统很复杂,受环境条件、视觉性能、人的情绪爱好以及知识状况影响很大,作为图像质量的评价还有待进一步深入研究。另一方面,计算机视觉是模仿人的视觉,人的感知机理必然影响着计算机视觉的研究。例如,什么是感知的初始基元,基元是如何组成的,局部与全局感知的关系,优先敏感的结构、属性和时间特征等,这些都是心理学和神经心理学正在着力研究的课题。

3.1.3 数字图像处理的应用

图像是人类获取和交换信息的主要来源,因此,图像处理的应用领域必然涉及人类生活和工作的方方面面。随着人类活动范围的不断扩大,图像处理的应用领域也随之不断扩大。

1. 航天和航空方面

航天和航空技术方面的应用数字图像处理技术在航天和航空技术方面的应用,除了对月球、火星照片的处理之外,另一方面的应用是在飞机遥感和卫星遥感技术中。许多国家每天派出很多侦察飞机对地球上感兴趣的地区进行大量的空中摄影。对由此得来的照片进行处理分析,以前需要雇用几千人,而现在改用配备高级计算机图像处理系统来判读分析,既节省人力,又加快了速度,还可以从照片中提取人工所不能发现的大量有用情报。

现在世界各国都在利用陆地卫星所获取的图像进行资源调查(如森林调查、海洋泥沙和渔业调查、水资源调查等),灾害检测(如病虫害检测、水火检测、环境污染检测等),资源勘察(如石油勘查、矿产量探测、大型工程地理位置勘探分析等),农业规划(如土壤营养、水份和农作物生长、产量的估算等),城市规划(如地质结构、水源及环境分析等)。中国也陆续开展了以上诸方面的一些实际应用,并获得了良好的效果。在气象预报和对太空其他星球研究方面,数字图像处理技术也发挥了相当大的作用。

2. 生物医学工程方面

数字图像处理在生物医学工程方面的应用十分广泛,而且很有成效。除了上面介绍的CT技术之外,还有一类是对医用显微图像的处理分析,如红细胞、白细胞分类,染色体分析,癌细胞识别等。此外,在X光肺部图像增晰、超声波图像处理、心电图分析、立体定向放射治疗等医学诊断方面都广泛地应用图像处理技术。

3. 通信工程方面

当前通信主要发展方向是声音、文字、图像和数据结合的多媒体通信。具体来说是将电话、电视和计算机以三网合一的方式在数字通信网上传输。其中以图像通信最为复杂,因图像的数据量巨大,如传送彩色电视信号的速率达 100 Mbit/s 以上,要将这样高速率的数据实时传送出去,必须采用编码技术来压缩信息的比特量。从一定意义上说,编码压缩是这些技术成败的关键。除了已应用较广泛的熵编码、DPCM 编码和变换编码外,国内外正在大力开发研究新的编码方法,如分行编码、自适应网络编码和小波变换图像压缩编码等。

4. 工业和工程方面

图像处理技术在工业和工程领域中有着广泛的应用,如自动装配线中检测零件的质量,并对零件进行分类,印刷电路板疵病检查,弹性力学照片的应力分析,流体力学图片的阻力和升力分析,邮政信件的自动分拣,在一些有毒、放射性环境内识别工件及物体的形状和排列状态,先进的设计和制造技术中采用工业视觉等。其中值得一提的是研制具备视觉、听觉和触觉功能的智能机器人,将会给工农业生产带来新的激励,目前已在工业生产中的喷漆、焊接和装配中得到有效的利用。

5. 军事公安方面

军事方面的图像处理和识别主要用于导弹的精确末制导,各种侦察照片的判读,具有图像传输、存储和显示的军事自动化指挥系统,飞机、坦克和军舰模拟训练系统等;公安业务图片的判读分析,指纹识别,人脸鉴别,不完整图片的复原,以及交通监控、事故分析等。目前已投入运行的停车和高速公路自动收费系统中的车辆和车牌的自动识别都是图像处理技术成功应用的例子。

6. 文化艺术方面

目前这类应用有电视画面的数字编辑,动画的制作,电子图像游戏,纺织工艺品设计,服装设计与制作,发型设计,文物资料照片的复制和修复,运动员动作分析和评分等,现在已逐渐形成一门新的艺术——计算机美术。

7. 机器人视觉

机器人视觉作为智能机器人的重要感觉器官,主要进行三维景物理解和识别,是目前处于研究之中的开放课题。机器人视觉主要用于军事侦察、危险环境的自主机器人,邮政、医院和家庭服务的智能机器人,装配线工件识别、定位机器人和太空机器人的自动操作等。

8. 视频和多媒体系统

目前,电视制作系统广泛使用的图像处理、变换、合成,多媒体系统中静止图像和动态图像的采集、压缩、处理、存储和传输等。

9. 科学可视化

图像处理和图形学紧密结合,形成了科学研究各个领域新型的研究工具。

10. 电子商务

在当前呼声甚高的电子商务中,图像处理技术也大有可为,如在身份认证、产品防伪、水印技术、手写汉字和淘宝购物中的图片搜索等中都得到了快速普及应用。

总之,图像处理技术应用领域相当广泛,已在国家安全、经济发展、日常生活中充当越来越重要的角色,且正在不断扩展应用领域。

3.2 数字图像处理基础

3.2.1 数字图像技术概述

数字图像技术是利用计算机和其他电子设备进行和完成的一系列工作:
——图像的采集、获取、编码、存储和传输。

——图像的合成和生成。
——图像的显示和输出。
——图像的变化、增强、复原和重建。
——图像的分割。
——目标的检测、表达和描述。
——特征的提取和测量。
——图像数据库的建立、索引和抽取。
——图像的分类、表示和识别。
——图像模型的建立和匹配。
——图像和场景的解释和理解。

以上工作内容包括了图像处理、分析、理解三个方面,且处于不同的层面,如图3-4所示。

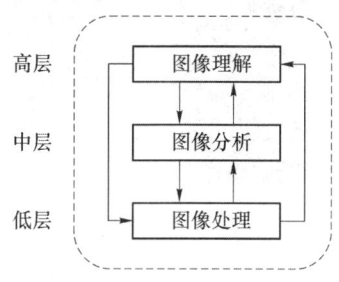

图 3-4　图像技术组成

图像处理主要是图像之间的变换,包括:
——对图像进行各种加工以改善图像的视觉效果。
——对图像进行压缩编码以满足特定需求。

图像分析主要是对图像中感兴趣的目标进行检测和测量,以获得客观信息从而建立对图像的描述。

图像理解的重点是在图像分析的基础上,进一步研究图像中各目标的性质和它们之间的相互联系,并得出对图像内容含义的理解以及对原来客观场景的解释,从而进行指导和规划、控制、判断行动。

但在数字图像技术应用中,图像处理、图像分析和图像理解不可能清晰区分,为此,统称之为数字图像处理。

3.2.2　数字图像处理内容

1. 图像变换

由于图像阵列很大,直接在空间域中进行处理,涉及计算量很大。因此,往往采用各种图像变换的方法,如傅里叶变换、沃尔什变换、离散余弦变换等间接处理技术,将空间域的处理转换为变换域处理,这样不仅可减少计算量,而且可获得更有效的处理(如傅里叶变换可在频域中进行数字滤波处理)。目前,因小波变换在时域和频域中有良好的局部化特性,它在图像处理中广泛得到应用。

2. 图像编码压缩

图像编码压缩技术可减少描述图像的数据量(即比特数),以便节省图像传输、处理时间和减少所占用的存储器容量。压缩可以在不失真的前提下获得,也可以在允许的失真条件下进行。编码是压缩技术中最重要的方法,是在图像处理技术中发展最早且比较成熟的技术。

3. 图像增强和复原

图像增强和复原的目的是提高图像的质量,如去除噪声,提高图像的清晰度等;如强化图像高频分量,可使图像中物体轮廓清晰,细节明显(如图 3-5 所示);如强化低频分量可减少图像中噪声影响(如图 3-6 所示)。图像复原要求对图像降质的原因有一定的了解,一般来说应根据降质过程建立"降质模型",再采用某种滤波方法,恢复或重建原来的图像。

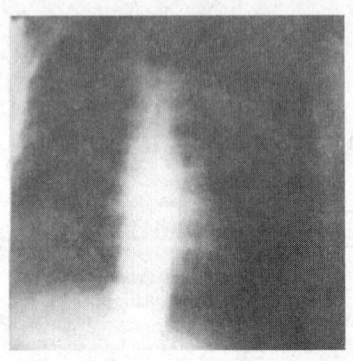 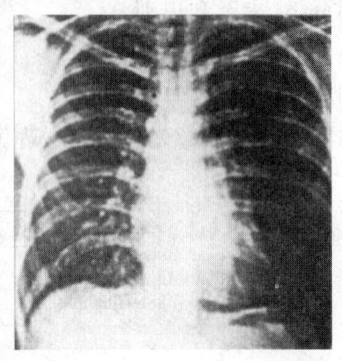

图 3-5 图像增强

带噪声图　　　　　　无噪声图

图 3-6 图像复原

4. 图像分割

图像分割是数字图像处理中关键技术之一。图像分割是将图像中有意义的特征部分提取出来,其有意义的特征有图像中的边缘、区域等,这是进一步进行图像识别、分析和理解的基础。虽然目前已研究出不少边缘提取、区域分割的方法,但还没有一种普遍适用于各种图像的有效方法。因此,对图像分割的研究还在不断深入之中,也是目前图像处理中研究的热点之一。图 3-7 所示的是单独提取月球和小猫。

5. 图像描述

图像描述是图像识别和理解的必要前提。作为最简单的二值图像可采用其几何特性描述物体的特性,一般图像的描述采用二维形状描述方法,它分为边界描述和区域描述两类。对于特殊的纹理图像可采用二维纹理特征描述。随着图像处理研究的深入发展,已经开始进行三

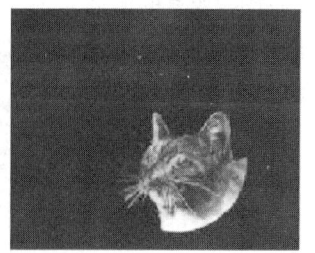

图 3-7 图像分割与识别

维物体描述的研究,提出了体积描述、表面描述、广义圆柱体描述等方法。

6. 图像分类(识别)

图像分类(识别)属于模式识别的范畴,其主要内容是图像经过某些预处理(增强、复原、压缩)后,进行图像分割和特征提取,从而进行判决分类。图像分类常采用经典的模式识别方法,有统计模式分类和句法(结构)模式分类。近年发展起来的模糊模式识别和人工神经网络模式识别在图像识别中也越来越受到重视。

3.2.3 数字图像的类型

按照颜色和灰度的多少可以将图像分为二值图像、灰度图像、索引图像和真彩色 RGB 图像四种基本类型。目前,大多数图像处理软件都支持这四种类型的图像。

1. 二值图像

一幅二值图像的二维矩阵仅由 0、1 两个值构成,"0"代表黑色,"1"代白色。由于每一像素(矩阵中每一元素)取值仅有 0、1 两种可能,所以计算机中二值图像的数据类型通常为 1 个二进制位。二值图像通常用于文字、线条图的扫描识别(OCR)和掩膜图像的存储。

2. 灰度图像

"灰度"是黑白摄影术语,是指由于景物各点颜色及亮度不同,拍摄的黑白照片(或黑白图像)上的各点呈现不同深度的灰色。把黑色与白色之间分成若干级,称为"灰度等级"。能呈现的灰度等级愈多,画面的层次就愈丰富。

常用灰度等级有 16 级或 256 级,如图 3-8 所示。

图 3-8 灰度等级

灰度图像矩阵元素的取值范围通常为[0,255]。因此其数据类型一般为 8 位无符号整数的(int 8),这就是人们经常提到的 256 灰度图像。"0"表示纯黑色,"255"表示纯白色,中间的数字从小到大表示由黑到白的过渡色。在某些软件中,灰度图像也可以用双精度数据类型

(double)表示,像素的值域为[0,1],0 代表黑色,1 代表白色,0 到 1 之间的小数表示不同的灰度等级。二值图像可以看成是灰度图像的一个特例。二值图像和灰度图像分别如图 3-9 和图 3-10 所示。

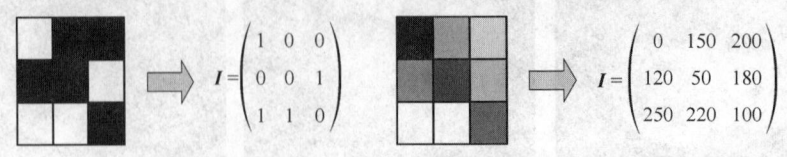

图 3-9　二值(黑白)图像　　　　图 3-10　灰度图像

3. 索引图像

索引图像的文件结构比较复杂,除了存放图像的二维矩阵外,还包括一个称之为颜色索引矩阵 MAP 的二维数组。MAP 的大小由存放图像的矩阵元素值域决定,如矩阵元素值域为[0,255],则 MAP 矩阵的大小为 256×3,MAP 中每一行的三个元素分别指定该行对应颜色的红、绿、蓝单色值,用 MAP=[RGB]表示。也就是说,图像在屏幕上显示时,每一个像素的颜色由存放在矩阵中该像素的灰度值作为索引,通过检索颜色索引矩阵 MAP 得到。因此,一般索引图像只能同时显示 256 种颜色,但通过改变索引矩阵,颜色的类型可以调整。索引图像一般用于存放色彩要求比较简单的图像,如 Windows 中色彩构成比较简单的壁纸多采用索引图像存放,如果图像的色彩比较复杂,就要用到 RGB 真彩色图像。

4. RGB 彩色图像

RGB 图像与索引图像一样都可以用来表示彩色图像。与索引图像一样,它分别用红(R)、绿(G)、蓝(B)三原色的组合来表示每个像素的颜色。但与索引图像不同的是,RGB 图像每一个像素的颜色值(由 RGB 三原色表示)直接存放在图像矩阵中,由于每一像素的颜色需由 R、G、B 三个分量来表示,M、N 分别表示图像的行列数,三个 M×N 的二维矩阵分别表示各个像素的 R、G、B 三个颜色分量。RGB 图像的数据类型一般为 8 位无符号整形,通常用于表示和存放真彩色图像,当然也可以存放灰度图像。RGB 彩色图像如图 3-11 所示。

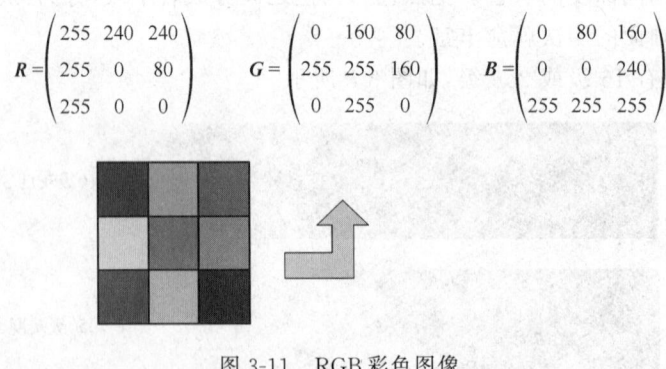

图 3-11　RGB 彩色图像

3.2.4　数字图像的文件格式

数字图像格式指数字图像存储文件的格式。不同文件格式的数字图像,其压缩方式、存储容量及色彩表现不同,在使用中也有所差异。

同一幅图像可以用不同的格式存储,但不同格式之间所包含的图像信息并不完全相同,其图像质量也不同,文件大小也有很大差别。每种图像格式都有自己的特点,有的图像质量优,包含信息多,但是存储空间大;有的压缩率较高,图像完整,但占用空间较少。常用数字图像的文件格式有多种,且还在不断地增加、调整和完善。

1. BMP 文件格式

BMP(bitmap-file)文件格式,又称为位图文件格式,是 Windows 中的标准图像文件格式,在 Windows 环境下运行的所有图像处理软件都支持这种格式。

BMP 格式图像文件的特点是不进行压缩处理,具有极其丰富的色彩,图像信息丰富,能逼真地表现真实世界。因此,BMP 格式的图像文件的尺寸比其他格式的图像文件相对大很多,不适宜在网络上传输。BMP 格式的文件在多媒体课件中,主要用于教学情境创设、表达教学内容和提高课件的视觉效果等。

2. GIF 文件格式

GIF(Graphics Interchange Format)文件格式,又称图像互换格式,是在各种平台的各种图像处理软件上均能处理的、经过压缩的一种图像文件格式。

GIF 格式的图像文件的特点是压缩比高,磁盘空间占用较少,适合网络传输,所以这种图像广泛应用在网络教学中。GIF 格式图像文件的不足在于最多只能处理 256 种色彩,图像存在一定的失真,适合在对图像质量要求不高的多媒体课件中使用。

3. JPEG/JPG 文件格式

JPEG/JPG 是 Joint Photographic Experts Group(联合图像专家小组)的缩写,是第一个国际图像压缩标准。由于其高效的压缩效率和标准化要求,目前已广泛用于彩色传真、静止图像、电话会议、印刷及新闻图片的传送上。

JPEG/JPG 格式图像的优点是有很高的压缩比率,适合在网络中传播;使用 24 位色彩深度使图像保持真彩;技术成熟,已经得到所有主流浏览器的支持。其缺点是压缩算法是有损压缩,会造成图像画面少量失真;不支持任何透明方式。这种格式的图像文件是多媒体课件和主题学习网站中最常用的一种数字图像文件。

4. PNG 文件格式

PNG(Portable Network Graphics)是一种新兴的网络图像格式,适用于色彩丰富复杂、图像画面要求高的情况,如作品展示等。大部分绘图软件和浏览器都支持 PNG 图像浏览。

PNG 是目前保证最不失真的图像格式,它汲取了 GIF 和 JPG 二者的优点,存贮形式丰富,兼有 GIF 和 JPG 的色彩模式;能把图像文件压缩到极限以利于网络传输,但又能保留所有与图像品质有关的信息;显示速度很快,只需下载 1/64 的图像信息就可以显示出低分辨率的预览图像;支持透明图像的制作。PNG 的缺点是不支持动画应用效果。

图像文件格式有主流格式和非主流格式,选择应视具体情况决定。一般 Windows 下的位图文件 BMP 格式是目前使用的最广泛的文件格式之一。在应用程序设计中,应着重考虑图像的质量、图像的灵活性、图像的存储效率以及应用程序是否支持这种图像格式等几个方面。

常见图像文件格式见表 3-1。

表 3-1 常见图像文件格式

文件格式	文件扩展名	分辨率	字节	说明
BITMAP	Bmp、dib、rle	任意	32	Windows 以及 OS/2 用点阵位图格式
GIF	gif	96 dpi	8	256 索引颜色格式
JPEG	jpg jpe	任意	32	JPGE 压缩文件格式
JFIF	jif jfi	任意	24	JFIF 压缩文件格式
KDC	kdc	任意	32	Kodak 彩色 KDC 文件格式
PCD	pcd	任意	32	Kodak 照片 CD 文件格式
PCX	pcx dcx	任意	8	Zsoft 公司 Paintbrush 制作的文件格式
PIC	pic	任意	8	SoftImage's 制作文件格式
PIX	png	任意	8	Alias Wavefront 文件格式
PNG	png	任意	48	Portable 网络传输用的图层文件格式
PSD	psd	任意	24	Adobe Photoshop 带有图层的文件格式
TAPGA	tga	96 dpi	32	视频单帧图像文件格式
TIFF	tif	任意	24	通用图像文件格式
WMF	wmf	96 dpi	24	Windows 使用的剪贴画文件格式

3.3 数字图像处理设备

数字图像处理系统主要由三大部分组成:图像输入、图像处理分析和图像输出。数字图像处理系统的基本组成如图 3-12 所示。

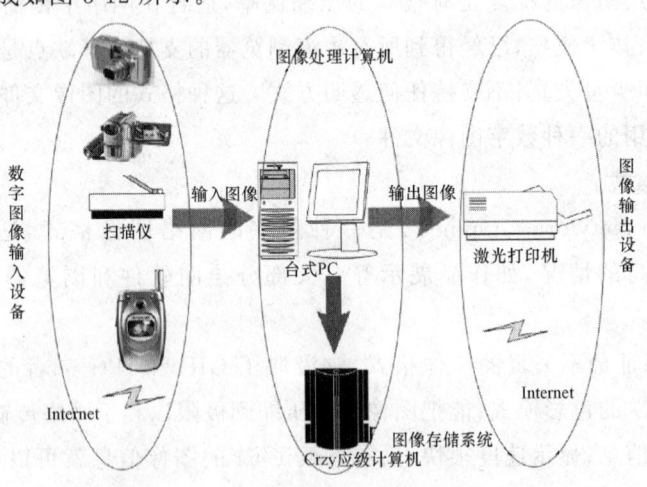

图 3-12 数字图像处理系统的基本组成

3.3.1 数字图像输入

图像输入部分,完成获取图像并进行数字输入功能。相关设备包括数码相机、数码摄像机、扫描仪、带照相和摄像功能的手机等。

把数字图像交由计算机进行图像处理,首先要将数字图像数据输入到计算机中。输入方式一般有数字图像输入、图片扫描输入和视频图像输入三种。

1. 数字图像输入

数字照相机所拍摄的图像是以数字图像的形式存储在照相机的存储器或可移动式存储卡中,只要通过电缆连接线将照相机或移动硬盘、存储卡等移动式存储器和计算机连接起来,图像的数据就可以输入计算机中,并以图像文件的形式存储。从数字照相机输入计算机的信号,即数字图像信号,可以直接由计算机进行加工处理,经过计算机处理的图像,能极大限度地发挥数字摄影的特长。

数字照相机通过电缆将数据信号传输到计算机中,通常接入方式有两种,串行接口接入和 USB 接口接入。串行电缆的连接方式比较简单,但数据信号的传输速率比较慢;USB 电缆接口传输数据信号的速率比较快。因此,数字照相机的连接方式一般都采用后者。另外,摄影者还可以将存储卡从数字照相机中取出,插入读卡器中读出数据后再传给计算机。

2. 图片扫描输入

电子扫描仪将图片通过扫描方式转换为数字信号。当我们需要将图片、绘画、照片、胶片等图像资料输入计算机中时,必须先将它们转换为数字信号,通常转换的方式有两种,一种是用数字照相机拍摄,另一种是用电子扫描仪扫描。电子扫描仪是进行图像数字化转换最有效的仪器,也是最常用的图像输入设备,它通过对图片的逐点扫描,将图片转化为数字图像信号,然后输入计算机中进行图像处理。电子扫描仪可以通过电缆线将数据信号传输到计算机中,接入方式也有两种,串行接口接入和 USB 接口接入。USB 接口的扫描仪连接方便、操作简单、传输数据信号的速率快,并且支持热插板,这意味着无须关闭计算机电源就可以加装或卸载各种设备。因此,目前多数电子扫描仪都使用 USB 接口。

3. 视频图像输入

视频图像输入主要是指将摄像机和录像机中的电视图像信号输入计算机中。通常电视信号有两类,一类是数字摄像机、数字录像机等数字式视频设备输出的信号,这种信号本身就是数字图像处理;另一类是普通电视摄像、录像设备和有视频输入功能的电视机所输出的模拟图像信号,模拟图像信号必须通过计算机专门配置的"视频采集卡"才能输入计算机中,由视频采集电路和模数转换电路将模拟图像信号转换成数字图像信号,再由计算机进行图像加工处理。一般情况下,输入计算机中的图像信号是每秒 25 幅画面,因此计算机加工处理图像信号的速度是必须考虑的。

另外还有遥感图像获取设备、图像输入卡等。

3.3.2 数字图像处理分析

图像处理分析模块,包括计算机、DSP 芯片等硬件设备以及通用或专用软件,用来达到各种各样的处理目的。

处理软件主要包括:Photoshop、C 语言和 Matlab 等。但 Photoshop 图像处理软件没有二次开发功能,不能用于专业领域的应用开发。

3.3.3 数字图像输出

图像输出设备是计算机的重要组成部分,它包含显示设备和硬拷贝设备两种。图像输出设备的任务是把计算机的处理结果或者中间结果以数字、字符和图像等多种媒体的形式表示出来。常见的图像输出设备有显示器、打印机等。

1. 显示器

显示器是计算机最主要的输出设备。计算机中的所有数据和程序都是通过显示器呈现出来的。

显示器的种类主要有 CRT 显示器、LCD 显示器、LED 显示器、3D 显示器和等离子显示器等。

(1) CRT 显示器

CRT 显示器曾是使用较广泛的显示器,根据采用显像管的不同,可分为球面显示器和纯平显示器。纯平显示器又可分为物理纯平显示器和视觉纯平显示器两种。从 12 英寸黑白显示器到 19 英寸、21 英寸大屏彩色显示器,CRT 显示器屏幕经历了由小到大的过程,曾广泛使用的尺寸有 14 英寸、15 英寸和 17 英寸等。

(2) LCD 显示器

LCD 显示器是一种采用液晶控制透光度技术实现色彩的显示器,它具有辐射小、无闪烁、机身薄、能耗低和失真小等优点。液晶显示屏的缺点是色彩不够艳丽,可视角度不高等。LCD 显示器已逐渐成为主流显示设备。

(3) LED 显示器

LED 显示器是一种通过控制半导体发光二极管进行显示的显示器。LED 显示器集微电子技术、计算机技术和信息处理于一体,以其色彩鲜艳、动态范围广、亮度高、寿命长和工作稳定可靠等优点,成为具有优势的新一代显示媒体,已广泛应用于商业广告、新闻发布和证券交易等。

(4) 3D 显示器

多年来,有许多企业和研究机构从事 3D 显示技术的研究。日本、韩国及欧美等发达国家和地区早在 20 世纪 80 年代就涉足立体显示技术的研发。其中,快门式 3D 技术和不闪式 3D 技术是如今 3D 显示器中最常使用的两种。

不闪式 3D 显示器经国际权威机构检测,闪烁几乎是零。

不闪式 3D 显示器有如下优点:

① 无闪烁、更健康:画面稳定,无闪烁感,眼睛更舒适,不头晕。

② 亮度、更明亮:亮度损失最小的偏光 3D,色彩更好。

③ 无辐射、更舒适的眼镜:不闪式 3D 眼镜无辐射,结构简单,重量轻。

④ 无萤影、更逼真:不闪式 3D 技术的色彩显示更准确。

⑤ 价格合理、性价比高:通过不闪式 3D 显示器进入 3D 世界,其主机配置总价位层面上,比快门式 3D 便宜 2~4 倍,性价比高。

(5) 等离子显示器

等离子显示技术是在显示屏上排列上千密封的小低压气体室,通过电流激发,使其发出肉眼看不见的紫外光,然后紫外光碰击后面玻璃上的红、绿、蓝 3 色荧光体发出肉眼能看到的可见光。等离子显示器厚度薄、分辨率高、占用空间少,可作为家中的壁挂电视使用,代表了未来显示器的发展趋势。

2. 打印机

打印机是计算机系统常用的输出设备,主流的打印机已具备一套完整精密的机电一体化智能系统。打印机的类型按其工作方式可分为针式打印机、喷墨打印机、激光打印机以及用于印刷行业的热转印式打印机等。另外,也时常看到 3D 打印机在飞机制造、医疗、工业生产方面应用的信息。

(1) 针式打印机

针式打印机具有中等分辨率,打印速度、耗材便宜、维修方便,同时还具有高速跳行、多份拷贝打印和宽幅面打印等特点,是事务处理中打印报表、发票等的优选机种。针式打印机在很长时间内曾经占据重要的地位。但因打印质量低、工作噪声大,针式打印机已无法适应高质量、高速度的商用打印需要。

(2) 喷墨打印机

喷墨打印机根据产品的主要用途可分为普通型喷墨打印机、数码照片型喷墨打印机和便携式喷墨打印机。随着数码相机的广泛使用,打印精度高的照片打印机需求逐渐增多。喷墨打印机的优点是噪声低、色彩逼真、速度快,不足的是打印成本高。

(3) 激光打印机

激光打印机可分为黑白激光打印机和彩色激光打印机两类。精美的打印质量、低廉的打印成本、优异的工作效率和极高的打印负荷是黑白激光打印机最突出的优点。彩色激光打印机具有打印色彩逼真、安全稳定、打印速度快、寿命长和成本较低等优点。

(4) 专用/专业打印机

专用打印机一般是指各种存折打印机、平推式票据打印机、条码打印机和热敏印字机等用于专用系统的打印机。

专业打印机有热转印打印机和大幅面打印机等机型。热转印打印机的优势在于专业高质量的图像打印方面,一般用于印前及专业图形输出;大幅面打印机的打印原理与喷墨打印机原理基本相同,但打印幅宽一般能达到 24 英寸(61 cm)以上,它的用途主要集中在工程与建筑领域。随着其墨水耐久性的提高和图形解析度的增加,大幅面打印机也开始越来越多的应用于广告制作、大幅摄影、艺术写真和室内装潢等领域,已成为打印机家族中重要的一员。

3.4 光学字符识别(OCR)技术

3.4.1 光学字符识别发展

所谓 OCR (Optical Character Recognition 光学字符识别)技术,是指电子设备(例如扫描仪或数码相机)检查纸上打印的字符,通过检测暗、亮的模式确定其形状,然后用字符识别方法将形状翻译成计算机文字的过程。即对文本资料进行扫描,然后对图像文件进行分析处理,获取文字及版面信息的过程。

OCR 的概念是在 1929 年由德国科学家最先提出,之后美国科学家也提出了利用技术对文字进行识别的想法。而最早对印刷体汉字识别进行研究的是 IBM 公司,1966 年他们发表了第一篇关于汉字识别的文章,采用了模板匹配法识别了 1 000 个印刷体汉字。

到 20 世纪 60、70 年代,许多国家开始对 OCR 进行研究,初期多以文字识别方法研究为主,且识别的文字仅为 0 至 9 的数字。以同样拥有方块文字的日本为例,1960 年左右,日本开始研究 OCR 的基本识别理论,初期以数字为对象,直到 1965 至 1970 年之间开始有一些简单的产品,如印刷文字的邮政编码识别系统,识别邮件上的邮政编码,帮助邮局做区域分信的作业。也因此,邮政编码至今一直是各国所倡导的地址识别方式。

20世纪70年代初,日本的学者开始研究汉字识别,并做了大量的工作。我国在OCR技术方面的研究工作起步较晚,在20世纪70年代才开始对数字、英文字母及符号的识别进行研究,20世纪70年代末开始进行汉字识别的研究,到1986年,我国对汉字识别的研究进入一个实质性的阶段,清华大学和中国科学院分别开发研究,相继推出了中文OCR产品。期间,香港、台湾也快速研发。20世纪90年代初,OCR产品由实验室走向了市场。早期的OCR软件,由于识别率及产品化等多方面的因素,未能达到实际要求。同时,由于硬件设备成本高、运行速度慢,也没有达到实用的程度,只有个别部门,如信息部门、新闻出版单位等使用OCR软件。进入20世纪90年代以后,随着平台式扫描仪的广泛应用,以及我国信息自动化和办公自动化的普及,大大推动了OCR技术的进一步发展,使OCR识别的正确率、识别速度满足了广大用户的要求。当前,OCR识别由单纯OCR字符识别,发展到了文档识别和分析,即可实现多语言混排、多字号、多字体、表格、图像、公式和文档结构等识别。

3.4.2 OCR基本原理

OCR的数字化过程和上述图像数字化过程相同:首先通过扫描仪将文稿的图像输入计算机,然后由计算机读取每个文字的图像,并将其转换成字符的编码。其具体工作过程是:扫描仪将字符文稿通过电荷耦合器件CCD将文稿的光信号转换为电信号,经过模拟/数字转换器转化为数字信号传输给计算机。计算机接受的是文稿的数字图像,其图像上的字符可能是印刷汉字,也可能是手写汉字或数字、字母,然后对这些图像中的字符进行识别。对于印刷体字符,首先采用光学的方式将字符转换成原始黑白点阵的图像文件,再通过识别软件将图像中的文字转换成文本格式,以便字符处理软件的进一步加工。其中文字识别是OCR的重要技术。

3.4.3 OCR识别方式

与其他信息数据一样,在计算机中所有扫描仪捕捉到的图文信息都是用0、1这两个数字来记录和进行识别的,所有信息都只是以0、1保存的一串串点或样本点。OCR识别程序主要通过单元模式匹配法和特征提取法识别页面上的字符信息。

1. 单元模式匹配识别法

单元模式匹配识别法(Pattern Matching)是将每一个字符与保存有标准字体和字号位图的文件进行不严格的比较。如果应用程序中有一个已保存字符的大数据库,则应用程序会选取合适的字符进行匹配。单元模式匹配识别汉字"我"如图3-13所示。软件必须使用一些处理技术,找出最相似的匹配,通常是不断试验同一个字符的不同版本来比较。有些软件可以扫描一页文本,并鉴别出定义新字体的每一个字符;有些软件则使用自带的识别技术,尽其所能鉴别页面上的字符,然后将不可识别的字符进行人工选择或直接录入。

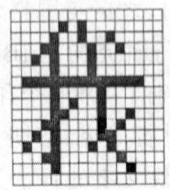
待识别字符
M*N

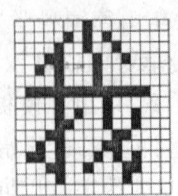
标准模板字符
M*N

图3-13　单元模式匹配识别

2. 特征提取识别法

特征提取识别法(Feature Extraction)是将每个字符分解为多个不同的字符特征,包括斜线、水平线和曲线等,然后将这些特征与理解(识别)的字符进行匹配。例如,应用程序识别到两条水平横线,它就会"认为"该字符可能是"二"。特征提取法的优点是可以识别多种字体,如中文书法体就是采用特征提取法实现字符识别的。

(1) 汉字处理方法

汉字处理方法主要研究对象是 4 个特定方向上的矢量,它们分别是 ①水平方向上的矢量;②竖直方向上的矢量;③45 度角方向上的矢量;④反 45 度角方向上的矢量。在汉字的基本笔画里,它们能很好地对应于标准的横线和竖线,也能较好地反映出撇和捺的特征。由于除了点以外的其他基本笔画也可以看成是由这四个基本笔画所组合而成的,所以这四个方向上的矢量就可以相当准确地描述出一个汉字的基本字形特征。如图 3-14 和图 3-15 所示。

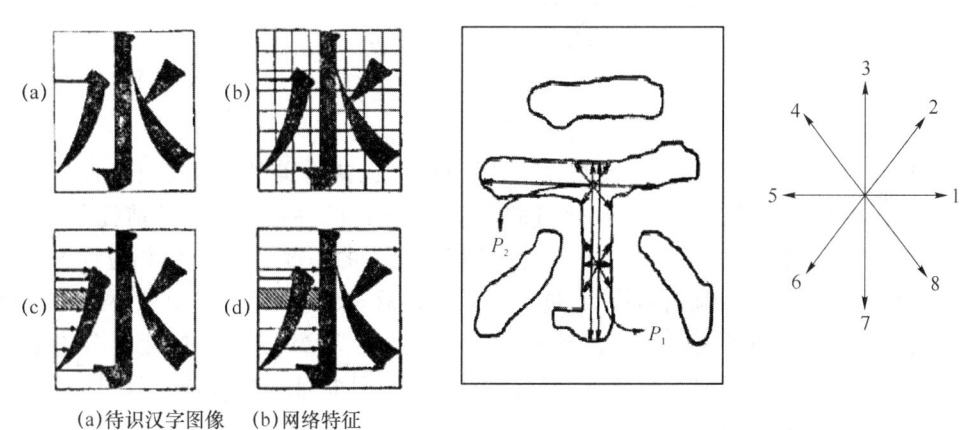

(a)待识汉字图像　(b)网络特征
(c)、(d)外围物征

图 3-14　文字特征提取-网络特征　　　图 3-15　文字特征提取-笔画方向

(2) 英文字符处理方法

基于字符结构的方法更用于对字母的识别。字母结构在水平方向上有三种类型:左右对称、左大右小和左小右大;竖直方向上也有三种类型:上下对称、上大下小和上小下大。笔画也有两大类:直笔画和弧笔画。直笔画又可分为横笔画、竖笔画和左斜笔画;弧笔画是一条曲线段,可分为两类:开弧笔画和闭弧笔画,所谓开弧笔画,指该弧笔画没有形成封闭环,如字母"C"。根据字符的这些特点,可以对字母进行逐级分类,形成一颗判定树,每个字符就是一片树叶。这种方法不需要对分割得到的字符进行大小归一化,也不需要建立样本库,完全依据字符自身的结构特征进行逼近识别。

(3) 阿拉伯数字处理方法

阿拉伯数字处理方法是先计算欧拉数,再提取凹陷区的特征,最后根据特征组合识别字符。欧拉数是一种应用广泛的对物体进行识别的特征,定义为连同成分数减去洞数,$E=C-H$,其中 E、C 和 H 分别为欧拉数、连同成分数和洞数。如果连接一个图像上任意两点的直线都属于该图像,那么该图像为凸图像;如果连接图像上两点的直线有部分不属于图像,那么称该图像为凹图像。凹陷区的定义为:在凹图像中,任意两点间的直线中不属于图像部分所在的区域称为图像的凹陷区。欧拉数结合凹陷区特征进行字符识别过程见表 3-2 所示。

3.4.4 文字识别步骤

文字识别包括以下步骤:图文输入、预处理、单字识别和后处理。其一般流程如图 3-16 所示。

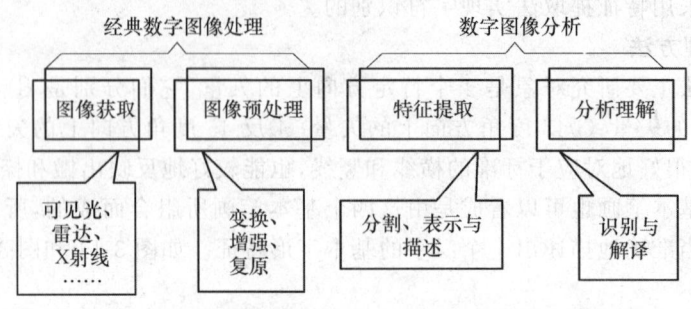

图 3-16 文字识别过程

1. 图文输入

图文输入是指通过输入设备将文档输入计算机中,也就是实现原稿的数字化。目前普遍使用的输入设备是扫描仪。文档图像的扫描质量是 OCR 软件正确识别的前提条件,恰当地选择扫描分辨率及相关参数是保证文字清楚、特征不丢失的关键。此外,文档应尽可能地放置端正,以保证预处理检测的倾斜角小,在进行倾斜校正后,文字图像的变形就小。这些简单的操作,会使系统识别正确率有所提高。反之,如果扫描设置不当,文字的断笔过多或笔画粘连可能会分检出半个文字的图像,导致部分特征丢失,在将其特征与特征库比较时,会使其特征距离加大,识别错误率上升。

表 3-2 欧拉数结合凹陷区特征进行字符识别过程

数字字符	欧拉数	左凹陷区	右凹陷区	右上	竖线交点
0	0	0	0		
1	1	0	0		
2	1	1	1		2个
3	1	0	1		4个
4	0				
5	1	1	1	1	
6	0				
7	1	1	0		
8	−1				
9	0				

2. 预处理

预处理是指进行文字识别之前的准备工作,包括图像净化处理,去掉原始图像中的显见噪声(干扰),测量文档放置的倾斜角,对文档进行版面分析,对选出的文字域进行排版确认,对横、竖排版的文字行进行切分,每一行的文字图像的分离和标点符号的判别等。这一阶段的工作非常重要,处理的效果直接影响文字识别的准确率。

图像的预处理还包括识读准备,包括二值化、图像增强和噪声处理等。

(1) 二值化

图像二值化采用阈值分割技术,该技术最擅长处理物体与背景具有较强对比度的图像分割,计算简单,能够用封闭、连通的边界区分出不交叠的区域。若图像像素点灰度值大于或等于阈值,则被判定为属于某一特定区域,用 255 表示其灰度值;若图像像素点灰度值小于阀值,像素点将被排除在特定区域之外而被判定为背景或其他无用区域,用 0 表示其灰度值。打印或手写的文档一般背景与字符差别较大,适合进行二值化处理,可以直接设定阈值进行二值化。

(2) 图像增强

图像增强处理方法可以分为基于空间域的增强和基于频率域的增强两大类。空间增强是通过去噪步骤减少图像采集系统产生的伪迹来改善图像的完整性,频率域增强是对图像经傅里叶变换后的频谱成分进行处理,然后逆傅里叶变换获得所需的图像。通过消除噪声、突出边缘等实现图像增强功能。

(3) 噪声处理

通过灰度图像展现的噪声可以被视为像素值相对于原始值的小的随机变化。噪声处理,使用高斯平滑滤波器进行滤波,去除噪声。

(4) 版面分析

图文版面分析是对文本图像的总体分析,是将文档中的所有文字块分检出来,区分出文本段落及排版顺序,以及图像、表格的区域。将各文字块的域界(域在图像中的始点、终点坐标),域内的属性(横、竖排版方式)以及各文字块的连接关系作为一种数据结构,提供给识别模块自动识别。识别模块对于文本区域直接进行识别处理,对于表格区域进行专用的表格分析及识别处理,对于图像区域进行压缩或简单存储。行字切分是将大幅的图像先切割为行,再从图像行中分离出单个字符的过程。

3. 单字识别

单字识别是体现 OCR 文字识别的核心技术。从扫描文本中分检出的文字图像,由计算机将其图形、图像转变成文字的标准代码,是让计算机"认字"的关键,也就是所谓的识别技术。就像人脑认识文字是因为在人脑中已经保存了文字的各种特征,如文字的结构、文字的笔画等。要想让计算机来识别文字,也需要先将文字的特征等信息储存到计算机里,但要储存什么样的信息及怎样来获取这些信息是一个很复杂的过程,而且要达到非常高的识别率才能符合要求。通常采用的做法是根据文字的笔画、特征点、投影信息、点的区域分布等进行分析。

中国汉字常用的就有几千个,识别技术就是特征比较技术,通过和识别特征库的比较,找到特征最相似的字,提取该文字的标准代码,即为识别结果。比较是人们认识事物的一种基本方法,汉字识别也是通过比较找出汉字之间的相同、相似、相异,把握其量和质的关系,以及时间与空间的关系等。对于大字符集的汉字一般采用多级分类,多特征、全方位动态匹配求相似集,以保证分类率高、适应性强、稳定性好;细分类重点在于对相似集求异匹配、加权处理、结构判别,定量、定性分析,以及前后连接词的关系,最后进行判别。汉字识别实质上是比较科学或认知科学在人工智能方面的应用,其关键技术是识别特征库。计算机有了这样的一个特征库,才能完成认字的功能。

在图像文档的版面中,除了有文字、图片,有时还会有表格存在,为了使识别后的表格数字化,需要在版面分析过程中,对表格域进行特殊的处理,它包括对表格线的结构信息的提取,对表格内文字域的分检,完成对表格线和对文字域的识别,并根据表格线的数字化生成不同的文件格式。由于文档中的表格随意性大,格式多样,有封闭式的,也有开放式的,特别是表格中的斜线,给表格分析造成一定的困难。

4. 后处理

后处理是指对识别出的文字或多个识别结果采用词组方式进行上下匹配,即将单字识别的结果进行分词,与词库中的词组进行比较,以提高系统的识别率,减少误识率。

汉字字符识别是文字识别领域最为困难的问题,它涉及模式识别、图像处理、数字信号处理、自然语言理解、人工智能、模糊数学、信息论、计算机、中文信息处理等学科,是一门综合性技术。

3.4.5 识别系统性能评价

衡量一个OCR系统性能好坏的主要指标有:拒识率、误识率、识别速度、用户界面的友好性,产品的稳定性,易用性及可行性等。

3.5　邮政编码的图像采集设备及应用

在邮件自动分拣设备中,采集邮政编码的图像采集设备摄像机主要以CCD摄像机为主。CCD是Charge Coupled Device(电荷耦合器件)的缩写,它是一种半导体成像器件,因而具有灵敏度高、抗强光、畸变小、体积小、寿命长、抗震动等优点。

3.5.1 工作方式

被摄地址的图像经过镜头聚焦至CCD芯片上,CCD根据光的强弱积累相应比例的电荷,各个像素积累的电荷在视频时序的控制下,逐点外移,经滤波、放大处理后,形成视频信号输出。视频信号连接到监视器的视频输入端便可以看到与原始图像相同的视频图像。它是一种半导体成像器件,为简化CCD摄像机的供电,一般从外部只输入一种电源(12V),而机内其他各种电压值的电源都由电源变换获得。

3.5.2 电路组成

构成IT-CCD黑白摄像机的电路由IT-CCD摄像器件,时序脉冲发生器及驱动电路,视频的采样与保持电路,视频处理电路,同步信号发生器和电源变换电路等构成。

3.5.3 工作原理

(1) CCD摄像器件:其作用是进行光电转换,输出视频信号。

(2) 时序脉冲发生器及驱动电路:其作用是产生CCD摄像器件进行光电转换、电荷存储、电荷转移和信号输出所需的各种脉冲信号,并践行放大输出。

(3) 视频的采样与保持电路:其作用是消除CCD输出的视频信号(此信号在时间上是离散的,在幅度上是连续的)中,因信号电荷转移而产生的各种不应有的信号。经该电路处理,使视频信号变成数字的视频信号。

（4）视频处理电路：该电路与摄像管式摄像机电路具有完全相同的特点，所涉及电路有钳位放大（clamper amplifier，CLAMPER AMP）、Y 校正（Y CORRECT）、白电平切割（white clip，WHT CLIP）、消隐混合（blanking max，BLK MAX）、黑白平控制（PEDCONT）、同步混合（SYNC）、输出激励（output driver）等电路。视频信号经视频处理电路处理后，形成标准的全电视信号。

（5）同步信号发生器：这部分电路与摄像管式摄像机中的同步信号发生器的原理基本相同，主要产生视频处理电路所需的脉冲信号，它们是复合消隐脉冲（BLK）、复合同步脉冲（SYNC）、水平驱动信号 HD、隔行脉冲（O/E）。但因 CCD 摄像机没有扫描电路，故不需要供扫描电路用的驱动脉冲。

（6）电源变换电路：为简化 CCD 摄像机的供电，一般从外部只输入一种电源（12V），而机内其他各种电压值的电源都由电源变换获得。

思 考 题

1. 什么是数字图像处理？
2. 数字图像处理的特点主要包含几个方面？
3. 数字图像处理的基本内容有哪些？请至少列举三个，并简述。
4. 什么是 OCR 技术？
5. 数字图像输入计算机的方式有哪些？
6. 256 灰度图像取值范围是多少？
7. RGB 彩色图像是由哪三种原色组合而来？
8. 位图文件的简称是什么？其特点有哪些？
9. JPEG 文件的优点有哪些？
10. 常见的图像输出设备有哪些？你用过的图像输出设备有哪些？

第4章 条码技术

4.1 条码技术发展历程

条码技术最早出现在20世纪40年代,是20世纪中期发展并广泛应用的集光、机、电和计算机技术为一体的高新技术,主要研究如何将信息用条码来表示,以及如何将条码所表示的数据转换为计算机可识别的数据。条码技术是目前应用最广的一种自动识别技术,它解决了计算机应用中数据采集的"瓶颈",实现了信息的快速、准确获取与传输,是信息管理系统和管理自动化的基础。

20世纪70年代至今,条码技术及应用都取得了长足的发展。符号表示已由一维条码发展到二维条码,目前又出现了将一维条码和二维条码结合在一起的复合码。条码介质由纸质发展到特殊介质。条码的应用已从商业领域拓展到物流、金融等经济领域,并向纵深发展,面向企业信息化管理的深层次的集成。条码技术产品也逐渐向高、精、尖和集成化方向发展。

随着应用的深入,条码技术装备朝着多功能、远距离、小型化、软件硬件并举、安全可靠和经济适用方向发展,出现了许多新型技术装备。具体表现为:

——条码识读设备向小型化,与常规通用设备的集成化、复合化发展。

——条码数据采集终端设备向多功能、便携式、集成多种现代通信技术和网络技术的设备一体化方到更加广泛和深入的发展。

——条码生成设备向专用和小批量印制方向发展。

例如,现阶段智能手机广泛应用已成为一种集数据采集、处理、交互、显示、认证等多种功能为一体的移动式数据终端,实现了手机价值的最大化。

由于各种自动识别技术都有一定的局限性,多种技术共存既可充分发挥各自的优势,又可以有效互补。当前,发达国家都积极开展条码技术与射频识别技术等的集成研究,如条码符号和射频标签的生成,以及识读设备一体化的研发。

中国条码技术的应用及推广较晚,零售业是条码技术最先广泛应用的领域。目前,中国商品条码已经基本普及,这大大提高了中国商品在国内外市场的竞争力,促进了中国商品流通和贸易的发展。但目前中国商品条码用户主要集中在食品和日化行业,商品条码在医疗保健、服装服饰、农副产品、化工、建材、家具、玩具、机械与电子、服务等行业的应用,仍有很大的发展空间。

中国从事条码识别技术从学习到引进,在利用国外先进技术和产品进行二次开发和集成应用等方面有了长足进步,并研发了自主知识产权的条码识别技术设备。

4.2 条码基本概念和结构

4.2.1 条码基本概念

1. 条码

条码是由一组规则排列的条、空及其对应字符组成的标记,用以表示一定的信息。"条"指对光线反射率较低的部分,"空"指对光线反射率较高的部分,这些条和空组成的数据表达一定的信息,并能够用特定的设备识读,转换成与计算机兼容的二进制和十进制信息。常见的条码图形如图 4-1 所示。

图 4-1 常见的条码图形

2. 码制

条码的码制是指条码符号的类型,每种类型的条码符号都是由符合特定编码规则的条和空组合而成。每种码制都具有固定的编码容量和所规定的条码字符集。条码字符中,字符总数不能大于该种码制的编码容量。常用的一维条码码制包括:EAN 条码、UPC 条码、UCC/EAN-128 条码、交叉 25 条码、39 条码、93 条码和库德巴条码等。

3. 字符集

字符集是指某种码制的条码符号可以表示的字母、数字和符号的集合。有些码制仅能表示 10 个数字字符:0 到 9,如 EAN/UPC 条码;有些码制除了能表示 10 个数字字符外,还可以表示几个特殊字符,如库德巴条码;39 条码可表示数字字符 0~9、26 个英文字母 A~Z 以及一些特殊符号。

4. 双向可读性

条码符号的双向可读性,是指从左、右两侧开始扫描都可被识别的特性。绝大多数码制都可双向识读,所以都具有双向可读性。事实上,双向可读性不仅是条码符号本身的特性,也是条码符号和扫描设备的综合特性。

5. 条码密度

条码密度是指单位长度条码所表示条码字符的个数。对于任何一种码制来说，各单元的宽度越小，条码符号的密度就越高，也越节约印刷面积。但由于印刷条件及扫描条件的限制，很难把条码符号的密度做得太高。

条码密度越高，所需扫描设备的分辨率也就越高，这必然增加扫描设备对印刷缺陷的敏感性。

6. 条码质量

条码质量指的是条码的印制质量，其判定主要从外观、条(空)反射率、条(空)尺寸误差、空白区尺寸、条高、数字和字母的尺寸、校验码、译码正确性、放大系数、印刷厚度和印刷位置几个方面进行。条码的质量检验需严格按照有关国家标准进行。

条码的质量是确保条码正确识读的关键，不符合条码国家标准技术要求的条码，不仅会因扫描仪器识读而影响扫描速度，降低工作效率，而且可能造成误读进而影响信息采集系统的正常运行。因此，确保条码的质量是十分重要的。

4.2.2 条码分类

条码按照不同的分类方法、不同的编码规则可以分成许多种，主要根据条码的编码结构和条码的性质来决定。例如，一维条码按条码的长度分，可分为定长和非定长条码；按排列方式分，可分为连续型和非连续型条码；按校验方式分，又可分为自校验和非自校验型条码。

条码可分为一维条码和二维条码。一维条码是我们通常所说的传统条码。一维条码按照应用可分为商品条码和物流条码。商品条码包括 EAN 码和 UPC 码，物流条码包括 128 码、ITF 码、39 码和库德巴(Codabar)码等。二维条码根据构成原理、结构形状的差异，可分为两大类型：一类是行排式二维条码(2D stacked bar code)；另一类是矩阵式二维条码(2D matrix bar code)。

4.2.3 条码符号结构

一个完整的条码符号是由两侧空白区、起始字符、数据字符、校验字符(可选)和终止字符以及供人识读字符组成，图 4-2 所示是 EAN-13 商品条码符号构成示意图。

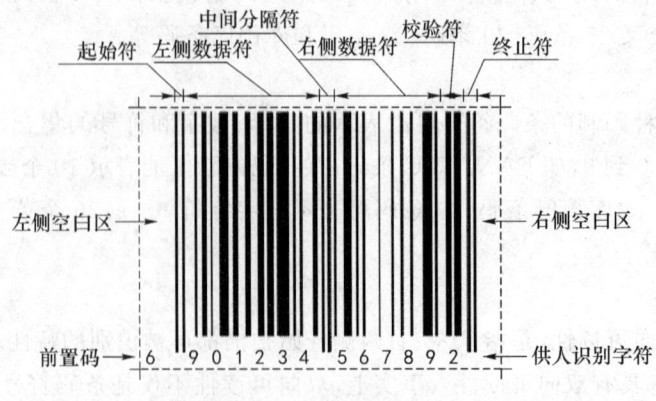

图 4-2 条码符号结构图

4.3 条码识读基本原理

4.3.1 条码符号光学特性

条码符号是由宽窄不同,反射率不同的条、空按照一定的编码规则组合起来的一种信息符号。常见的条码是黑条与白空(也叫白条)印制而成的。因为黑条对光的反射率最低,而白空对光的反射率最高。当光照射到条码符号上时,黑条与白空产生较强的对比度。条码阅读器正是利用黑条和白空对光的反射率不同来读取条码数据的。

条码符号不一定必须是黑色和白色,也可以印制成其他颜色,但两种颜色对光必须有不同的反射率,保证有足够的对比度。

4.3.2 条码识读系统组成

为了阅读出条码所代表的信息,需要一套条码识别系统,它由条码阅读器、放大整形电路、译码接口电路和计算机系统等部分组成。如图4-3所示。

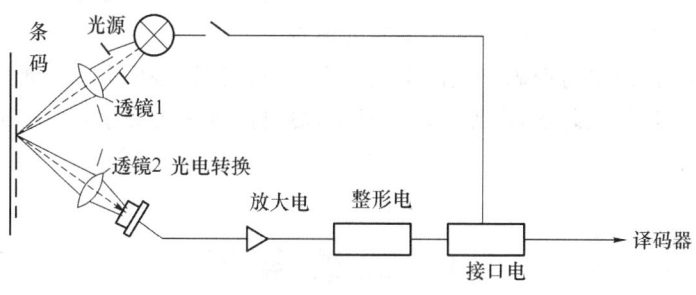

图4-3 条码识读系统的组成

不同颜色的物体,其反射可见光的波长不同,白色物体能反射各种波长的可见光,黑色物体则吸收各种波长的可见光,所以当条码阅读器光源发出的光经光阑及凸透镜1后,照射到黑白相间的条码上时,反射光经凸透镜2聚焦后,照射到光电转换器上,于是光电转换器接收到与白条和黑条相应的强弱不同的反射光信号,并转换成相应的电信号输出到放大整形电路。白条、黑条的宽度不同,相应的电信号持续时间长短也不同。但是,由光电转换器输出的与条码的条和空相应的电信号微弱,不能直接使用,所以先要将光电转换器输出的电信号送放大器放大。放大后的电信号仍然是一个模拟电信号,为了避免条码中的疵点或污点导致错误信号,在放大电路后需加一整形电路,把模拟信号转换成数字电信号,以便计算机系统能准确判读。

整形电路的脉冲数字信号经译码器译成数字、字符信息,它通过识别起始、终止字符来判别出条码符号的码制及扫描方向;通过测量脉冲数字电信号0、1的数目来判别出条和空的数目。通过测量0、1信号持续的时间来判别条和空的宽度。这样便得到了被辩读的条码符号的条和空的数目及相应的宽度和所用码制,根据码制所对应的编码规则,便可将条形符号换成相应的数字、字符信息,通过接口电路送给计算机系统进行数据处理与管理,便完成了条码辨读的全过程。

条码符号的识读涉及光学、电子学、计算机学等多门学科知识。

4.3.3 条码识读评价指标

条码识读主要考虑首读率、误码率和拒识率。

首读率(first read rate)是指首次读出条码符号的数量与识读条码符号总数量的比值，即：

$$首读率 = \frac{首次读出条码符号数量}{识读条码符号的总数量} \times 100\%$$

误码率(misread rate)是指错误识别次数与识别总次数的比值，即：

$$误码率 = \frac{错误识别次数}{识别总次数} \times 100\%$$

拒识率(non-read rate)是指不能识别的条码符号数量与条码符号总数量的比值，即：

$$拒识率 = \frac{不能识别的条码符号数量}{条码符号的总数量} \times 100\%$$

不同的条码应用系统对以上指标的要求不同。一般要求首读率在85%以上，拒识率低于1%，误码率低于0.01%。但对于一些重要场合，要求首读率为100%，误码率低于百万分之一。

首读率过低，必然会使操作者感到厌倦，但与拒识相比，后者更严重，它常使数据无法录入，造成再次被原来键盘录入方法替代。对于一个条码系统而言，误码率高比首读率低更糟，由误读引起的错误，将造成信息的混乱和资源的浪费。

需要指出的是，首读率与误码率这两个指标在同一识读设备中存在着矛盾统一，当条码符号的质量确定时，要降低误码率，需加强译码算法，尽可能排除可疑字符，这必然导致首读率的降低。

4.4 二维条码

二维码是指在一维条码的基础上扩展出另一维具有可读性的条码，使用黑白矩形图案表示二进制数据，被设备扫描后可获取其中所包含的信息。一维条码的宽度记载着数据，而其长度没有记载数据。二维条码的长度、宽度均记载着数据。二维条码有一维条码没有的"定位点"和"容错机制"。容错机制在即使没有辨识到全部的条码或条码有污损时，也可以正确地还原条码上的信息。

二维条码从"质"上提高了条码的应用水平，从"量"上拓宽了条码的应用领域。

4.4.1 二维条码主要类型

与一维条码一样，二维条码也有许多不同的编码方法，或称码制。就码制的编码原理而言，通常可分为以下两种类型。

(1) 线性堆叠式二维码：在一维条码编码原理的基础上，将多个一维码纵向堆叠而产生。典型的码制如：Code 16K、Code 49、PDF417等。

(2) 矩阵式二维码：在一个矩形空间通过黑、白像素在矩阵中的不同分布进行编码。典型的码制如：Maxi Code、QR Code、Data Matrix等。

4.4.2 常用二维条码简介

在许多种类的二维条码中,常用的码制有:PDF417,Data Matrix,Maxi Code,Aztec,QR Code,Vericode,Ultracode,Code 49 和 Code 16K 等。下面简单介绍几种常用的二维条码。

(1) PDF417 码。PDF417 码是由留美华人王寅敬(音)博士发明的。PDF 是取英文 Portable Data File 三个单词的首字母的缩写,意为"便携数据文件"。组成条码的每一符号字符都是由 4 个条和 4 个空构成,如果将组成条码的最窄条或空称为一个模块,则上述的 4 个条和 4 个空的总模块数一定为 17,所以称 417 码或 PDF417 码,如图 4-4 所示。

图 4-4　PDF417 码

(2) Data Matrix 码。Data Matrix 二维条码原名 Datacode,由美国国际资料公司(International Data Matrix,简称 ID Matrix)于 1989 年发明。Data-Matrix 二维条码是一种矩阵式二维条码,其发展的构想是希望在较小的条码标签上存入更多的资料量。Data Matrix 二维条码的最小尺寸是目前所有条码中最小的,尤其适用于电子行业小零件的标识,可直接印刷在实体上,如 Intel 的奔腾 CPU 的背面就印制了这种码,如图 4-5 所示。

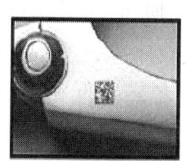 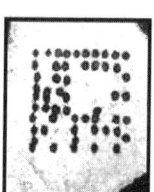 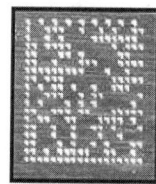 

图 4-5　Data Matrix 码

(3) QR Code 码。QR Code 是由日本 Denso 公司于 1994 年 9 月研制的一种矩阵二维码符号,它具有一维条码及其他二维条码所有的信息容量大、可靠性高、可表示汉字及图像多种文字信息、保密防伪性强等优点,如图 4-6 所示。

(4) Maxi Code 码。Maxi Code 是由美国联合包裹服务(UPS)公司研制的,用于包裹的分拣和跟踪,如图 4-7 所示。

图 4-6　QR Code 码　　　　图 4-7　Maxi code 码

(5) 龙贝码(LP Code)。由上海龙贝信息科技有限公司开发,编码中可包含中英文两种文字表示的详尽个人基本信息和一张 16384 像素的个人彩色照片,如图 4-8 所示。龙贝码是具有国际领先水平的全新码制,拥有完全自主知识产权。

图 4-8　龙贝码

4.4.3　二维条码特点

(1) 信息量大。可容纳多达 1 850 个大写字母或 2 710 个数字或 1 108 个字节,或 500 多个汉字。

(2) 编码范围广。二维条码可以把图片、声音、文字、签字、指纹等可以数字化的信息进行编码,用条码表示出来;可以表示多种语言文字;可表示图像数据。

(3) 容错能力强。具有纠错功能,这使得二维条码因穿孔、污损等引起局部损坏时,照样可以正确识读,损毁面积达 50% 仍可恢复信息。

(4) 译码可靠性高。二维条码比普通条码译码错误率百万分之二要低得多。

(5) 可引入加密措施。保密性、防伪性好。

(6) 成本低。成本低,易制作,持久耐用。

(7) 尺寸可变。条码符号形状、尺寸大小比例可变。

(8) 易识别。二维条码可以使用激光或 CCD 阅读器识读。

4.5　邮政用条码

中国条码技术的试点应用开始于邮政,首次使用是在挂号业务中,信息包括流水号、原寄局邮政代码、业务种类赋值等 11 位信息,仅限于给据邮件的登单作业。之后,逐步推广应用于国内邮政快件、汇款挂号、挂号印刷品、纸质品包裹等给据邮件及生产处理环节中,如邮袋袋牌条码等用于交接。

邮政使用的条码类别多样,因业务和环节不同,条码的选择也不同。如邮政编码采用了 Matrix 25 码,邮件号采用了 Code 128 码等。

4.5.1 平信分拣用条码

平信分拣用条码来表示邮政编码。采用人工或 OCR 识别方式在信函封面的规定位置标上用条码打印设备打印与信函红框写的邮政编码一一对应的条码符号,然后由条码识读设备识读条码,完成信函的自动分拣。

信函分拣用条码(平信分拣)选用时序五取三条码。平常信函选用低密度码,是为了使高速喷墨装置在向运动着的信封上标印条码时,降低喷印器件的频响要求,减少喷印装置的造价,适应喷印设备的功能状况。条码字符信息与二进制信息对照表如表 4-1 所示。

表 4-1 条码字符信息与二进制信息对照表

数字	条码字符					
	0	1	2	4	7	起始符
0	1	1	1			1
1			1	1	1	1
2		1		1	1	1
3	1			1	1	1
4		1	1		1	1
5	1		1		1	1
6	1	1			1	1
7		1	1	1		1
8	1		1	1		1
9	1	1		1		1

平信分拣用条码中的"荧光条码字符"结构如图 4-9 所示。

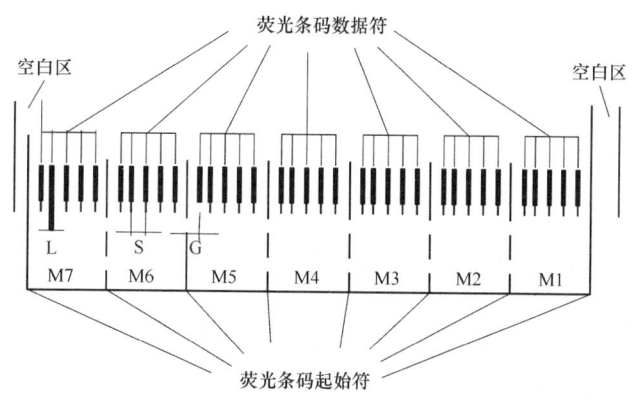

M1 为起始码,M2~M7 依次表示邮政编码的第1位到第6位

图 4-9 荧光条码字符示意图

4.5.2 国内给据邮件条码

国内给据邮件条码包括:普通包裹、快递包裹、挂号信函、挂号印刷品和挂号商业函件条码。

在1998年前,执行行业标准《YD/T 711.1-94 给据邮件条码签:挂号函件部分》《YD/T 711.2-94 给据邮件条码签:邮政快件部分》《YD/T 711.3-94 给据邮件条码签:纸制品包裹部分》和《YD/T 711.4-94 给据邮件条码签:汇款通知部分》。这四个标准采用矩阵五取二码。该条码信息密度高,阅读可靠性强,使用方便,是国内外邮政部门和工业自动化控制中使用较多的一种条码。

国内给据邮件五取二码条码信息结构如表4-2所示,国内给据邮件条码签如图4-10所示。

表4-2 国内给据邮件五取二码条码信息结构

空白区	起始符	流水号 (4位)	收寄局邮政编码 (6位)	所代码 (1位)	邮件种类	终止符	空白区

图4-10 国内给据邮件条码签

其条码信息内容只包含业务流水号、原寄递局邮政编码、业务种类赋值11位信息,仅能用于给据邮件的登单处理。随着信息化的进程,尤其中国邮政综合网的推进,邮件处理全程信息化进程加快。1998年后,国内给据邮件条码码制改为Code 128,条码字符集C。

邮件中的Code128要求见《YZ/Z 0034—2001国内给据邮件条码签》,其条码信息结构如下表4-3所示。

表4-3 YZ/Z 0034—2001国内给据邮件条码签信息结构

左侧 空白区	起始符	流水号	收寄局代码	投递局代码	邮件种类 代码	校验符	终止符	右侧 空白区
		4位	8位	8位	2位			

示例如图4-11所示。

图 4-11　给据邮件条码签

在沿用 2006 年 Code 128 的基础上,对条码信息又进行了修订,以《YZ/T 0126—2006 国内给据邮件条码》发布实施。

该代码结构由邮件种类代码、邮件编号及省级行政区划代码三部分组成。其中邮件种类代码用 2 位大写英文字母表示,邮件编号由 8 位顺序号加 1 位数据校验字符组成,省级行政区划代码采用相关国家标准。这一结构与 UPUS10 标准基本一致。

给据邮件条码信息结构见表 4-4、图 4-12、图 4-13 和图 4-14 所示。

表 4-4　国内给据邮件 128 条码信息结构

邮件种类代码	邮件编号	省级行政区划代码
$X_1 X_2$	$X_3 X_4 X_5 X_6 X_7 X_8 X_9 X_{10} X_{11}$	$X_{12} X_{13}$

图 4-12　国内给据邮件条码符号示意

下图是实物图片:

图 4-13　国内挂号信函条码签

图 4-14　国内挂号印刷品条码签

4.5.3　邮政特快专递、国际挂号函件、国际包裹用条码

由于这三类邮件需参与国际间的邮件交换,因此在码制选用中应符合国际要求。三九条码是邮联推荐码制,也是一种在国际上比较通用的条码。我国制定了行业标准《YD/T 711—1996》。国际邮件条码信息结构见表 4-5 所示,国际挂号函件条码如图 4-15 所示。

表 4-5　国际邮件条码信息结构

邮件种类代码	邮件编号	校验字符	国别代码
$X_1 X_2$	$X_3 X_4 X_5 X_6 X_7 X_8 X_9 X_{10}$	X_{11}	$X_{12} X_{13}$

图 4-15　国际挂号函件条码

国际挂号函件的邮件种类用大写英文字母"RR"表示,国别代号用大写英文字母"CN"表示。

1. 邮件盛装容器标牌用条码

国内邮件盛装容器包括邮袋、信盒和集装箱,集装容器的标牌代码均采用 Code 128 码。

国际盛装容器主要指邮袋,其标牌代码也采用 Code 128 码,信息 29 位。信息结构参考相关标准。

邮件盛装容器传统以邮袋为主,标签简称为袋牌,其信息结构如图 4-16 所示,共 30 位数据,1~30 位顺序自左至右。其中,各部分代码在标准文件中都有相关的规定。

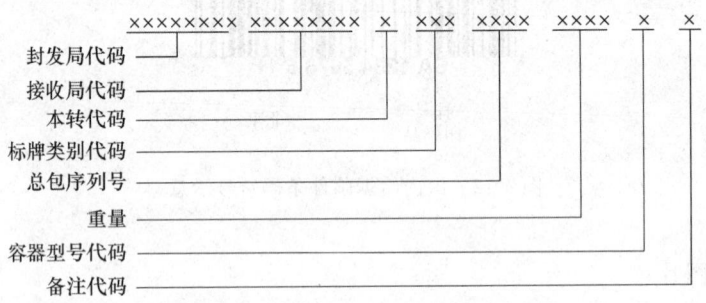

图 4-16　国内袋牌用条码信息结构

上述是邮政生产或经营环节中使用的主要的条码技术。邮政信息化过程在其他环节也进行了条码的应用,如"邮资票品和集邮品的条码",其中制定了"邮票印刷版式条码""邮票包装单元条码""邮资票品(除邮票外)、集邮品和集邮拓展产品条码"等。

随着邮政发展,条码技术将得到更多的综合应用。

邮政国内寄递物品标签示例如图 4-17 所示。其中一维码是与业务相关信息代码,二维码是与企业服务相关信息码。

4.5.4　邮政用条码主要技术指标

(1)模块宽度

国内给据邮件条码技术要求中规定了两种模块宽度。

包裹和挂刷采用自动分拣,条码的模块宽度规定为 0.375 mm,可提高识读率。

图 4-17　邮政国内寄递物品标签示例

挂号信目前仍为手工处理为主,由于信封上的位置较小,条码尺寸不宜太大,条码的模块宽度规定为 0.25 mm;商业信函制作使用的打印设备精度差异较大,要求制作设备的精度较高(300 dpi 以上),条码的模块宽度也规定为 0.25 mm。

(2) 条码高度

条码高度影响条码的识读率,在保证识读的情况下,高度较小为适宜,可较少的占用邮件位置资源。128 条码国家标准中,对条码高度规定"对于人工扫描,建议高度的最小值为 5 mm 或符号长度的 15%",按照此规定,模块宽度在 0.375 mm 时,条码高度为 9.405 mm;模块宽度在 0.25 mm 时,条码高度为 7.425 mm。

鉴于邮件处理的过程和多次勾核的特点,根据不同给据邮件,条码高度分别规定为 15 mm 和 10 mm。

(3) 条码尺寸

邮件种类不同,条码尺寸也不同。具体如表 4-3 所示。

表 4-3　条码的尺寸　　　　　　　　　　　　　　　单位:mm

邮件种类	模块宽度	条码高度	条码符号长度
普通包裹	0.375	15	57.75
快递包裹	0.375	15	57.75
挂号信函	0.25	10	38.50
挂号印刷品	0.375	15	57.75
挂号商业函件	0.25	10	38.50

(4) 条码符号质量

条码符号质量由条码符号等级、一致性和空白区宽度三个要素组成。

——条码符号等级规定为 B 级。
——一致性要求是指条码信息中所表示的内容应与供人识别字符相同。
——空白区宽度尺寸为 10 倍的模块宽度。

思 考 题

1. 简述条码的概念。
2. 简述完整的条码符号的结构组成。示例一个邮政条码结构和含义。
3. 简述条码识读系统的组成及工作原理。
4. 简述二维条码的特点。
5. 收集主要邮政业务中的条码样签,根据课程内容解释其含义。
6. 论述条码技术在邮政生产各环节中的作用和需要继续加大的技术应用。

第 5 章 射频技术

5.1 射频识别系统概述

近年来,随着各行各业信息化进程加快,计算机技术和网络技术获得了飞速发展,但是与计算机强大的数据处理能力相比,人与计算机交流的速度越来越不能满足各领域应用的要求,这导致了人机交互时信息录入的"瓶颈"。为了解决数据录入的瓶颈问题,人们开发了各种自动识别技术:条码、磁卡、IC 卡、生物识别、语音识别和无线射频识别等技术,这些都是信息技术的重要组成,而无线射频识别技术是其中最有发展前景的一种。

5.1.1 射频识别的发展历程

射频识别(Radio Frequency Identification,缩写 RFID),射频识别技术是 20 世纪 90 年代开始兴起的一种自动识别技术,是一种通过电磁感应或电磁传播方式,使用读写设备非接触地对电子标签进行写入或读取 ID 的自动识别技术,是一项利用射频信号通过空间耦合(交变磁场或电磁场)实现无接触信息传递并通过所传递的信息达到识别目的的技术。

从信息传递的基本原理来说,射频识别技术在低频段基于变压器耦合模型(初级与次级之间的能量传递及信号传递),在高频段基于雷达探测目标的空间耦合模型(雷达发射电磁波信号碰到目标后携带目标信息返回雷达接收机)。1948 年,哈里斯托克曼发表的《利用反射功率的通信》奠定了射频识别技术的理论基础。

射频识别技术的发展可按十年期划分如下:

1940~1950 年:在雷达的改进过程中产生了射频识别技术,并于 1948 年形成射频识别技术的理论基础。

1950~1960 年:实验室中探索射频识别技术。

1960~1970 年:理论得到进一步发展,射频识别技术也开始了一些应用尝试。

1970~1980 年:射频识别技术与产品研发大发展时期,各种射频识别技术测试快速发展,出现了一些射频识别应用。

1980~1990 年:射频识别技术及产品进入商业阶段,得到推广应用。

1990~2000 年:射频识别产品逐渐成为人们生活的一部分。

2000 年后:标准化问题日趋为人们所重视,射频识别产品种类更加丰富,有源电子标签、无源电子标签及半无源电子标签均得到发展,电子标签成本不断降低,规模应用行业扩大。

射频识别技术的理论在不断丰富和完善。单芯片电子标签、多电子标签识读、无线可读可写、无源电子标签的远距离识别、适应高速移动物体的射频识别技术与产品正变为现实并走向应用,智能化、物联网将加快推动射频技术的发展。

5.1.2 射频识别系统的特点

与目前广泛使用的自动识别技术(例如,摄像、条码、磁卡、IC卡等)相比,射频识别技术具有很多突出的优点:第一,非接触操作,长距离识别(几厘米至几十米),因此完成识别工作时无须人工干预,应用便利;第二,无机械磨损,寿命长,并可工作于各种油渍、灰尘污染等恶劣的环境;第三,可识别高速运动物体,并可同时识别多个电子标签;第四,读写器具有不直接对最终用户开放的物理接口,保证其自身的安全性;第五,除电子标签的密码保护外,数据部分可用一些算法实现安全管理;第六,读写器与标签之间存在相互认证的过程,实现安全通信和存储。

5.1.3 射频技术与条码比较

在标识技术中,与RFID相对应的是一维和二维条码、远红外等。

射频技术与条码是两种不同的技术,有不同的适用范围,有时会有重叠。两者之间最大的区别在于条码是"可视技术",射频标签只要在接收器的作用范围内就可以被读取。RFID可视为利用光学原理的条码的上位电子版本,在自动识别领域内条码使用最普遍,也最具市场前景。

射频技术与条码目的都是快速准确地确认、描述或追踪目标物体。主要的区别主要体现为。①有无写入信息或更新内存的能力。条码的内存不能更改。射频标签内存可改写。②射频标签因为信息是由无线电波传输,识读范围不仅局限于视野之内,而条码必须在视野之内。目前,因为条码成本较低,有完善的标准体系,已经被普遍接受。

条码本身还具有其他缺点:如果标签被划破、污染或是脱落,扫描仪就无法辨认目标;条码只能识别生产者和产品,并不能辨认具体的商品;所有贴在同一种产品包装上的条码都一样,无法辨认哪些产品先过期。

目前,在成本方面,由于组成部分不同,智能标签的成本要比条码高,条码的成本就是条码纸张和油墨成本,而有内存芯片的射频标签不管哪种类型都远远高于条码的成本。

表 5-1 RFID同其他识别系统的比较

参数 系统	数据量 bit	污染影响	受方向性影响	磨损	工作费用	阅读速度	最大读取距离	自动化程度
RFID	16~64k	无	较小	无	一般	很快	10米	高
IC卡	16~64k	可能	单方向	触电	一般	一般	接触	低
条码	1~100	严重	单方向	严重	很小	慢	10厘米	低

5.2 射频技术原理

5.2.1 系统工作原理

RFID 技术的基本工作原理并不复杂:标签进入磁场后,接收阅读器发出的射频信号,凭借感应电流所获得的能量发送出存储在芯片中的产品信息(无源标签或被动标签),或者主动发送某一频率的信号(有源标签或主动标签);读写器读取信息并解码后,送至中央信息系统进行有关数据处理。如图 5-1 所示。

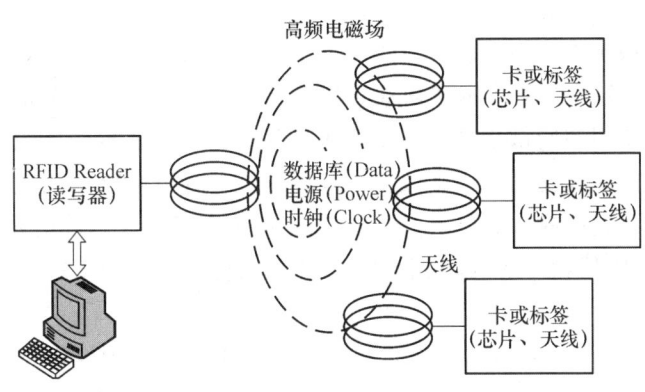

图 5-1 系统工作原理

5.2.2 系统组成

最基本的 RFID 系统由三部分组成。

1. 标签(Tag,即射频卡)

由耦合元件及芯片组成,标签含有内置天线,用于和射频天线进行通信。标签存储着需要被识别物品的相关信息,通常被放置在需要识别的物品上,它所存储的信息通常可被读写器通过非接触方式读/写。

按照不同分类属性,标签有以下几种分类。

① 按供电方式分为有源卡和无源卡。有源是指卡内有电池提供电源,其作用距离较远,但寿命有限、体积较大、成本高,且不适合在恶劣环境下工作;无源卡内无电池,它利用波束供电技术将接收到的射频能量转化为直流电源为卡内电路供电,其作用距离相对有源卡短,但寿命长且对工作环境要求不高。

② 按载波频率分为低频标签、中频标签和高频标签。低频标签主要有 125 kHz 和 134.2 kHz 两种,中频标签频率主要为 13.56 MHz,高频标签主要为 433 MHz、915 MHz、2.45 GHz、5.8 GHz 等。低频系统主要用于短距离、低成本的应用中,如多数的门禁控制、校园卡、动物监管、货物跟踪等;中频系统用于门禁控制和需传送大量数据的应用系统;高频系统应用于需要较长的读写距离和高读写速度的场合,其天线波束方向较窄且价格较高,在火车监

图 5-2 标签

控、高速公路收费等系统中应用。

③ 按调制方式可分为主动式和被动式。主动式标签用自身的射频能量主动发送数据给读写器;被动式标签使用调制散射方式发送数据,它必须利用读写器的载波来调制自己的信号,该类技术适用于门禁或交通应用中,因为读写器可以确保只激活一定范围内的标签。在有障碍物的情况下,用调制散射方式,读写器的能量必须来回两次穿过障碍物。而主动方式的标签发射的信号仅穿过障碍物一次,因此主动方式工作的标签主要用于有障碍物的应用中,距离更远(可达 30 米)。

④ 按作用距离可分为密耦合卡(作用距离小于 1 厘米)、近耦合卡(作用距离小于 15 厘米)、疏耦合卡(作用距离约 1 米)和远距离卡(作用距离从 1 米到 10 米,甚至更远)。

⑤ 按芯片分为只读卡、读写卡和 CPU 卡。

2. 读写器

包括写入器和阅读器。阅读器是读取(在读写卡中还可以写入,即可读取又可写入的称为读写器)标签信息的设备。阅读器读出的标签信息可以通过计算机以及网络系统进行管理和信息传输。写入器是向标签写入信息的设备。

3. 天线

在标签和读取器间传递射频信号。有些系统还通过阅读器的 RS232 或 RS485 接口与外部计算机(上位机主系统)连接,进行数据交换。

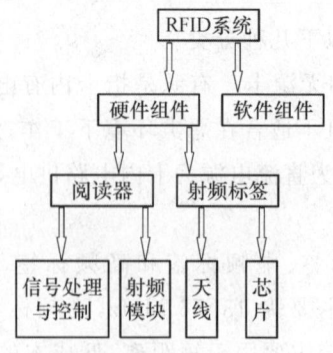

图 5-3 RFID 系统组成

5.2.3 系统工作流程

系统的基本工作流程是:阅读器通过发射天线发送一定频率的射频信号,当标签进入发射天线工作区域时产生感应电流,标签获得能量被激活;标签将自身编码等信息通过卡内置发送天线发送出去;系统接收天线接收到从标签发送来的载波信号,经天线调节器传送到阅读器,阅读器对接收的信号进行解调和解码,然后送到后台主系统进行相关处理;主系统根据逻辑运算判断该卡的合法性,针对不同的设定做出相应的处理和控制,发出指令信号控制执行机构动作。

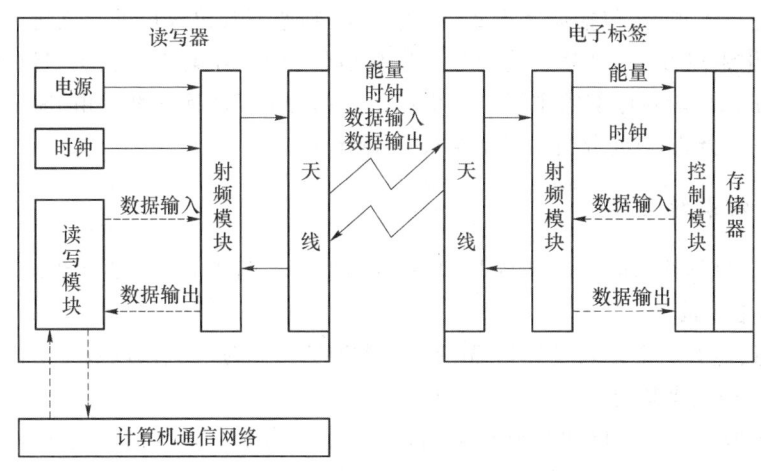

图 5-4 系统的基本工作流程

标签的目的是使用一种统一标准的电子产品代码,使产品在不同领域都能被辨识。标签中储存的数据是由系统的应用和相应的标准决定的。例如,标签能够提供物品自身身份信息和物流信息。这些类似于条码中存储的信息。标签还可以连接到数据库、存储产品库存编号、当前位置、状态和批号的信息。相应的,标签在读取数据时不用参照数据库就可以直接确定代码的含义。

阅读器的功能包括:与应用系统软件进行通信,并执行应用系统软件发来的命令;控制与标签的通信过程(主-从原则);信号的编解码。对一些特殊的系统还有执行反碰撞算法,对标签与阅读器间要传送的数据进行加密和解密,以及进行标签和阅读器间的身份验证等附加功能。

天线的目标是传输最大的能量进出标签芯片。这需要仔细设计天线和自由空间以及其相连的标签芯片的匹配。天线必须满足以下条件。

(1) 足够的小以至于能够贴在需要的物品上;
(2) 有全向或半球覆盖的方向性;
(3) 给标签芯片提供最大强度信号;
(4) 无论物品什么方向,天线的极化都能与读卡机的询问信号相匹配;
(5) 成本低。

射频识别系统的读写距离是一个很关键的参数。目前,长距离射频识别系统的价格还很贵,因此寻找提高其读写距离的方法很重要。影响标签读写距离的因素包括天线工作频率、阅读器的 RF 输出功率、阅读器的接收灵敏度、标签的功耗、天线及谐振电路的 Q 值、天线方向、阅读器和标签的耦合度，以及标签本身获得的能量及发送信息的能量等。大多数系统的读取距离和写入距离是不同的，写入距离大约是读取距离的 40%～80%。

5.2.4 射频标准

RFID 技术标准是 RFID 标准体系中最基本的组成部分。主要内容包括：合法使用的频率范围，包括读卡器与电子标签通信的无线电频率使用规范；空中接口标准主要规定电子标签与读卡器之间的空中信息交换所需的基本约定；其他标准，如数据格式定义，接口与应用等。

国际上 RFID 标准主要由 ISO、IEC、EPC global、UID 等几个机构制定。这些标准对 RFID 的协议进行了规定，包括调制方式、编码方式、码速率及协议层的定义等。

国际标准化组织（ISO）以及其他国际标准化机构，如国际电工委员会（IEC）、国际电信联盟（ITU）等是 RFID 国际标准的主要制定机构。大部分 RFID 标准都是由 ISO（或与 IEC 联合组成）的技术委员会（TC）或分技术委员会（SC）制定的。

5.2.5 射频技术特点

前面概述了射频技术的一般性特点，下面再从整体上阐述 RFID 的优势。

1. 快速扫描识读

条码一次只能有一个条码受到扫描；RFID 辨识器可同时辨识读取数个 RFID 标签。

2. 体积小、形状多样化

RFID 在读取上并不受尺寸与形状限制，不需为了读取精确度而配合纸张的固定尺寸和印刷质量。此外，RFID 标签更可往小型化与多样形态发展，以应用于不同产品。

3. 抗污染能力和耐久性强

传统条码的载体是纸张，因此容易受到污染，但 RFID 对水、油和化学药品等物质具有很强抵抗性。此外，由于条码是附于塑料袋或外包装纸箱上，所以特别容易受到折损；RFID 卷标是将数据存在芯片中，因此可以免受污损。

4. 可重复使用

目前的条码印刷上去之后就无法更改，RFID 标签则可以重复地新增、修改、删除 RFID 卷标内储存的数据，方便信息的更新。

5. 穿透阅读和无屏障阅读

在被覆盖的情况下，RFID 能够穿透纸张、木材和塑料等非金属或非透明的材质，并能够进行穿透性通信。而条码扫描机必须在近距离且没有物体阻挡的情况下，才可以辨读条码。

6. 存储容量大且安全

一维条码的容量是 50Bytes，二维条码最大的容量可储存 2～3 000 字符，RFID 最大的容量则有数 MegaBytes。随着记忆载体的发展，数据容量也有不断扩大的趋势。未来物品所需携带的资料量会越来越大，对卷标所能扩充容量的需求也相应增加。通过校验或循环冗余校验的方法来保证射频标签中存储的数据的准确性。

7. 系统安全性强

由于 RFID 承载的是电子式信息，其数据内容可经由密码保护，使其内容不易被伪造及变造。

近年来，RFID 在读取距离、存储容量等特性方面提升很快、很大。这些特性可大幅提高货物、信息管理的效率，还可实现销售企业信息和制造企业信息互联，从而更加准确地接收反馈信息，控制需求信息，优化整个供应链。

5.3 EPC系统概述

5.3.1 EPC的含义

EPC(Electronic Product Code)技术是由美国麻省理工学院的自动识别研究中心开发的、旨在通过互联网平台、利用射频识别(RFID)、无线数据通信等技术构造一个实现全球物品信息实时共享的网络平台。EPC技术是在计算机互联网和射频技术RFID的基础上,利用全球统一标识系统编码技术给每个实体对象唯一的代码,构造全球物品信息实时共享的"Internet of things——物联网"。EPC技术是继条码技术之后,再次变革商品零售结算、物流配送及产品跟踪管理模式的一项技术。

5.3.2 EPC系统构成

EPC系统是集编码技术、射频识别技术和网络技术为一体的综合技术。

EPC与RFID的逻辑关系应该是:EPC代码+RFID标签+Internet＝EPC系统。RFID标签是EPC代码的载体。即EPC系统是基于RFID并以RFID的自动标识与识别为手段的网络系统。

所以,EPC系统由全球产品电子代码(EPC)的编码体系、射频识别系统及信息网络系统三部分组成,主要包括六个方面,如表5-2所示。

表5-2 EPC系统的构成

系统构成	名　称	注　释
EPC编码体系	EPC代码	用来标识目标的特定代码
射频识别系统	EPC标签	贴在物品之上或者内嵌在物品之中
	读写器	识读RFID标签
信息网络系统	EPC中间件	EPC系统的软件支持系统
	对象名称解析服务(ONS)	
	EPC信息服务(EPC IS)	

1. EPC编码体系

EPC编码体系全球统一标识系统的延伸和拓展,是全球统一标识系统的重要组成部分,是EPC系统的核心与关键。EPC代码是由标头、厂商识别代码、对象分类代码、序列号等数据字段组成的一组数字。当前,出于成本等因素的考虑,参与EPC测试所使用的编码标准采用的是64位数据结构,而实际应用中有64位,96位和256位编码结构方案。具体结构如表5-3所示。

表 5-3　EPC 编码结构

编码类型		标头(版本号)	域名管理代码	对象分类代码	序列号
EPC-64	Type Ⅰ	2(01)	21	17	24
	Type Ⅱ	2(10)	15	13	34
	Type Ⅲ	2(11)	26	13	23
EPC-96	Type Ⅰ	8	28	24	36
EPC-256	Type Ⅰ	8	32	56	160
	Type Ⅱ	8	64	56	128
	Type Ⅲ	8	128	56	64

EPC 编码具有以下特性:

(1) 科学性:结构明确,易于使用、维护。

(2) 兼容性:EPC 编码标准与目前广泛应用的 EAN、UCC 编码标准是兼容的。

(3) 全面性:可在生产、流通、存储、结算、跟踪、召回等供应链的各环节全面应用。

(4) 合理性:由 EPC global、各国 EPC 管理机构(中国的管理机构称为 EPC global China)、被标识物品的管理者分段管理、共同维护、统一应用,具有合理性。

(5) 国际性:不以具体国家、企业为核心,编码标准全球协商一致,具有国际性。

(6) 无歧视性:编码采用全数字形式,不受地方色彩、语言、经济水平、政治观点的限制,是无歧视性的编码。

2. EPC 射频识别系统

EPC 射频识别系统是实现 EPC 代码自动采集的功能模块,主要由射频标签和射频读写器组成。射频标签是产品电子代码(EPC)的物理载体,附着于可跟踪的物品上,可全球流通并对其进行识别和读写。射频读写器与信息系统相连,是读取标签中的 EPC 代码并将其输入网络信息系统的设备。

(1) EPC 编码

EPC 编码体系中 64 位,96 位和 256 位编码结构的一种,它根据应用系统需求确定。

(2) RFID 系统

见前面的 RFID 系统组成。

(3) EPC 信息网络系统

EPC 信息网络系统由本地网络和全球互联网组成,是实现信息管理、信息流通的功能模块。EPC 系统的信息网络系统是在全球互联网的基础上,通过 EPC 中间件、对象名称解析服务(ONS)和 EPC 信息服务(EPC IS)来实现全球"实物互联"。

① EPC 中间件。EPC 中间件具有一系列特定属性的"程序模块"或"服务",并被用户集成以满足他们的特定需求。

EPC 中间件是加工和处理来自读写器的所有信息和事件流的软件,是连接读写器和应用程序的纽带,主要任务是在将数据送往应用程序之前进行标签数据校对、读写器协调、数据传送、数据存储和任务管理。EPC 中间件组件与其他应用程序间的关系如图 5-5 所示。

② 对象名称解析服务(ONS)。对象名称解析服务(ONS)是一个自动的网络服务系统,类似于域名解析服务(DNS),ONS 给 EPC 中间件指明了存储产品相关信息的服务器。

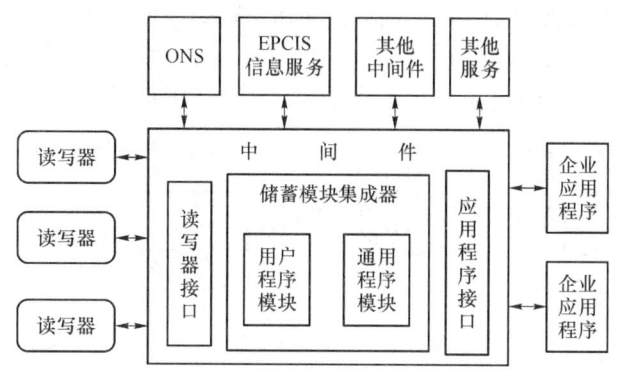

图 5-5　EPC 中间件及其应用程序

ONS 服务是联系 EPC 中间件和 EPC 信息服务的网络枢纽,并且 ONS 设计与架构都以因特网域名解析服务 DNS 为基础,因此,ONS 服务可以使整个 EPC 网络以因特网为依托,迅速架构并顺利延伸到世界各地。

③ EPC 信息服务(EPC IS)。EPC IS 提供了一个模块化、可扩展的数据和服务的接口,使得 EPC 的相关数据可以在企业内部或者企业之间共享。它处理与 EPC 相关的各种信息,例如:

——EPC 的观测值:What / When / Where / Why,通俗地说,就是观测对象、时间、地点以及原因,这里的原因是一个比较泛的说法,它应该是 EPC IS 步骤与商业流程步骤之间的一个关联,如订单号、制造商编号等商业交易信息;

——包装状态:如物品是在托盘上的包装箱内;

——信息源:如位于 Z 仓库的 Y 通道的 X 识读器。

EPC 信息网络系统的信息流程如图 5-6 所示。

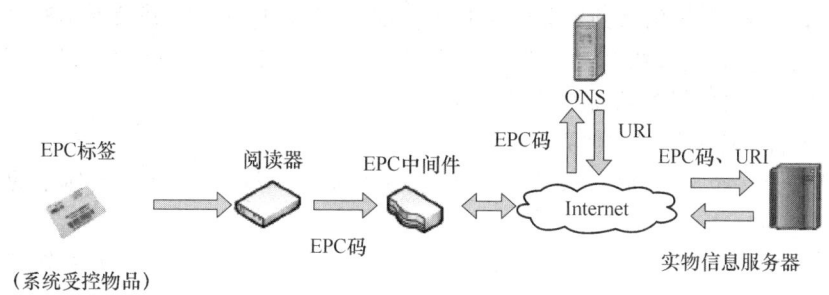

图 5-6　EPC 信息流程

5.3.3　EPC 系统工作流程

在由 RFID 标签、读写器、EPC 中间件、Internet、ONS 服务器、EPC 信息服务(EPC IS)以及众多数据库组成的系统中,其工作过程分为三步。

第一步,读写器读出的 EPC 只是一个参考信息(指针);第二步,由 EPC 产品管理中间件传输到 Internet 上;第三步,由这个信息从 Internet 找到 IP 地址并获取该地址中存放的相关的物品信息,并采用分布式的 EPC 中间件处理由读写器读取的一连串 EPC 信息。由于在标签上只有一个 EPC 代码,计算机需要知道与该 EPC 匹配的其他信息,这就需要 ONS 来提供一种自动化的网络数据库服务,EPC 中间件将 EPC 代码传给 ONS,ONS 指示 EPC 中间件到一个保存着产品文件的服务器(EPC IS)查找,该文件可由 EPC 中间件复制,因而文件中的产品信息就能传到供应链上,EPC 系统的工作流程如图 5-7 所示。

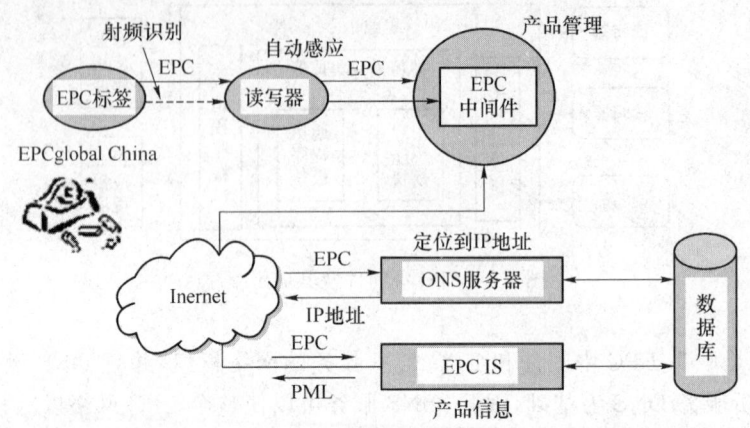

图 5-7　EPC 系统工作流程示意图

5.3.4　EPC 系统特点

(1) 开放的结构体系

EPC 系统采用全球最大的公用的 Internet 网络系统,这就避免了 EPC 系统的复杂性,同时也大大降低了系统的成本,并且还有利于系统的增值。

(2) 独立的平台与高度的互动性

EPC 系统识别的对象是十分广泛的实体对象,而不可能有哪一种技术适用所有的识别对象。并且不同地区、不同国家的射频识别技术标准也不相同。因此,开放的结构体系必须具有独立的平台和高度的交互操作性。EPC 系统网络建立在 Internet 网络系统上,并且可以与 Internet 网络所有可能的组成部分协同工作。

(3) 灵活的可持续发展的体系

EPC 系统是一个灵活的、开放的、可持续发展的体系,可在不替换原有体系的情况下做到系统升级。

EPC 系统是一个全球的大系统,供应链的各个环节、各个节点、各个方面都可受益。但对低价值的识别对象,如食品、消费品等来说,它们对 EPC 系统引起的附加价格十分敏感。EPC 系统正在考虑通过本身技术的进步,进一步降低成本,同时通过系统的整体改进使供应链管理得到更好的应用,提高效益,以便抵消或降低附加价格。

5.3.5　EPC 系统关键技术

虽然 EPC 系统已经发展了多年,但其发展中还需要解决一些问题。

RFID 标签的高成本是这一技术推广的首要障碍。目前,由于单件物品本身的价值可能有限,RFID 标签本身的价值比一般物品价值低才有意义。所以,需要将技术和多种策略综合起来考虑。

(1) 合理选择编码类型

简单就是技术,简单即是合理。RFID 标签中存储功能由门电路组成,一个 96 位或者 64

位电子产品码芯片门电路数量有很大不同。RFID 标签中的信息存储和 EPC 编码类型应相适应。选择合理编码位数，可降低芯片组成要素，亦可降低芯片成本。

（2）减小芯片面积

芯片面积大小影响着 RFID 标签的体积，也影响着成本。制造芯片的硅晶价格和分割技术是制约芯片的主要因素。

8 英寸的硅晶片的价格相对稳定，但把晶片割成小片，每一小片价格就会较低。目前，大部分晶片是用金刚石锯切开的，这个方法可以产生最多 15 000 块微芯片，大小为 1 平方毫米。另有一种方法叫作蚀割，它能产生最多 25 万块芯片，每块芯片约 150 平方微米，或大概是人的头发宽度的三倍。这个过程是将酸性液体倒在晶片上，然后腐蚀割开晶片。较小的芯片从价格便宜很多，但也会引发其他技术问题。

（3）设计新型天线

另一个构造低成本标签的关键是降低天线成本。目前，大多数标签天线是利用酸去除铜和铝这些导体金属中的元素，再锻造成型。国外一家公司已经开创了高速电镀技术，天线使用导体墨水绘制，然后将一层金属印在顶部。在大批量生产天线的情况下，利用这项技术可将天线成本控制在 1 美分左右，比用现有技术成本低了许多。

（4）芯片替代品

研究利用硅的廉价替代品生产电子标签的技术，已经出现"无芯片标签"，无芯 RFID 标签指的是不含有硅芯片的射频识别标签。无芯技术定向应用于特定的领域，如邮件、空运包裹、工厂名册、图书馆、洗衣店、药品、消费品、档案、票/钞票和其他大容量安全文档等。

利用人工聚合物或特殊晶片制作的芯片可能会比硅芯片便宜，并且它们可能有一些其他的应用方面，如监测温度和震动的传感器。

另外，频率标准方面，由于各国无线电频段用途的分配存在一定的差异，射频识别系统可能面临频率资源的限制。如鉴于液体和金属箔片对无线电信号的影响，标签的准确率只有 80% 左右，难于实现"放心使用"，还有识别的精确性，也是个非常重要的问题。

在频率方面，UHF 频段各国分配不一，且和通信频率重叠交叉。这影响了射频标签和读写器设计，从而导致难于规范统一，造成更高的成本。

5.4 RFID、EPC 与物联网

5.4.1 物联网发展

1999 年，美国麻省理工学院建立的"自动识别中心（Auto-ID）"提出"EPC"时，已经包含了万物皆可通过网络互联，阐明了物联网的基本含义。当时的物联网是依托射频识别（RFID）技术的物流网络，随着技术和应用的发展，物联网的内涵已经发生了较大变化。

2005 年 11 月，国际电信联盟（ITU）把"物联网"的定义和范围进行了较大的拓展，不再只是指基于 RFID 技术的物联网。近几年，各国、各行业等不断发展和探索，逐步完善"物联网"内涵，加入不同的新要素，如"感知""智慧"等。到目前，物联网描述为——通过射频识别（RFID）、红外感应器、全球定位系统、激光扫描器等信息传感设备，按约定的协议，把任何物品与互联网相连接，进行信息交换和通信，以实现对物品的智能化识别、定位、跟踪、监控和管理的一种网络。

物联网主要解决物品与物品（Thing to Thing，T2T），人与物品（Human to Thing，

H2T），人与人（Human to Human，H2H）之间的互联。但与传统互联网不同的是，H2T 是指人利用通用装置与物品之间的连接，从而使得物品连接更加简化，而 H2H 是指人之间不依赖于 PC 而进行的互连。也有学者提出"M2M"的概念，它可以解释成人到人（Man to Man）、人到机器（Man to Machine）、机器到机器（Machine to Machine）。从本质而言，人与机器、机器与机器的交互，大部分是为了实现人与人之间的信息交互。

在现阶段，物联网是借助各种信息传感技术、信息传输和处理技术，使管理的对象（人或物）的状态被感知、被识别，而形成的局部应用网络。将来，物联网是将这些局部应用网络通过互联网和通信网连接在一起，形成的人与物、物与物相联系的一个巨大网络，是感知中国、感知地球的基础设施。

5.4.2 物联网关键技术

在物联网应用中有以下三项关键技术。
（1）传感器技术
这也是计算机应用中的关键技术。计算机处理的都是数字信号，传感器的模拟信号需要转换成数字信号计算机才能处理。
（2）RFID 技术
RFID 技术是融合无线射频技术和嵌入式技术为一体的综合技术，RFID 在自动识别、物品物流管理中广泛应用。
（3）嵌入式系统技术
嵌入式系统技术是综合计算机软硬件、传感器技术、集成电路技术和电子应用技术为一体的复杂技术。随着技术发展和演变，以嵌入式系统为特征的智能终端产品随处可见，小到人们身边的 MP3，大到航天航空的卫星系统。嵌入式系统正在改变着人们的生活，推动着工业生产以及国防工业的发展。

5.4.3 RFID、EPC 与物联网

从上述发展历程可以看出，EPC 系统承上启下。首先，RFID 标签是 EPC 代码的载体，EPC 系统是 RFID 完整的应用体系。另外，EPC 初步架构了"物联网"系统和组成要素。EPC 系统应用功能主要体现在电子代码，EPC 系统强调对每一件物品都进行编码，这种编码方案仅涉及对物品的标识，不涉及物品的特性，物品的 EPC 代码在物联网中相当于一个索引。随着物联网的逐渐完善，EPC 系统含义更多的是其 EPC 编码及 EPC 编码形成的 RFID 标签。

物联网基于 EPC 技术和 EPC 编码提供了标准信息，RFID 读写器是物联网的节点。随着技术发展，上述提及的"感知""智慧"等要素不断加入物联网中，使得物联网的内涵更复杂。

5.5 射频技术在邮政和快递中的应用

5.5.1 RFID 在邮政和快递中应用发展

随着 RFID 技术的不断成熟应用和对 EPC 系统的试验探索，以及近几年人们对物联网技术认识的不断深入，各行各业对以射频技术为基础的物联网的认识也从研究阶段逐步转入应用阶段。如物流领域、交通运输领域、医疗行业、制造业、教育业及其他领域。

邮政拥有全球最大的实物投递和运输网络,一直被认为是继零售供应链之后,世界上最适合应用物联网技术的行业。而各国邮政业也在物联网概念提出后,开展了相关研究与应用探索工作。

早在1994年,由欧美和泛太平洋地区的23家国家邮政运营商组成的国际邮政集团采用了一套全球性的基于RFID技术的邮政服务自动监控系统,用于检测国际信函在各个国家、各个环节的处理时限,进行邮件的质量检测。2005年底,许多国家在邮件处理现场采用了由国际邮政集团与丹麦Lyngsoe Systems公司合作开发的基于RFID技术的邮件质量自动监测系统,实现对邮件进行传递时限自动的跟踪检测。2007年,西班牙邮政使用RFID系统检测每个邮递过程中的低效率点。

DHL公司在1998年就开始了RFID试验,成功地证实了RFID系统能够提高服务和降低成本。2015年,DHL开始一项全球大型RFID技术试验,其递送的面向于16个国家所有物品上都贴有RFID标签,能够及时向客户提供邮件处理中心到达和离开时间。2016年,DHL公司开始使用EPC超高频RFID技术,向其客户(尤其是海外信封及小包客户)提供货物到达或离开分拣中心的相关信息,以帮助客户确定包裹到达目的地的时间。邮件到达目的时,DHL公司用RFID读写器及天线读取数据,并向客户进行数据更新。在国际邮政公司(IPC)——一个横跨欧亚、北美的24个国家合作组织的要求下,一些其他邮政运营商也开始安装这一系统。

TNT物流全球领先的商务快递公司从项目推进速度、应用深度和涵盖广度等方面对RFID技术进行了实用型使用。2003年,TNT开始了对第一代RFID标签的试验。在第一阶段实施了六个项目,这些项目覆盖了从进口物流、仓储到跨国分销的供应链流程。TNT的邮政、快递和物流部门以及位于美国、英国、法国、德国、荷兰、北欧和中国的众多客户(包括高科技、汽车进出口、电信和医药等行业)都参与了这些项目。项目试验证明,RFID技术能更快、更准确地扫描货物,从而使供货时间更快,流程更简化,同时也大大降低了识别的错误率。尤其是在对时间有严格要求的生产运作,对降低成本起着关键性的作用。TNT通过整合RFID设备与TNT现有系统,实现了在各个转运中心的关键点上对货物的全面控制。

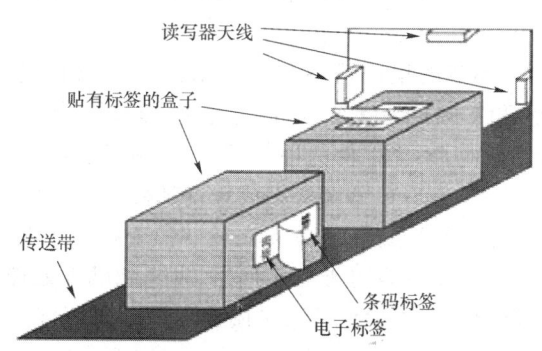

图5-8 微波RFID天线在纸箱跟踪中的应用

基于第一阶段的成功经验,TNT宣布了其无线射频识别(RFID)项目的第二阶段计划,从而成为唯一一家在全球范围使用RFID技术跟踪货运物品的综合服务商。

美国邮政总局从1998年开始RFID技术的研究工作。2005年,美国邮政总局应用RFID技术对机动车辆进行管理。至今,邮政总局对所有车辆,包括铲车、拖车、托盘叉车以及其他类型的机动车辆都安装有基于RFID技术的车辆资产交流器(Vehicle Asset Communicators,简称VAC)。每个VAC都有唯一的ID编码,里面存有车辆的相关信息,通过建立车辆管理系统(PIVMS),把 VAC 中的信息记录到 PIVMS 的数据库中。此系统能协助维修保养车辆、车辆物品识别与追踪,可以完成对车辆载重、速度、撞击情况的传感检测,还可以实现对叉车及其他机动车辆的管理工作,如驾驶员证、车辆实时定位以及互动信息交流等。VAC 与车辆传感装置相连接,可以智能实现数据处理。

此外,东亚的许多邮政机构正在积极、全面地观察使用了 RFID 的机构,准备从根本上改变邮政机构目前的工作状态,表示愿意使用像 RFID 这样的新技术并为此投资。

总之,邮政和快递公司对 RFID 的未来前景都持积极、乐观态度并有自己的考虑和计划。

5.5.2 EPC 技术在邮政中的应用

1. 需求分析

(1) 收集环节

在收寄环节,客户需要花费很多时间填写面单,且错误率较高。前台收寄人员接收包裹后,需要进行称重、验视、包装和收费等多项工作。对工作人员来说工序繁、效率低、耗时耗力,且客户体会到的是服务差。

(2) 分拣封发环节

邮件分拣识读条码要求邮件姿态,需供包时人工干预,且识读拒识、错误识读率高。在总包封发中,信息核对成为效率瓶颈。

(3) 运输环节

在运输环节,邮件不可跟踪,客户不能实时了解邮件状态;信息不能及时核对造成节点间权责模糊;对异常件的责任互相推诿,更有可能引发邮件丢失而无法查证的状况。

(4) 投递环节

在投递时,投递员需要逐个为客户发送短信,经常误发、漏发。

通过射频技术,在邮件中或邮件单元中加入射频标签,可优化寄递流程,改变邮件的处理方式,实时全程监控邮件状态,并可扩展邮政服务模式,提升服务质量。

2. 解决思路

(1) 收寄环节。在收寄环节的填单可逐步改变信息方式,如身份证扫描提取信息、手机号、QQ 号、微信公众号等,和实际地址绑定,这样避免手工填单出现无法识别的问题。

支局封发时,扫描邮件条码,采集邮件的旧号码、收寄局、寄达局、重量、资费等信息,生成邮件信息并写入纸质射频标签,然后粘贴至包裹或挂刷邮件上,同时生成总包全信息并将其写入射频袋牌。按频次装袋(箱)封发,打印清单并在袋(箱)上拴挂射频标签;封发完成后,将邮件收寄信息、总包全信息和清单信息及时上传至网络,发送到邮件处理中心。

(2) 分拣封发环节。射频标签内信息可通过阅读器识读,自动记录接收、分拣、封发信息,并核对正误。

(3) 运输环节。不管是散件封发,还是单元封发,邮件与车辆无缝化对接,邮件送达传送带终端的同时,车辆到达、车门打开。

在运送过程中,由于邮件包裹都贴有 RFID 标签,人们可以随时掌握物品的寄送进度,邮件处理也将透过输送单将包裹分类,实现包裹运送过程监控,当包裹到达地方邮局时,自动交接,不用担心邮件遗失。

运输车辆和实时交通网对接,可根据环境状况实时计算最佳邮路,节约时间。还可在全网中进行运输的邮运车辆智能调度,实现动态运能调配。

(4) 投递环节。车辆到达指定区域后,自动给所有客户发送短信或微信;投递员离开车辆附近后,车门自动关闭,车轮自动锁定;车辆发生位移,投递员会收到信号。

客户不方便接收时,邮件放置于包裹柜,客户可持有效证件接收,之后包裹柜自动上传信息。

由此,贴有射频标签的邮件,全程处于实时监控状态。客户也可在电子地图上实时看到邮件的具体位置,可以预测邮件的到达时间,安排接收邮件和后续事宜。

3. 总体流程

总体流程以已经实现应用的上海速递总包系统为例。

(1) 企业系统应用框架

上海速递总包系统由部署在市内速递邮件处理中心、航站、转运站等生产场地的阅读系统及各支局流转的射频袋牌构成。应用系统网络结构如图 5-9 所示。

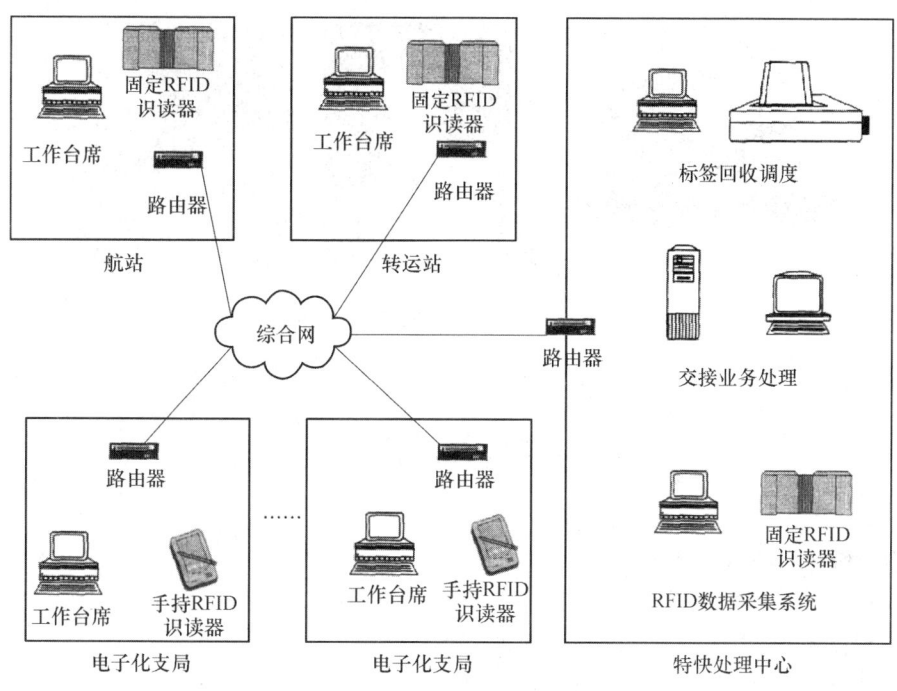

图 5-9 RFID 应用系统广域网网络结构图

(2) 硬件及操作流程选取

RFID 识别系统采用超高频频段,标签选取无源可读取标签。结合邮政生产作业的特点,同时最大限度地发挥 RFID 远距离、可穿透一般材料、多标签识读等特点,试验将信息采集选择在总包交接过程中的逐袋卸车环节和总包分拣过程中的供包环节,最大限度地简化操作复杂度,保证作业质量的大幅度提高。

在邮政网点,营业员进行邮件封发打包时,根据封发信息预制路单,制作并给每个邮袋绑上射频袋牌,然后根据封发信息预制路单,并通过网络将电子路单信息发往处理中心。

在处理中心的装卸台安装固定识读器,实时捕获邮袋卸车时射频袋牌信息,与电子路单信息进行勾挑比对,发现不符时,将差异数据记入数据库。

在航站的供件台和总包分拣机上安装射频阅读器。交接时系统在供件台自动读取射频袋牌信息与电子路单信息比对,进行勾挑核对,发现不符,将差异数据记入数据库,并将差异在显示屏上显示。分拣时,总包分拣机根据射频信息自动将邮袋分拣到不同航线的分堆口。分拣结束后人工拆射频袋牌,做回收处理。

在转运站的装卸站台交接位置安装射频阅读器,在邮袋卸车过程系统实时捕获射频信息,并与网络传来的电子路单信息进行勾挑核对,发现不符,将差异数据一记入数据库,并将差异在显示屏上显示。

通过对比可以看出,RFID技术明显高于现行的条码扫描方式,大大缩短了操作流程时间,降低了邮件入错格口的差错率。其自动识别、进出实时记录,能够实时、准确、完整地掌握各邮件信息,提高管理效能。自邮件寄出之日起,客户便拥有对该邮件的知情权,提高客户体验的舒适性。

随着智能化研究推广应用,邮政利用射频技术、EPC系统和物联网等研发智能邮政网很快会实现。

 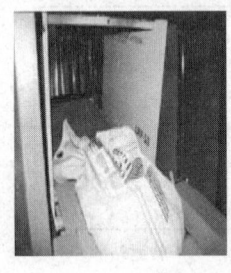 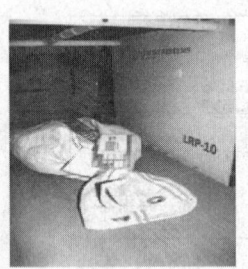

图 5-10　EPC 技术在邮政物流中的应用

思 考 题

1. 射频技术的含义是什么?
2. 简述射频技术的组成、工作原理和射频技术的特点。
3. 射频技术中,天线应满足什么技术条件?
4. 简述 EPC 的含义和 EPC 信息网络的组成。
5. EPC 系统目前存在什么主要问题?解决的思路是什么?
6. 举例说明射频技术的应用领域和实现的功能,自己设计一个射频技术在邮政中应用方案。
7. 根据教材中的阐述,绘出"上海速递总包系统"操作流程图。

第6章 信函分拣设备

6.1 信函分拣设备概况

信函是邮政传统的专营业务,长期处于手工作业状态。20 世纪 20 年代,荷兰一家公司首先研制出世界上第一台信函分拣设备,这是一种简单的人工按键式分拣设备,它成为信函分拣机械化、自动化的起点。第二次世界大战后,一些发达国家先后开始致力于信函自动分拣技术和设备的研发,并在生产实践中不断改进提高,逐步形成了现在的信函分拣系统。

6.1.1 信函自动分拣前提条件

要实现信函的自动分拣首先要能够实现地址信息自动识别和规范的信函规格。信函上地址信息的形式主要是书写字符。每个国家的字符形式差异性很大,人与人之间书写的差异性更是巨大。因此,实现地址自动识别技术难度很大。

为此,邮政提出以阿拉伯数字或字母代替地址信息的方式简化地址识别技术,这组阿拉伯数字或字母称为"邮政编码",代表邮件寄达的区域代码。这种方式大大降低了识别技术难度,所以各国政府都大力度制定和推广邮政编码。

另一个制约自动分拣的问题是信函要规格化,即长度、宽度、厚度、纸质、耐折度、颜色和起毛等要符合一定的标准。为此,许多国家把信封列为国家标准,统一技术要求,不经专门机构审批、检验,不得随意生产、出售信封。

除此以外,还对邮政编码的书写位置、邮票粘贴位置、封口位置和表面印刷进行了严格要求,以保证信函设备能够自动识别信函地址信息,实现自动分拣。

6.1.2 信函自动识别、分拣技术

信函要实现自动分拣,首先要具备地址信息识别技术和同步技术。

1. 识别技术

邮件分拣设备应用的识别技术主要有两种:光学字符识别(OCR)和光学条码识别(OBR)。

(1) 光学字符识别

光学字符识别(OCR)包括对印刷汉字的识别、有限制手写体汉字的识别、印刷体数字的识别和手写体数字的识别。在邮件分拣中,光学字符识别技术主要应用于识别公众手写体的邮政编码和邮件标签上打印体的汉字地址或邮政编码。此项技术在信函自动分拣系统、扁平件分拣系统等分拣系统中得到广泛应用。

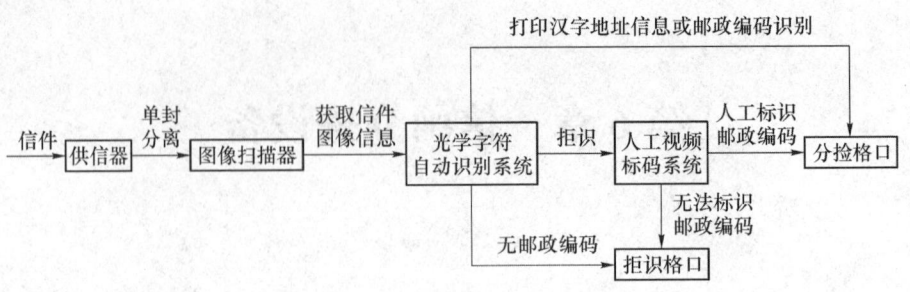

图 6-1　信函分拣系统工作原理流程图

（2）光学条码识别

光学条码识别（OBR）的技术基础是条码。条码技术在邮政中得到广泛的应用，具有输入速度快、准确率高、成本低和可靠性强等优点，在当今自动识别技术中占有重要的地位。

邮件标签上的条码可以是地址转换的条码，也可以是和邮件寄达地址建立一一对应的关系条码。根据印制条码所用材料的不同，条码的识别方法也各有差异。光学条码识别就是通过扫描、阅读、译码得到条码信息，然后由计算机的外围设备储存、显示、打印或者控制邮件分拣。

光学条码识别系统一方面代替了键入信息系统，另一方面其阅读可靠性又明显优于 OCR 系统，因而近年来发展十分迅速。此项技术在信函、包裹、扁平件、悬挂和信盒等分拣设备中得到广泛的应用。

2. 同步控制技术

同步控制是指由地址代码信息跟踪处理输送中的邮件并控制其准确进入格口的过程。同步控制过程中，地址代码信息通常放在计算机内存中，由同步脉冲触发，同步跟踪邮件运行，并逐个与格口代码对比，直到邮件地址代码与格口代码符合为止。

按照触发地址代码移位的同步脉冲机理不同，同步控制分为时间信息跟踪同步（简称为时间同步）和位置信息跟踪同步（简称为位置同步）两种基本方式。时间同步方式适用于匀速运动或有规律变速运动邮件的控制，如由链、同步孔带等啮合运动传送的邮件，具有简单可靠的优点。位置同步方式比较复杂，常用于速度不能保持恒定的邮件控制，如摩擦传动输送的信函分拣机。

除上述两种基本的同步方式外，在一些长线路分拣机（如推式悬挂分拣机），邮件在分拣前往往要经过相当长的提升、运输区段。为此，出现了一种特殊的同步控制方式——"自携信息同步控制"。即由分拣人员将地址信息以磁编码、机械编码或光学图形形式（如条码）固结于载运邮件的载体上或者直接设置在邮件上，成为自携信息，经过长距离输送后再由识别装置识别分拣。这种控制方式具有保持地址信息准确可靠且邮件在长距离输送中无须控制的特点。

3. 网络技术

网络技术在邮件分拣设备中得到广泛的应用。例如：通过网络技术实现邮件信息预分拣；利用自动阅读给据邮件的条码；从综合计算机网获取寄达局等信息；自动勾挑核对与登单等多种应用。随着网络技术的发展，邮件分拣将会有更多的全新模式。

6.2 信函分拣设备的基本组成

6.2.1 信函分拣设备的基本组成

世界各国生产和使用的信函分拣设备有多种,但基本都由以下几个部分组成。

1. 信函输入部分

信函分拣设备的输入部分包括供信装置和单封分离装置,主要功能是形成规则的邮件流。

供信装置一般由供信传送带、挡信板、传感器和驱动构成。整摞信函由人工放置在供信传送带上,挡信板被推至整摞信函的后面,以防信函倾倒,传送带的启停由传感器控制,不断为分离装置供信,供信速度由分拣效率和分离情况决定。

单封分离装置的作用是从整摞信函中一封一封分离信函,并传送至下一个处理工序。各国分拣设备的单封分离装置可分为两大类:气吸分离和摩擦分离。

气吸分离有吸式和吸气带式两种,都是利用空气负压将单封信函从整摞信函中吸出剥离,达到单封分离目的。早期的信函分拣设备大都采用吸嘴式。因吸嘴效率较低,目前的分拣设备应用吸气带分离装置的较多。

摩擦分离装置包括主摩擦带(轮)和阻尼块(轮),大都采用摩擦系数大的橡胶材料制作。利用主摩擦带与信函、信函与信函、阻尼块与信函间摩擦力的不同完成信函分离。这两种分离装置都有电子部件对分离情况进行监测,使分离出的信函保持一定的间距。气吸分离的信函为等节距(信头到信头的距离一样)。摩擦分离的信函为等间距(信头与信尾间的距离一样)。

2. 地址信息读取部分

地址信息读取部分是分拣设备取得信函寄递地址信息的部分。只有取得准确的地址信息,才能保证信函的正确分拣。信函分拣设备有三种地址信息读取方式。

① 人工阅读信函地址信息,按键输入方式,即按键识别方式。

② 阅读器阅读预制在信函上与地址、邮政编码相对应的条码方式,即 OBR 识别。

③ 阅读器直接阅读信函上的地址、邮政编码方式,即 OCR 识别。

这三种读取方式是形成目前世界上所用的三种信函分拣技术体制的最主要形式。

3. 格口部分

格口部分由信函传输系统、格门及格口组成。传输系统和格门使信函按地址信息分拣到不同的寄达地格口。格口接收、暂存分拣来的信函。

信函传输系统由皮带及滚轮组成,构成从单封信函输入、地址信息读取到各格口间的信函通路。格门也叫转辙器,一般为鸭嘴形翼门,开关动作非常灵活、迅速。

格口容量大小及结构不同直接影响分拣设备的整体外形。格口容量小的分拣设备一般设计为立式,格口纵向多行排列或横向多层排列,格口容量在 100 个左右。格口容量大的设计为卧式,格口在分拣设备的单侧或双侧设置。卧式分拣设备的格口又称集堆器,每个容量可达 500 个左右。分拣设备的格口都装有保证信函入格整齐的托板和挡板。

4. 电控部分

电控部分的功能主要是:

① 驱动设备各部分运转。

② 保证连续不断地单封分离供信。
③ 采集地址信息并翻译为格口代码。
④ 同步跟踪信函传输至相应的格口。
⑤ 启动格门。
⑥ 执行分拣程序，检测设备运行情况，发出故障告警指示。
⑦ 记录统计业务数据和设备运行状态数据。
上述电控功能除特殊部件外，采用工业控制器及通用计算机实现。

6.2.2 信函分拣设备的特点

信函分拣设备经过几十年的研究和发展，实现了信函分拣处理的机械化、自动化。它具备光机电一体化技术，是由机械技术、激光、微电子等技术融汇在一起的新兴技术。它与传统的机械产品比较，主要特征如下。

（1）综合性与系统性

光机电一体化技术是在机、光、电、自动控制和检测、计算机应用等学科相结合的基础上建立起来的一门综合性应用技术。

（2）多层次，覆盖面广

光机电一体化是一个总的技术指导思想，它不仅体现在一些机电一体化的单机产品之中，而且贯穿于工程系统设计之中。

（3）结构简化，方便操作

光机电一体化技术使机械结构大大简化，甚至使有些机械结构"脱胎换骨"，产生了质的变化。光机电一体化技术使得操作人员摆脱了以往必须按规定操作程序或节拍频繁紧张地进行单调重复操作的工作方式，能灵活方便地按需控制和改变生产操作程序。

（4）精度提高，功能增加

光机电一体化技术使机械传动部件减少，因而使机械磨损及配合间隙等所引起的动作误差大大减小，同时由于采用了电子技术，反馈控制水平提高并能进行高速处理，可通过电子自动控制系统精确地按预设量使相应机构动作，因各种干扰因素造成的误差，又可通过自控系统自行诊断、校正和补偿，达到靠单纯机械方式所不能实现的工作精度。

（5）高可靠性，高稳定性和高使用寿命

（6）开发上的知识密集性

研制开发光机电一体化产品往往涉及许多学科和专业知识，如数学、物理学、化学、声学、机械工程学、电力电子学、电工学、系统工程学、光学、控制论、信息论和计算机科学等多门学科以及各门类的专业知识。

信函分拣设备的技术也在包裹分拣机、扁平件分拣机等分拣机中得到广泛应用。

6.3 信函分拣方式

信函分拣设备主要用于分拣明信片和信函。按寄达地址识别分拣方式分类，主要有输入地址分拣、光学条码识别（OBR）分拣、光学字符识别（OCR）分拣和 OBR＋OCR 混合组成的分拣。但其结构和工作原理大致相同。

6.3.1 人工按键输入地址分拣方式

人工输入地址分拣是早期的信函分拣方式,现在基本被淘汰。人工按键分拣技术过程是:把经过整理的整摞信函置于供信部分,由单封分离机构从整摞信函中一封封分离出来送至分拣作业人员面前的阅读窗。分拣作业人员根据信函上的地址、邮政编码、摘录编码或按地址翻译的格口码按键,给电控部分输入地址信息。电控部分记忆按键信息,同步跟踪信函传输至应进入的格口,启动格门(转辙器),信函入格完成分拣。这种设备包括供信装置、单封分离装置、阅读窗、键盘、传输系统、格口部分和电控部分等。

6.3.2 光学条码识别(OBR)分拣方式

光学条码识别(OBR)分拣方式具有准确识别率高、拒识率低、分拣质量高和设备较简单的优点。如图 6-2 所示。

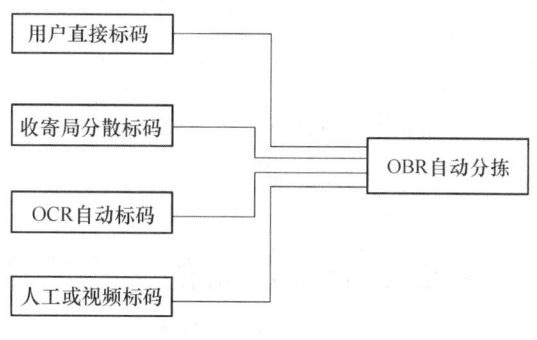

图 6-2 OBR 分拣方式

6.3.3 光学字符识别(OCR)分拣方式

光学字符识别(OCR)分拣方式可自动识别打印体的邮政编码或邮寄地址、手写体邮政编码和有限制手写邮政编码,具有减少处理环节、节约劳动力和提高效率的优点。但也存在拒识、错识率较高,单机成本较昂贵的缺点。欧美国家采用 OCR 分拣方式时,经常在识别邮政编码的同时,识别信封上的邮寄地址并进行核对,弥补通常 OCR 识读差错率高的缺陷。

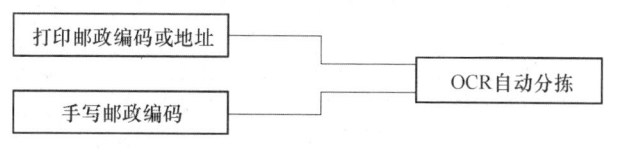

图 6-3 OCR 分拣方式

6.3.4 OBR+OCR 混合分拣方式

OBR+OCR 混合分拣方式集合了 OBR 和 OCR 分拣方式各自的优点,信件由 OCR 对邮政编码进行预识读,然后进入延迟线;识出信息与延迟线上相应信函同步,拒识信息由视频进行补码,再跟踪延迟线上相应的拒识信件;在延迟线出口处喷印和被识读的邮政编码相应的条码,最后由 OBR 识出分拣,已标有条码的信件则直接由 OBR 识出分拣。OBR+OCR 混合分拣方式是现在信函分拣的主流。

6.3.5 OVCS 分拣方式

OVCS 分拣方式是光学字符识别（OCR）加人工视频标码，可充分发挥 OCR 自动识别字符的优点，并适当减少信件拒识、错识。大部分信件的邮政编码由 OCR 自动识别分拣，拒识信件会通过视频显示，由人工输入邮政编码后分拣。这样就可因较少的人力投入将 OCR 错识率和拒识率控制在较低的范围。中国使用 OVCS 分拣流程示意如图 6-4 所示。

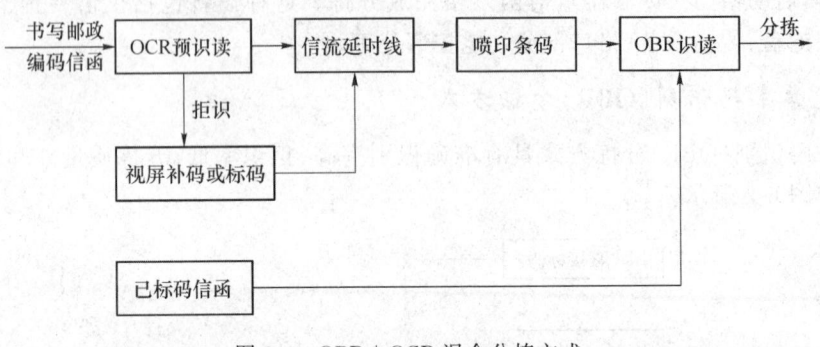

图 6-4 OBR+OCR 混合分拣方式

6.4 OVCS 信函分拣设备的工作原理与结构

中国目前主要使用 OCR 分拣机，在此基础上推行了 OVCS 分拣机。为此本节专门针对 OVCS 分拣机系统进行介绍。

6.4.1 OVCS 工作原理

OVCS 是由 OCR（Optical Character Reader）/Video/Coding/Sorter）组合起来的，称作光学字符识别（OCR）、视屏（Video）显示人工辅助识别、标条码（Coding）、分拣（Sorter）的信函分拣机（见图 6-5）。该分拣机能进行自动标码分拣、不标码自动分拣或自动识别辅以人工助识的自动标码分拣。它具有 4 种工作模式，可看作 4 种形式的信函分拣机。

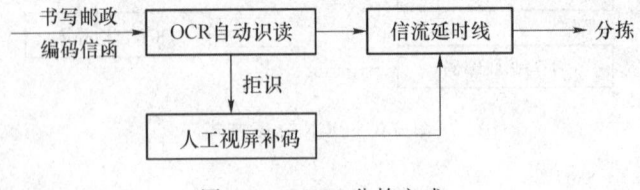

图 6-5 OVCS 分拣方式

（1）OCS 机：全自动信函分拣机，可对信函标码或不标码完成信函的分拣入格。

（2）VCS 机：视屏标码分拣机，把信函上邮政编码或全部地址放大后送视屏标码席位显示，由操作员阅读视屏显示的内容，键入分拣所需的邮政编码信息或打印地址信息，完成信函的分拣入格。这种方式的机器处理速度取决于配置的视屏标码席位数和标码员操作的生产率。

(3) OVCS 机:信函经 OCR 阅读识别后(如图 6-5 所示):

——若 OCR 识出分拣所需的全部信息,信函按 OCS 方式分拣处理。

——若 OCR 不能全部识别邮政编码的数字或打印汉字,不识的字符(一个或数个)送视屏席位显示,由操作员键入相应的拒识字符,或称补码,经相应的管理模块组合,OCR 识别结果和人工键入信息,送出分拣入格的完整的邮政编码信息。

——若信函上地址信息 OCR 都识不出,则把信封地址信息区全部信息送视屏屏幕显示,由操作员阅读邮政编码键入信息,机器按 VCS 方式工作。

——被拒识处理的信函进入拒识集堆器。

一旦发生大量信函被拒识,这些信函被传送到 VCS 集堆器,以便机器按 VCS 方式处理。

(4) BSS(Bass-code Scanner Sorter)机:条码分拣机,把已标上条码的信函装上机器,按条码进行分拣入格。

信函由夹带传送,通过光敏管系统掌握信函流动。当信函经过某个光敏管时,相应的信息被传送到微处理器内。当信函行走到应该进入的集堆器或格口前,相应的偏转器打开,信函进入集堆器或格口。

6.4.2 结构组成

OVCS 自动信函分拣机是人机结合分拣系统,它由主机(信函处理部分)、中央电子控制系统和视屏标码台三大部分组成,其中机器主体部分采用模块化结构,共有九个模块。如图 6-6 所示。

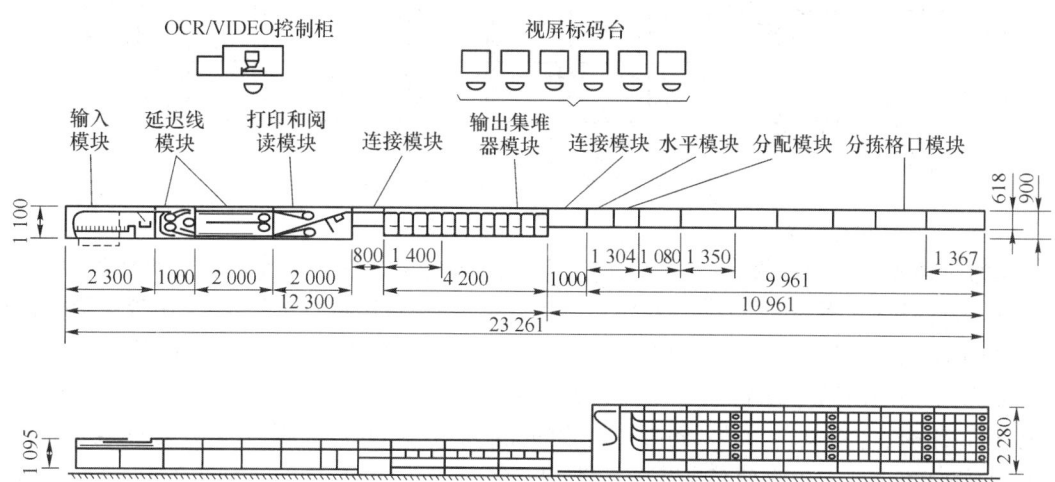

图 6-6 OVCS 信函分拣机模块总图

1. 信函处理主机

OVCS 信函分拣机是集机械、电子、计算机、光学和人机工程学为一体的高科技设备,其技术先进、性能优越、结构紧凑、布局合理,是目前国际一流的信函分拣装置。为了便于安装和运输,主机部分采用模块化结构。

(1) 输入模块

该模块主要有供信机构、单封分离机构、整位段、信函尺寸检测装置、CCD 摄像机、图像定位设备、拒分集堆器、二个真空泵、一个负压泵、控制电路板和操作面板等。

其功能如下：经过理信机处理后的信函由人工放至供信机构的间隔传送链上，传送链的推信板推动信叠作间歇进给运动；当第一封信函表面触动限位开关，由单封分离装置进行负压分离，使信转变成具有特定间隔的信流；经整位段后，由检测装置检测信函长度和宽度，然后CCD摄像机进行图像采集定位，送主控室进行识别，不合格的信函将被送至拒分集堆器，其余进入延迟线模块。

在该模块中，单封分离机构非常重要。该机构的作用是将理信机处理过的顺面顺向的信叠（放置在输入模块的间隔传送带上）一封封分离出来，形成等间距的信流进入分拣机中作后续分拣，其结构如图6-7所示。

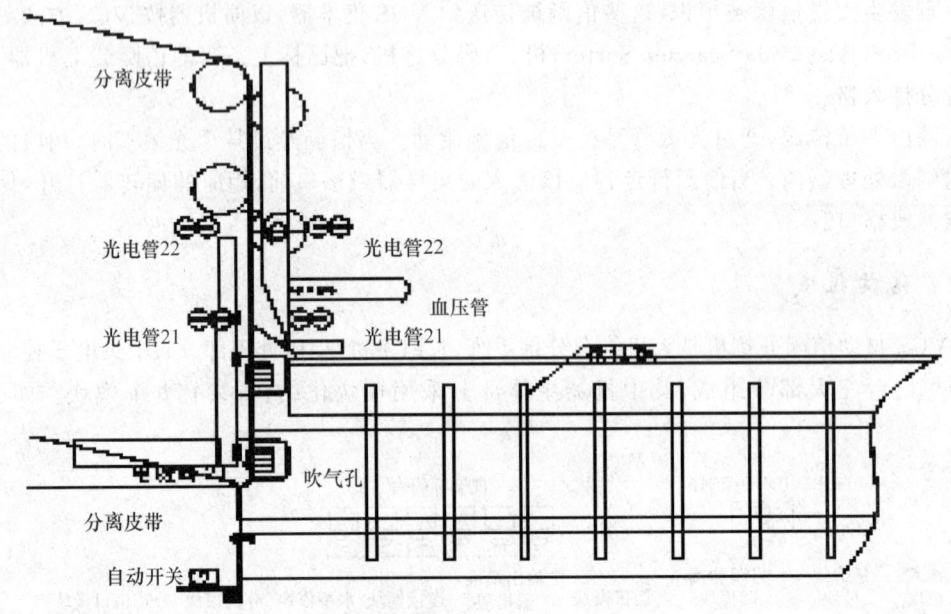

图6-7 信函分拣机单封分离结构图

单封分离工作过程：当机器进入工作状态后，步进电机带动信叠作间歇进给运动，当第一封信到达分离带（上面均布气孔）前并触动微动开关S21后，步进电机停止，信函处于待分拣状态，当按下供信开关后，在计算机的控制下，电磁吸气阀21打开，真空泵通过该阀的吸气孔产生吸附力，开始吸附第一封信，并随着分离皮带的匀速运动将第一封信分离出去。当该信遮光光电管对21时，电磁阀21关闭，同时在信号的控制下电磁阀22开启，真空泵通过第二个吸气孔吸气，使分离带继续吸附信函做切向运动，当信函遮光光电管22时，阀22关闭，第一封信的分离过程结束，此时，微动开关S21弹起，步进电机启动，使推信板带动信叠再次触动限位开关S21，开始下封信的分离过程。从上述分离过程可知，当信叠由供信装置送到限位微动开关处后，主要靠两个吸气阀门在一定时间内的交替吸气将信函单封分离出去，如果要想保证信函能够正常分离出去，分离皮带对待分信函的吸附力必须能克服其他信函对它的磨擦力。因此，气路的负压必须保证在正常的工作压力范围内。

(2) 延迟线模块

结构：主要由皮带传送系统和光电跟踪系统构成。

功能：信函在此延时七秒，等待OCR系统的处理结果。在延迟线中运行的信函由光电管系统进行同步跟踪。

(3) 阅读打印模块

结构：主要由喷墨打印机、荧光条码阅读器及控制电路构成。

功能：完成条码的打印和阅读校验。根据分拣方案的要求，OCR 系统将需要打印的信息通过机器控制板送到喷墨打印机，在相应的信函上打印荧光条码，并由其后的荧光条码阅读器进行阅读和校验。同时，打印有误的信函将被送至拒识格口。

(4) 集堆器模块

结构：每个集堆器模块由四个集堆器构成，该系统最少可配 4 个集堆器，最多可配 64 个集堆器。

功能：主要用作粗分或作为大格口使用，根据分拣方案分拣的信函进入相应的集堆器。一般情况下，集堆器模块的第一个集堆器作为拒识格口，最后一个集堆器作为溢出格口。

(5) 连接提升分配模块

连接模块用于将集堆器模块和提升模块连接起来，提升模块使信函提升到高层信道，并使信函偏转 90 度，由垂直传输变为水平传输；分配模块把信函分配到五排不同的格口中。

(6) 格口模块

每个格口模块有五行四列共 20 个格口，分为带驱动单元格口模块和无驱动单元格口模块。带驱动格口模块有 5 个马达，用于驱动 5 个横排上的传送带。无驱动单元的格口模块不能单独使用。带驱动格口模块既可以单独使用，也可以与 1 个无驱动格口模块结合使用。格口模块可配置 20～40 个格口。最后一列 5 个格口一般留作溢出格口。

在以上几个模块中，除了机械部分外，还装有许多重要的微处理机控制电路，全面控制所有的机械部分，其中包括信函从单封分离到输出的跟踪；将路由信息发送到 OCR 控制系统；接收来自操作面板的输入信息；接收从 OCR 控制系统传来的识别结果及分拣信息；控制喷墨打印机；检查从荧光阅读器送来的数据；控制转辙器的动作；在操作面板上显示机器的状态等。控制电路相互之间通过串行异步通讯链路连接。

2. OCR 控制系统

该系统的功能是：接收主机内部的图像采集、接收定位设备通过光纤送来的图像信息，并识别红框内的邮政编码或地址区域信息。将不能识别的区域的灰度图像送到视屏台，由操作员进行标码，然后按照识别结果或操作员的标码结果查找分拣方案。确定分拣的目的地格口，并将有关信息送回机械控制电路，控制信函的转向和入格。此外，本系统还完成整个 OVCS 系统的报表处理和打印工作。

3. 视屏标码台

视屏标码台由一台无盘工作站、一台 TVGA 显示器和一只标码键盘组成。

OCR 控制系统将 OCR 不能识别的邮政编码或 VIDEO 方式下编码的灰度图像送到标码台，以四个数字为一组显示在显示器上，操作员根据显示的图像键入相应的数字或字符，标码的结果被送回到 OCR 控制系统。

6.4.3 工作模式的选择

根据用户需要，OVCS 信函分拣系统提供了四种工作模式。

(1) OCR 模式

即光学字符自动识别模式。在该模式下，图像采集定位设备将 CCD 摄像机送来的图像进行数字化处理，转换成二值化图像和灰度图像，并通过光纤送给 OCR 系统。对手写的邮政编码或打印汉字地址进行全自动阅读，根据识别的结果确定分拣的目的格口，并根据分拣方案的

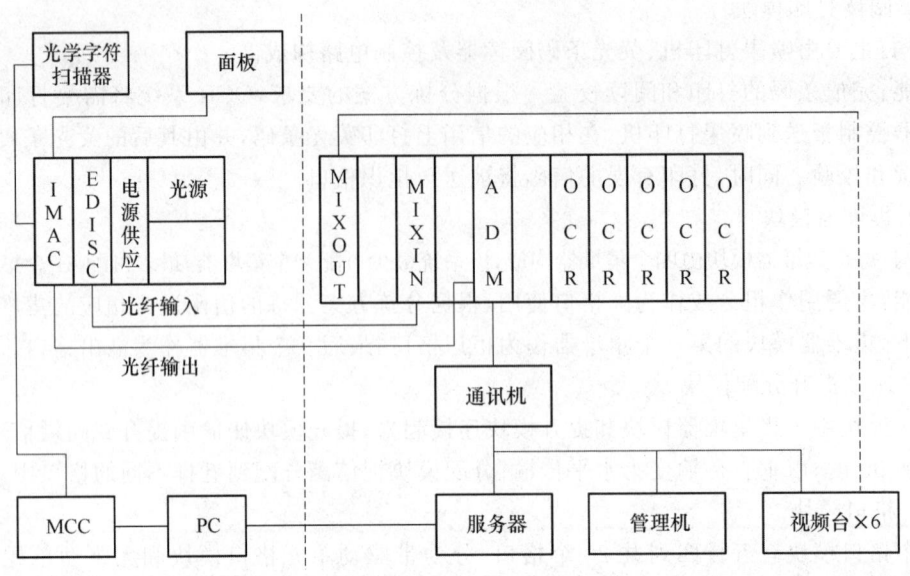

图 6-8 OCR 控制系统组成及与输入模块的联系

设定决定是否喷印条码。

(2) VIDEO 模式

即视屏补码模式。在此模式下,当信函在机器上运行时,信函的灰度图像显示在视屏标码台的显示屏上,由操作员键入相应的邮政编码,控制系统按照操作员键入的邮政编码进行分拣。该模式又细分为 VIDEO01 和 VIDEO02 模式,两者的区别在于前者只显示六位邮政编码区域的局部图像,后者则显示整个信函的全部图像。

(3) OVCS 模式

即光学字符自动识别和视屏补码相结合(OCR/VIDEO)模式,是本系统的主要模式,首先由机器自动识别邮政编码,对于不能识别的邮政编码,将其图像分割出来,四个组(不一定属于同一封信)送至标码台由操作员键入相应的数值,并与 OCR 识别结果结合一起作为分拣的依据。采用此模式可大大提高机器的处理能力。

(4) OBR 模式

即光学条码识别模式,对于已经喷印上荧光条码的信函,可采用此种模式。荧光条码阅读器对条码进行阅读,并将信函分拣到所要求的集堆器和格口中。采用此种模式分拣,差错率很低。

在图像处理模块中,不同的工作模式,图像采集的精度和区域是不一样的。在工作模式 0、1、3 时,它捕捉图像的区域是信封左上角 80 * 24 mm,每 mm 8bit;而在模式 2 时则为 200 * 128 mm,每 mm 4bit;当模式在 0 和 3 时,图像处理模块将对 80 * 24 mm 区域进行邮政编码定位分割,并将认为是书写邮政编码区域的灰度图像转换为黑白二值化图像,将六个邮政编码的二值化图像送到 OCR/VIDEO 模块,再应用模式识别原理对六位邮政编码进行识别。

在模式 0 时,图像自理模块送 0 CR/VIDEO 模块除了六个邮政编码的二值化图像外,还有 80 * 24 的灰度图像,当机器对其中一个或几个邮政编码不能识别时,就在 80 * 24 的图像区域中挖出相应的灰度图像送到视屏台,由人工键入相应的数码。在这种模式下若图像预处理部分不能对六位邮政编码进行定位时,则可将 80 * 24 灰度图像送视屏台,从而完成对六个邮政编码的识别。在模式 1 或者时,则是将整幅图像送到视屏台,由人工键入六位数码。

显然，上述功能是通过人机结合的方式完成对六位邮政编码的识别。之所以要采用人机结合的方式，是因为在目前的模式识别和计算机技术的条件下，OCR 的识别总有一定的局限性，而在信函处理中，又必须六位邮政编码全部被识出才有效。然而，1% 的识别率差距反映到信的差距将是 3%～5%，可见，提高单字识别率对提高整个系统的效率非常重要。模式 0 是本系统主要的处理方式，而本系统还有模式 1 和 2，这两个功能分别是将邮政编码区域和整封信的图像送到视屏台，由人工键入六位邮政编码，从而完成对信函的处理。

6.4.4 OVCS 信函分拣机电控系统

1. OVCS 信函分拣机电控系统的硬件

OVCS 信函分拣机电控系统的硬件构成如图 6-9 所示。其中：

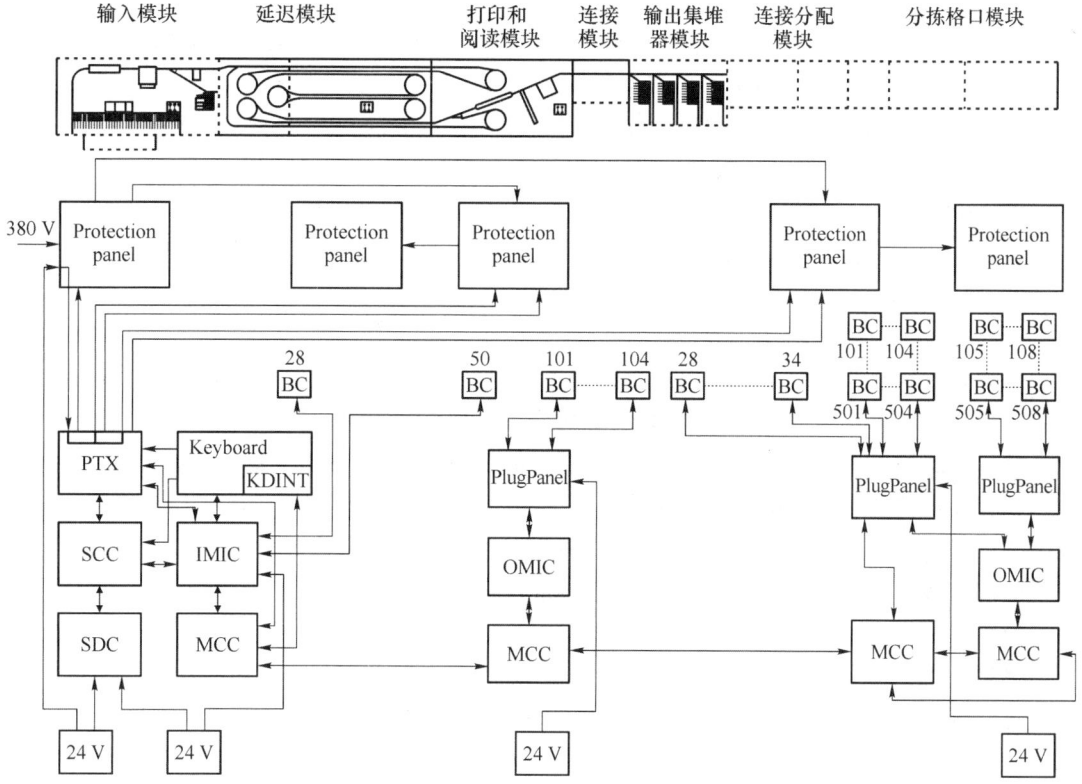

图 6-9 电气控制系统的硬件联系图

MCC——机器控制卡　　　　　IMCC——输入模块接口卡
SCC——单封分离控制卡　　　SDC——单封分离驱动卡
OMIC——输出模块接口卡　　　BC——格口控制卡
PLUGPANEL——接插板　　　　PROTECTIONPANEL——保护板

从图中可以看出，电气控制系统是由多种控制卡和单机（打印机，阅读器）构成的，下面将简单介绍一下各主要控制卡的功能。

（1）机械控制卡（MCC）

机械控制卡是 OVCS 信函分拣机电气控制系统的核心。OVCS 信函分拣机采用分布式控制，每一模块（延迟线模块与条码打印机阅读模块除外，它们与输入模块共用一块 MCC）都有各自的机械控制卡,各控制卡之间采用串行通信方式进行信息交换,输入模块的机械控制卡为主处理机,其他模块的机械控制卡为从处理机。

机械控制卡是通用的微处理控制卡,各模块的机械控制卡相同(控制软件除外),只是其连接的外围控制卡各不相同。

输入模块机械控制卡相连的电路及设备有:输入模块接口(IMIC)、保护板(PTX)、内装电脑、打印机和视屏接口模块。

输出模块机械控制卡除相互连接外,主要与输出模块接口卡(OMIC)相连。

所有的机械控制卡具有共同的复位按钮和卡复位按钮输入端。机械控制卡采用微处理器,卡上的存储器中装有控制程序及信函分拣机运行过程时的各种数据。机械控制卡上设有看门狗电路,当控制系统因意外情况造成程序非正常执行而出现控制失误时能及时纠正。

(2) 输入模块接口卡(IMIC)

输入模块接口卡包含了控制和驱动整个输入模块各种电路,其主要功能有:

① 提供荧光阅读器和喷条打印机的接口。

② 提供8路光电管+16路开关的输入接口和气路转辙器+32路指示灯的输出接口。

③ 提供35路光电管的放大器。

④ 提供光电管系统发光二极管电源。

⑤ 驱动LCD显示器。提供其他多种接口,如按钮输入、SCC输入、转速计输入和灯驱动信号等。

(3) 单封分离控制卡(SCC)

单封分离控制卡也是一块通用的微处理器控制卡,但不同于机械控制卡的是,它有两个输出口可接两块单封分离驱动卡,分别控制单封分离机构,或分隔传送器,或缓冲集堆器。

单封分离控制卡与输入模块接口卡、单封分离驱动卡、控制面板及保护板相连。

单封分离控制卡也与机械卡相同的微处理器,存储在只读存储器中的控制程序通过输入模块接口卡检测机器的状态,并通过单封分离驱动卡驱动信函进给链步进电机的运转、驱动吸气泵的动作和协调多输入机的工作,完成信函的进给和单封分离。

(4) 单封分离驱动卡(SDC)

单封分离驱动卡是单封分离的输出功率驱动卡,它根据单封分离控制卡发出的控制信号,完成进给链步进电机的运转,驱动吸气、吹气电磁阀及离合器、制动器、缓冲集堆器挡爪等,实现信函的进给与分离。

(5) 输出模块接口卡(OMIC)和插件板(P.P)

输出模块接口卡是控制和驱动输出集堆器和输出格的标准接口,卡上有10块相同的接口电路,每块电路最多可连接8块格口控制卡。

输出模块口卡同输出模块的机械控制卡相连,又同插件板同格口控制卡相连,它将格口控制卡集的光电管状态、开关状态等到信息传送给机构控制卡,并将机械控制卡的驱动信号送到格口控制卡驱动转辙器及指示灯。

插件板除提供插件的互连外,还提供输出模块光电管系统发光二极管所需的电源。

(6) 格口控制卡(BINCON)

格口控制含有某一格口或集堆器的整个外围设备进行控和驱动电路,如转辙器的驱动、光电管信号放大与采集、微动开关、按钮的状态检测和指示灯的驱动等。格口控制卡水平安装时,接口卡与转辙器一般成一体化结构,其他情况下一般也装在转辙器附近。

2. OVCS 信函分拣机电控系统的实时控制软件

OVCS 信函分拣机是高度自动化的设备,信函的运行速度高达 4 m/s,因此对控制软件的实时性有很高的要求。直接控制信函分拣机运行的控制软件固化在每块机械控制卡的紫外线擦除只读存储器 EPROM 中,各模块的控制程序虽然有所不同,但其基本结构是相似的,下面仅以输入模块程序为例做简单介绍。

信函分拣机软件实际上是一个很大的多重中断系统,光电管遮光的检测、信函的跟踪、转辙器的控制、卡塞的检测、马达的启动和停止、与其他模块的通信和操作面板开关状态改变等任何一种操作都是由相应的中断服务程序来完成的。

开机或按复位键后首先运行初始化程序,在该程序中先将各种变量、标志计数器等设定为初始状态,各个可编程的器件也被设定为适当的状态,外转的控制电路、指示灯和显示器等也都将被初始化。初始化完成后转入主程序,同时打开中断,准备执行控制任务的中断服务程序的中断请求。主程序是一个循环程序,在主程序的循环中不执行任何控制任务,只是将空闲计数器累加以显示处理器空闲的时间。有中断请求时,处理器执行中断服务程序,执行完毕,返回主程序继续执行。

中断的过程由实时时钟信号引起,该实时时钟信号是由一个可编程的内隔定时器芯片产生,时间间隔为 2 秒。

基本的中断程序循环执行任务表程序,该任务表决定了不同定时过程(即控制任务)的调度。各控制任务程序的功能简介如下。

(1) 信函的跟踪与转辙器控制

在信函经过分拣机的过程中,通过很多有顺序排列的光电管来实现跟踪,每一个光电管都对应一个先进先出缓冲器(FIFO),其中包含了信函的各项目及其在当前与下一个光电管之间的位置等相关信息。

当信函到达某一光电管,(即使该光电管遮光时),控制系统检查其经过的时间并将其信息送往下一个光电管的先进先出缓冲器。

当信函到达输入模块的末端时,该信函的有关信息就通过串行通讯口送往输出部分的微处理器。

每隔 2 秒,系统检测每个光电管的状态,并将其存贮在"PHST"中,通过异或运算检测出信函到达光电管和离开光电管的时刻,执行一个专门的处理程序来处理该信函的各项信息。

转辙器的变向是由硬件驱动的。因此,想改变一个转辙器的方向时,必须预先知道转辙器的正确设置,以便在信函到达光电管前有一定的时间驱动转辙器动作,通过查看光电管附属的先进先出缓冲器中的穿越时间定时器,可以确定恰当的时刻,在程序结束时,将"转辙器动作"信息输出到相应地址的输出口,以驱动转辙器转到正确位置。

(2) 与其他处理器的通信

通信分两级结构:

① 逻辑上的发送和接收程序

② 物理上的发送和接收程序

逻辑发送子程序,当需要向其他处理器发送信息时被执行,它只是将要发送的字符或字符块放置到发送缓冲区。

物理发送子程序,每 2 秒检测一下通信控制器,如果通用同步异步接收发送器(USART)内的发送器空,就从缓冲区中取出下一个字节并通过 USART 发到时通信口。

物理接收子程序,当 USART 给 CPU 一个中断信号表明收到一个字节时执行该程序,将该字节放入接收缓冲区。

逻辑接收子程序,当接收缓冲器存在有效数据时(由"信息结束"指示器指示),执行该程序,将数据从缓冲器中取出并处理。

通信协议使用"SCP"(标准通信协议),两台处理器之间的信息交换采用"报文"方式。

(3) 报警控制

该程序负责检测报警状态口,实际的报警状态保存在"ASTF"存储器中。

报警分为硬报警和软报警两类。发生报警时,机器的状态会有相应的变化,如供信停止、马达停止转动及告警显示等,并且机器状态随报警情况不同而不同。

(4) 机器状态控制(仅在输入模块处理器用)

所有软件程序的运行状态,是由机器状态决定的。输入模块的处理器是主处理器,它决定实际的机器状态,每当机器状态发生变化时,该变化被送到各输出模块的处理器。

有关机器状态的信息,显示在 LCD 显示器的最后一行。

(5) 静态卡塞检测

静态卡塞程序检查是否有某一个光电管的遮光时间超过允许的最大时间。发生卡塞时,相应的马达会停止转动,卡塞的位置由 LCD 显示器和红色的卡塞灯来指示。

(6) 马达控制

马达控制程序控制信函分拣机上所有马达的启动和停止。按钮或其他任何程序都不能直接停止或启动马达,它们只能向马达控制程序发出马达停止或马达启动的请求信号,由马达控制程序完成马达的停止或启动。

(7) 格口满控制

该程序控制输入部分的拒识集堆器的满/空状态和输出部分的格口满状态。

(8) 通信检查控制(仅在输入模块处理器用)

作为系统主处理器的输入模块的版器,每隔 500 秒产生一个通信检查请求给相连的所有通道,它有三个目的:①测试处理器之间的通信;②为灯闪烁提供一个同步信号;③给输出模块编号并计算连接的输出模块数。

(9) 闪烁控制

为了使整个信函分拣机(输入部分和输出部分)所有灯的闪烁保持同步,在通讯检查中设置了一个特殊的标志,这个参数指示出某个灯应该亮或不亮。

(10) 光电管检查

一旦马达停止转动,光电管检查使流过光电管 LED 中的电流马上降低,并在这种低电流下检查光电管,以确保在正常电流时光电管的性能,如果发现某一光电管变暗,其号码就被显示在 LCD 显示器上。

(11) 测试程序

测试程序分为两组:功能测试程序(维修时使用)和机器运行测试程序(非维修时使用)。

6.5 信函理信机功能与结构

信函分拣是信函处理的主要内容,在分拣处理环节前后还有许多处理环节,用到了多种设备,如用于信函分拣预处理的理信机和用于信函分拣后的信盒传输机等。信盒传输机是实现信盒的路向传输,和包裹分拣机章节内容相近,其相关知识参见"包裹分拣机"。本节主要阐述理信机知识。

6.5.1 信函理信机的功能

为了使信函分拣机能够高效识读地址信息,需要对杂乱信函进行整理,即实现以信封正面左上角的红框和框内邮政编码为识别标记,将信函整理成顺面顺向并自动剔除不能上机处理的过程。完成这个过程的设备称为理信机。

理信机的功能是将不适合信函分拣机处理的信(过大、过小、过厚、过硬及夹有异物的信)剔出,将可上机处理的信理成顺头顺面的整齐信件。在理信标记中,也有以贴在信封正面右上角的印有荧光条、磷光条或色框的邮票为理信依据,同时自动盖销邮票并按邮资分类的理信机。

中国是以信封左上方的红框为理信标记,称为红框理信机。红框理信机能够同时分出有框有码(指红框中写了邮政编码)信、有框无码信和无框(用非标信封、无红框)信。经过理信机有框有码的信送分拣设备用机器分拣,其余两类送人工处理。

6.5.2 理信机的基本组成

理信机主要由供信传送、非标剔除、红框检测、顺面顺向和集堆格口及系统控制等组成,如图 6-10 所示。

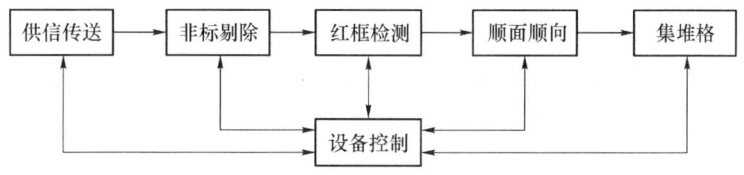

图 6-10 信机设备组成

红框理信机结构如图 6-11 所示。

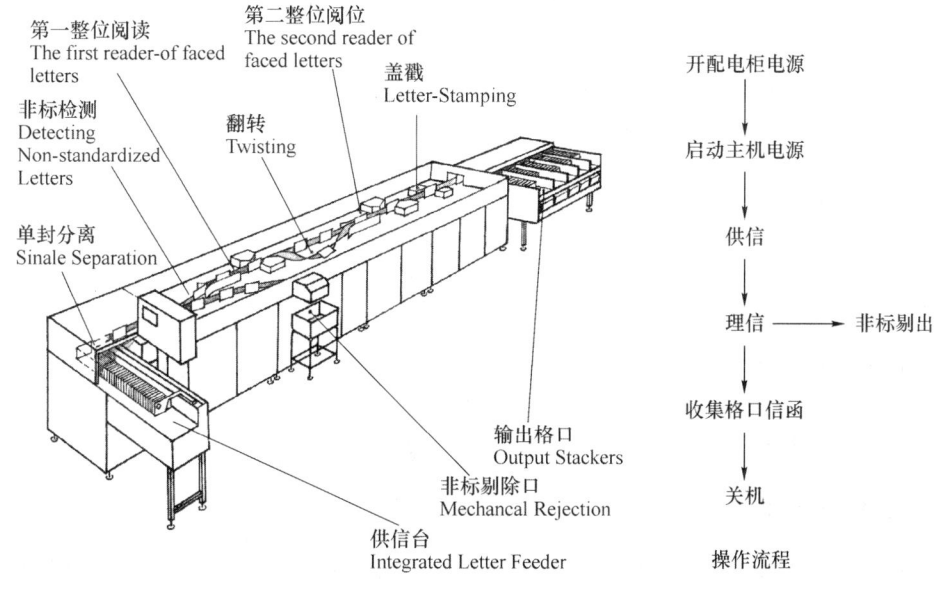

图 6-11 红框理信机结构

早期理信机和分拣机都是单独工作,理信是分拣的预处理环节,之后交给分拣机分拣。现在设备发展为理信分拣合一,即理分合一信函分拣机。

理分合一信函分拣机集成了理信功能和分拣功能整体简化信函处理系统,而功能更强大,效率更高,性价比也更高。

6.6 信函分拣设备的使用

6.6.1 设备运行要求

1. 设备运行环境要求

(1) 电源

380V±10%　AC 三相

220V±10%　AC 单相

50Hz±2Hz

安全保护接地电阻小于 4 欧姆

(2) 温度

+5～+40℃

(3) 相对湿度

40%～90%(部分系统要求湿度 95%时无凝露)

注:在温度低于 15℃的环境下,第一次启动系统时,设备从通电到进入操作运行需要10～15 分钟的预热,防止设备因环境而形成结露。

2. 设备处理信件规格要求

(1) 可供设备处理信件的尺寸规格

——长:135～240 mm;

——宽:90～130 mm(普通信件);102～160 mm(7 号信封);

——长宽比:1.4 < 信件长宽比 < 2.67

——厚　度:0.16～5.00 mm(信函),0.14～0.35 mm(明信片);

——重　量:5.0～50 g(信函),1.8～18 g(明信片)。

(2) 不能供设备处理信件的特征

——尺寸规格不符合设备处理要求;

——特殊外形;

——内有硬物;

——可能导致其他信件污损;

——可能导致设备损坏;

——信件可能会在分拣处理过程中出现破损;

——可能导致操作人员受伤。

6.6.2 安全控制装置

为保证操作人员的安全,设备上设有紧急停机按钮和安全连锁开关,可以即时停止设备运转。

1. 紧急停机按钮

只要按下模块组合控制面板和相应机器盖板上(或紧急停机按钮单元)的所有蘑菇形紧急停机按钮中任意一个时,整台设备的驱动装置就会立即停止并断电,驱动电机停止运转,而电子装置则不会断电。

当排查紧急停机原因后,应将该按钮拉起复位,然后按下亮起指示灯的"开机"按钮启动设备。

每一个紧急停机按钮旁都有一个相应的红色指示灯,用于显示所指定的紧急停机按钮和相对应的安全连锁开关(盖/门打开)的状态。当紧急停机按钮被按下,或相应模块未取消连锁的盖/门被打开时,该红色指示灯会稳定亮起,直至紧急停机按钮复位、盖/门被重新关好为止。

2. 安全连锁开关

设备不带锁的盖/门均有安全连锁开关,当盖/门被打开而相应模块并未取消连锁时,整台设备的驱动装置就会立即停止并断电,驱动电机停止运转,以保证设备运行部件不会对人身造成伤害,而电子装置则不会断电。当打开的盖/门被重新关好后,可按下亮起指示灯的"开机"按钮启动设备。

3. "电源关"按钮

按此按钮可将设备电源立即关闭(不包括系统控制柜),所有指示灯熄灭。此时设备电源并未完全切断,若要彻底切断整台设备的电源,必须在低压配电柜处关闭整机电源。

6.6.3 安全注意事项

① 设备运行部件可能会造成人身伤害,请勿将手伸入运行的设备内。

② 禁止触摸打开外壳的电气元件,操作人员不可以使用打开电气元件外壳的设备。

③ 设备或设备周围发生火灾时应用二氧化碳灭火器或 1211 灭火器扑灭,禁止使用水或泡沫灭火器;用水或泡沫灭火器灭火会有触电危险,并且会导致短路和损坏敏感的设备部件。

④ 维护人员必须经过安全及操作培训。

⑤ 在设备旁工作时禁止穿戴可能会被卷进设备内的衣服或装饰品(宽松的衣服、项链、手链、领带、围巾之类的下垂物等),包括禁止穿戴手套操作设备;建议穿稳当的鞋(如运动鞋、平底鞋),以防绊倒时碰到运行的设备部件。

⑥ 长发应该扎好放到发套内,或者将长发盘起戴上发网、帽子,以防长发卷入运行的设备部件内。

⑦ 如遇到危险,按下最接近的紧急停机按钮或紧急断电按钮,并立即向主管人员和维护人员报告事故情况。

⑧ 注意:停机或关机后,某些设备部件仍可能带电!

⑨ 禁止将任何杂物放在柜门、盖板、控制面板等操作元件上,严禁将液体放在设备上。

⑩ 无论什么原因停机,均要确认已排除故障后才能重新启动设备。

6.6.4 机器的一些主要技术性能指标

(1) 分拣速度

OCR 的处理速度为 12 封/秒。对于短而轻的信函,最大分拣速度为每小时 43 000 封,实际速度为每小时 3 500 封。

(2) OCR 识别率

对于实际信函,OCR 的识别率不小于 70%。

(3) OCR 误识率

通常状态下,OCR 误识率不大于 1%。

(4) OVCS 处理率

对于实际信函,OVCS 处理率不低于 95%。

(5) 出双率

出双率小于 0.1%。

(6) 处理的信函尺寸范围(mm)见"可供设备处理信件的尺寸规格"部分。

(7) 机器中信函的容量

——输入供信器:最大 1 500 mm;

——集堆器:最大 540 mm;

——格口:最大 150 mm。

6.6.5 OVCS 信函分拣机的操作步骤

1. 机器操作面板的使用

在机器的输入模块,有一块操作面板,如图 6-12 所示,面板上各键的位置及功能如下。

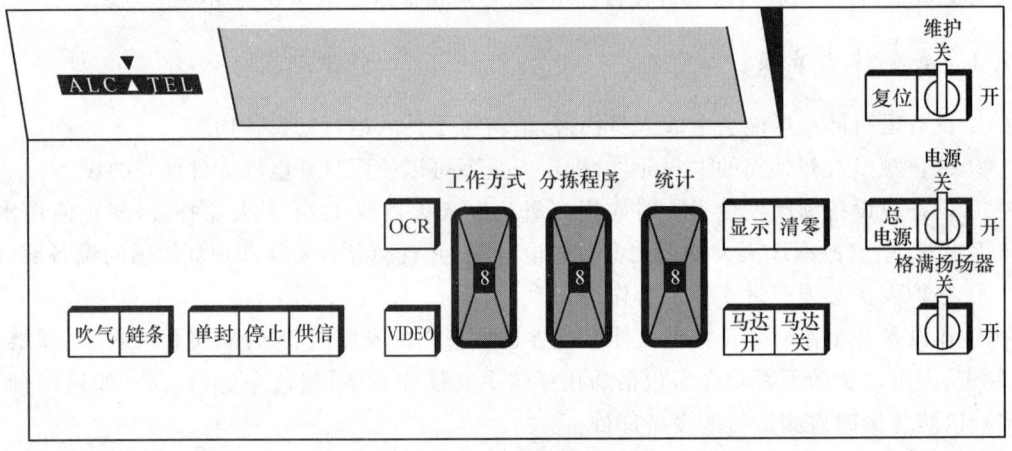

图 6-12 机器操作面板

总电源:黄色指示灯,当系统总电源接通时灯亮。

电源开关键:弹性型键,用于机器电源开启与关闭。

复位按钮:白色的自动还原带盖按钮,按下此按钮,机器的所有电路复位。

维护开关键:弹性型键,位于开位置时,马达立即停止,转向专门的测试程序。

马达开键:白色自动还原带灯按钮,用于启动马达,当马达运转时灯亮。

马达关键:红色自动还原带灯按钮,用于关闭马达,当马达停止时灯灭,位于开位置时,可进显示按钮:白色的自动还原钮,选择的统计数被显示在 VFD 上 10 秒钟。

清零按钮:白色的自动还原带盖按钮,按下此开关,所有的统计数置零(只对 VFD 统计数)。

工作方式选择开关:16 个位置拨盘开关,对不同种类的信函,选择不同的机器功能。

分拣程序选开关：16 个位置拨盘开关，当维护开关键位于"关"时，选择 0～10 为用户自己编定的分拣程序，11～15 为机器的测试程序。当维护开关位于"开"时，全部为测试程序。

统计：16 个位置开关，从可能得到的统计表选择某一项目。

带灯 OCR 按钮：白色自锁按钮，按下此按钮，灯亮，系统设置为 OCR 模式。

带灯 VIDEO 按钮：白色自锁按钮，按下此按钮，系统设置为 VIDEO 模式，当 OCR 和 VIDEO 两个按钮同时按下时，即为 OVCS 模式，若均不按下，则为 OBR 模式。

带灯连续供信按钮：绿色还原按钮，按下此按钮后，灯亮，连续供信开始。带灯停止供信按钮：红色还原按钮，按下此按钮后，灯亮，供信停止。

带灯单封供信按钮：绿色还原按钮，按下此按钮后，单封供信开始。

带灯链条按钮：白色自锁按钮，按下此按钮后，灯灭，供信链条停止前进。

带灯吹气按钮：白色自锁按钮，按下此按钮后，灯灭，在单封分离装置中，二封信函之间无空气，如果有空气，灯亮。

2. 开机操作步骤

（1）检查配电箱的电源指示是否正常，电压指示应在 380V±10% 范围内。

（2）打开电控柜中的电源开关，系统自动启动，系统启动分三个部分：

——文件服务器启动：可观察文件服务器上硬盘指示灯在闪烁，此过程需要 2～3 分钟，此时视屏台正试图与文件服务器通讯，屏幕上显示"ERROR FIND FILE SERVER"。

——视屏台和管理机启动。

——总线机箱启动。

如若上述三部分任一部分启动不成功，可按机箱上的 RESET 按钮，再次启动。

（3）在主机的操作面板上，设置相应的工作模式及分拣方案。

（4）将主机下方的电源开关从"扳到 1"，然后，将操作面板上的电源开关钥匙从"关"扳到"开"。一分钟左右，主机启动。

（5）机器正常启动后，管理机自动进入实时视频监控状态。

① 分拣机状态

操作：机器正在分拣，正常

等待：机器空闲，正常

告警：机器发生故障，停止工作

维护：机器正在维护

启动：机器马达正在启动

② 视屏台使用

当机器开启后，视屏台自动进入等待状态，屏幕提示键入操作员工号，以后机器根据目前分拣方案，显示视屏台的实时工作模式，操作员既可进入工作状态，根据屏幕显示信息，键入相应数字，以确认键为结束，接着屏幕将显示下一组信息。

③ 视屏台功能键作用

按退出键，则显示本视屏台实时工作统计，包括本操作员键入数、正确键入数、非正确键入数、重复键入数、模糊字样计数和通讯出错计数、再按退出键、则退出。

思 考 题

1. 实现信函自动分拣的前提条件是什么?
2. 信函自动分拣主要包括哪些技术?目前在邮件分拣中主要应用哪种识别技术?
3. 简述 OVCS 分拣机的组成模块;简述各模块的工作原理。
4. 简述在信函分拣中,OBR 识别、OCR 识别及 OBR+OCR 混合识别流程之间的区别。
5. 信函分拣设备运行要求有哪些方面?
6. 简述设备操作的安全注意事项。
7. 分别从设备使用维护和管理角度对本章进行小结。

第 7 章　包件分拣设备

20 世纪 90 年代,随着经济的发展,邮件量逐年增加。特别是近几年中国引领的电商爆发式增长,彻底改变了世界范围内的商品销售模式,也给快递的迅猛发展带来了难得的发展机遇。中国快递业总量已超过美国、日本、欧盟的总和,占世界 40% 以上的市场份额。

面对日益增长的快递量,人工分拣已经是力不从心。包件自动分拣系统正在逐步取代人工分拣,实现自动分类、分拣,因其分拣技术具有效率高、出错率低等特点,分拣技术设备正在迅速普及应用。

在各类邮件的处理中,信函、包裹和大件印刷品已经基本通过采用自动分拣机实现了邮件处理的自动化作业。随着激光扫描、条码及计算机控制技术的发展,在邮政企业,自动信函分拣机及自动包裹分拣机的分拣效率越来越高。

7.1　包件分拣设备概述

7.1.1　包件分拣

为了便于现代化的邮件生产处理,许多国家实施了邮政中心局体制,即在一定的区域内,设置邮件处理中心。邮件处理中心完成对邮件的集中分拣、处理。其中有出口邮件,也有进口邮件。进口邮件需要分拣到不同的街道段,直至用户。出口邮件是汇聚的到不同地方的邮件,这些邮件要运往不同地方,为了便于快速把统一地域的邮件进行运输,就要按照地址信息分类,再把同地址的包件搬上同一辆车发往寄递地址,比如:上海市邮政的邮件有到北京、广东、重庆和江苏的,那么他们就要把邮件分开,然后送到相应的地方去。

邮政人员把汇集起来的需要寄往不同地域的包件,按品种、地域分拣归类,以便集中分地域运输、投递的过程称为包件分拣。通过专门设计的自动化分拣设备系统来完成分拣作业,我们称之为自动分拣。

7.1.2　包件分拣设备发展历程

自动分拣系统(Automated Sorting System)是第二次世界大战后在美国、日本以及欧洲的大中型物流中心广泛采用的一种分拣系统,参照邮局分拣信件自动化的经验配置而成。一般由控制装置、分类装置、输送装置及分拣道口四部分组成,它们通过计算机网络联结在一起,配合人工控制及相应的人工处理环节构成一个完整的分拣系统。

中国分拣技术在 20 世纪 90 年代后期得到较广泛应用。进入 21 世纪,在互联网技术发展的带动下,电子商务迅猛发展,几乎覆盖了国民经济的各个方面。尤其是以淘宝、阿里巴巴、京东、苏宁、唯品会为代表的电商龙头企业的发展,大大促进了物流业的迅猛发展,促进了分拣系统的蓬勃发展,也极大地促进了分拣系统的供应商:伯曼、范德兰德、INTERROLL、VARRIT、金蜂馥和德马等企业的发展。

分拣设备(系统)大致经历了四个发展阶段:人工分拣、机械分拣、自动分拣和智能分拣。

最初的分拣系统是完全基于人力的作业系统,通过人工搜索、搬运货物来完成货物的提取、拣选。在这种系统中,分拣作业基本是基于人工识读书面文件的地址、人工搬运的方式来完成,这浪费了巨大的人力物力,作业效率低下,显然无法满足现代化寄递对速度和准确性的高要求。

机械式分拣是采用机械作为辅助手段,在书面文件的支持下完成人工的查找工作,通过辅助式机械搬运完成分拣工作,以减少人工搬运的劳动强度,同时加快分拣速度。

随着科学技术的发展,分拣系统中开始运用各种各样的自动化机电设备,计算机控制技术和信息技术成为信息传递和处理的重要手段。虽然在多数分拣系统中,某些作业环节还需要有人工参与,但作业强度已越来越小,完全由机电完成分拣作业的自动分拣系统也应运而生。

目前,自动分拣逐渐成为主流,已经实现从包件进入分拣系统送到指定的分配位置为止,都是按照人们的指令自动分拣。

随着人工智能的发展,智能化分拣成为现代分拣系统的主要发展方向。智能化分拣系统使得分拣系统更简洁高效,同时节约大量场地及基础建设费用。其主要特点有:能连续、大批量地分拣货物,分拣误差率极低和分拣作业基本实现无人化。自动分拣系统中人员的使用仅限于进货时的接货、系统的控制、系统的经营和管理与维护等,这恰好适应了工业化企业减少人员使用、减轻员工劳动强度和提高人员使用效率的要求,因此受到了广泛重视。

现代化的分拣系统逐渐成为物流机械化、自动化、智能化系统、信息系统以及管理组织系统的有机组合。物流机械化系统主要是各种物流设备的有效组合和配置;信息系统是分拣信息和控制信息等流动的载体;管理组织系统负责设备、人员的调度;控制系统负责总体的运作模式。

7.1.3 包件分拣机系统构成

为了实现自动分拣的目标,自动化分拣系统一般由供件系统、分拣系统、落包系统和控制系统四个部分组成,包件分拣机系统图如图7-1所示。在控制系统的协调下,实现物件从供件系统进入分拣系统进行分拣,最后由落包系统完成物件的物理位置的分类,从而达到物件分拣的目的。

(1) 供件系统

供件系统是为了实现分拣系统高效、准确处理,它保证等待分拣的物品在各种物理参数的自动测量过程中,通过信息的识别和处理,准确地送入高速移动的分拣主机中。由于供件系统的处理能力往往低于分拣主机,所以一般要配备一定数量的高速自动供件系统,以保证供件系统和分拣系统的匹配。

(2) 分拣系统

分拣系统是整个系统的核心,是实现分拣的主要执行系统。它的目的就是使具有各种不

第 7 章 包件分拣设备

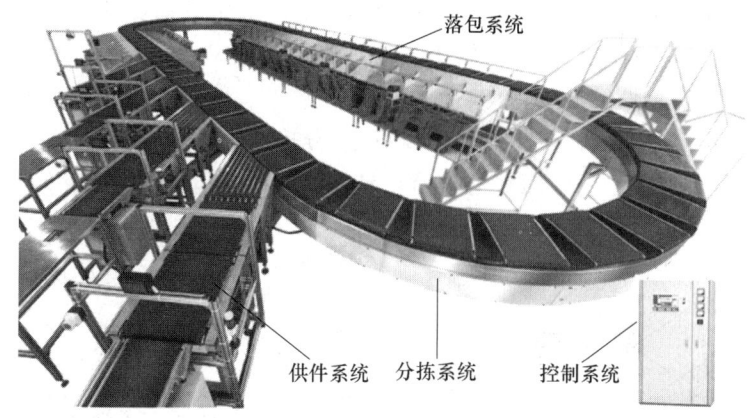

图 7-1 包件分拣机系统图

同附载信息的包件在一定逻辑关系基础上实现包件的分配与传输。

(3) 落包系统

落包系统是分拣处理的末端设备,它的目的是为分拣处理后的包件提供暂时的存放位置,并实现一定的管理功能。

(4) 控制系统

控制系统是整个分拣系统的大脑,它的作用不仅是将系统中的各个功能模块有机结合在一起协调工作,而且更重要的是控制系统中的通信与上层管理系统进行数据交换,以便分拣系统成为整个生产处理系统不可分割的一部分。

7.1.4 包件分拣机类型

随着寄递业务的发展,自动分拣设备也在不断演变发展,设计开发了多种包件分拣机。其结构和性能也不断从简单到复杂、从低速到高速、从机械化到自动化、从自动化到智能化的方向演变发展。

按照落包的形式分,分拣系统主要有:输送线直推式分拣机、斜导轮式分拣机、摆臂式分拣机、滑块式分拣机、翻盘(板)式分拣机、交叉带式分拣机和智能机器人式分拣机。

7.2 输送线直推式分拣机

输送线直推式分拣机是用于对包件输送、存储、分路和分拣的设备,按处理包件流程需要,可以布置成水平形式,也可以和提升机联合使用构成立体仓库。

输送线直推式分拣机由滚筒输送机、推送器和支线输送机(或落格格口)三部分组成,如图 7-2 所示。包件到达指定支线或格口时,自动控制系统给出指令,对应的直推机构开始动作,把包件推入对应的支线或格口,完成分拣流程。

输送线可以是皮带输送机或滚筒输送机,负责传输包件到指定的位置,分拣机落(包)格处的一段输送机(一段皮带或一组滚筒,与货物宽度或长度相当)可单独驱动,给予独立的动力,由计算机控制其转动或停止,以便临时存放包件落(包)格或把货物推入支线。包件输送过程中在需要积放、分路的位置均设置光电传感器进行检测。当包件输送到需分路的位置时,光电传感器给出检测信号,由计算机控制货物下面的滚筒停止转动,并控制推进器开始动作,将包件推入相应支路,实现包件的分拣工作。

优点:系统结构简单,运行可靠,维护工作量小,分拣准确,效率较高。

缺点:只适用于包装良好、底面平整的箱装包件,当效率高时对包件有一定的冲击。

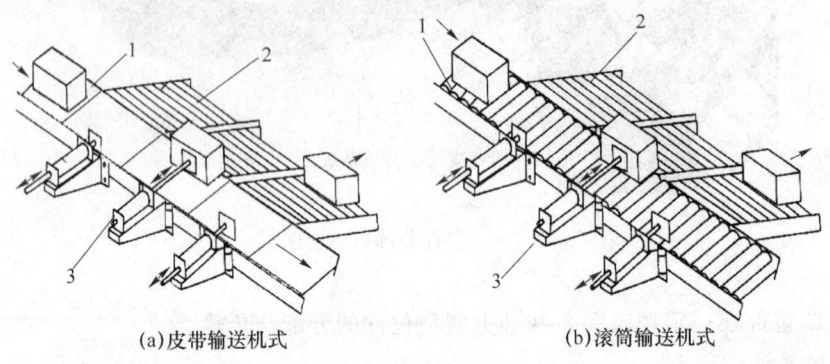

(a)皮带输送机式　　　　　　(b)滚筒输送机式

1—输送线;2—支线或格口;3—推送器

图 7-2　输送线直推式分拣机

7.3　斜导轮式分拣机

斜导轮式分拣机是分拣系统常用的一种分拣机形式。其特点是导轮除能沿输送线方向滚动外,每组滚轮还可以在水平方向旋转一定角度,使包件改变运动方向,以便包件进入直线输送线或落入格口,如图 7-3 所示。

图 7-3　斜导轮式分拣机结构图

7.3.1　斜导轮式分拣机结构

斜导轮式分拣机由水平旋转一定角度的无动力轮组、同步转向控制器、传动装置和机架等组成,如图 7-4 所示。运行时依据管理系统下发的指令及信息识别,转向控制器改变输送滚轮的运行方向,将包件移送至分流输送机上。输送滚轮面一般采用外包覆聚氨酯 O 型圈,转向分拣时可有效避免对输送包件表面的损伤。

图 7-4 斜导轮机构结构图

7.3.2 斜导轮式分拣机分拣过程

包件在输送线上到达指定格口或支线位置时,控制系统给出导轮机构指令,导轮机构使导轮在水平方向摆动一定角度,以改变包件的运动方向,使包件进入支线输送线或落入指定格口。其中,包件导向桶起到辅助导向功能。

7.3.3 斜导轮式分拣机特点

(1) 斜导轮式分拣机优点

斜导轮式分拣机结构简单,价格低廉,适合几乎所有底面平整的包件分拣,如纸箱、托盘、扁平件的分拣。其分拣动作柔和,对分拣物品的冲击小,不会伤损分拣物,适用于水果、电子产品、玻璃陶瓷等易损物品的分拣。

(2) 斜导轮式分拣机缺点

由于导向轮的密度不可能做太密,所以软包装物体在导向轮上的滚动输送摩擦力较大,不宜分拣软包件。

7.4 摆臂式分拣机

摆臂式分拣机是分拣作业中常用的分拣设备,其结构简单,易于加工制作,安装布置灵活,在早期的分拣作业中应用较为广泛。

7.4.1 摆臂式分拣机结构

摆臂式分拣机由输送线、摆臂、摆臂机构、支输送线和控制系统组成,如图 7-5 所示。输送线负责物品的输送,摆臂机构实现摆臂的转动,以引导物品进入支线或落入格口,根据物品到达目的地的不同,控制摆臂的摆动。

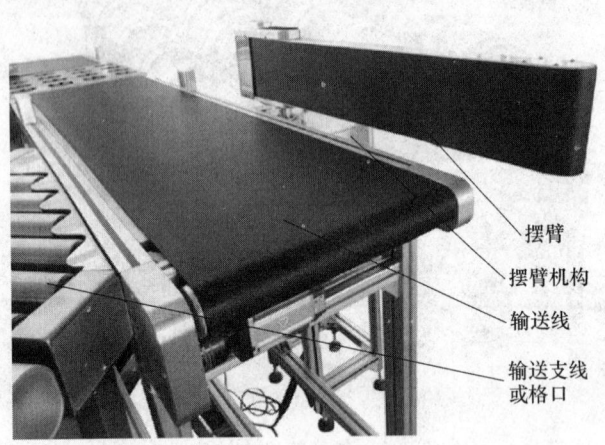

图 7-5　摆臂式分拣机结构图

7.4.2 摆臂式分拣机分拣过程

摆臂式分拣机是利用一个摆臂(挡板)挡住在输送机上向前移动的包件,当包件到达分拣格口时,摇臂转动,包件沿摇臂杆斜面滑向指定的支线或格口。如果包件不需要移入支线或落格时,摆臂处于主输送机一侧,可让包件继续前移。摆臂式分拣机原理如图 7-6 所示。

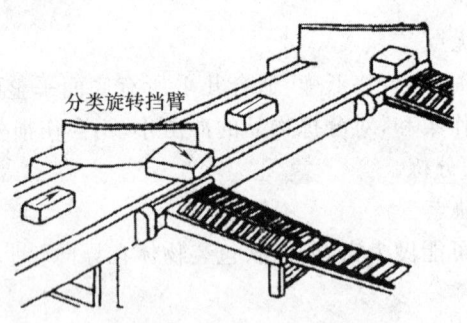

图 7-6　摆臂式分拣机原理图

7.4.3 摆臂式分拣机特点

(1) 摆臂式分拣机优点

摆臂式分拣机结构简单,制造成本低;运行可靠,维护工作量很小,可长时间连续作业;可实现精准分拣作业,错误率极低;包件适应范围较广,可分拣多种包装形式的包件。

(2) 摆臂式分拣机缺点

与交叉带式分拣机相比效率较低,当分拣速度较快时,对包件有一定的冲击。每小时分拣 3 000~5 000 件,与先进的分拣机相比,分拣效率较低。

7.5 滑块式分拣机

滑块式分拣机也是一种特殊形式的条板输送机,如图 7-7 所示。输送机的表面由金属条板或管子构成,如竹席状,而在每个条板或管子上有一枚用硬质材料制成的导向滑块,能沿条板作横向滑动。其分拣速度较快,可达 6 000 件/小时。

图 7-7 滑块式分拣机

7.5.1 滑块式分拣机结构

滑块式分拣机由链条带动的输送链板、滑块、滑块道岔机构和控制系统组成。各组成部件在控制系统的控制下完成包件的分拣工作。

(1) 输送链板

链板的两端固定在链条上,两根链条同步水平移动,带动包件前行。链板由高强度合金制成,起到支撑、输送货物的作用。滑块式分拣机链板结构如图 7-8 所示。

(2) 滑块

滑块套装在链板上,可以自由地在链板上滑动,滑块一般由高分子材料模注而成,滑块与链板间的摩擦力越小越好。滑块如图 7-9 黑色部分所示。

(3) 滑块道岔机构

滑块道岔机构完成滑块的改向工作,起到扳道岔的作用,使滑块改向进入斜向运动轨道。滑块道岔机构由可旋转一定角度的导槽和斜向导快组成,有气缸带动旋转导槽完成换向工作。如图 7-10 所示。

(4) 控制系统

控制系统一般由本地控制盒(多个)、驱动控制面板(用于控制电机及变频器)、驱动端和张

图 7-8　滑块式分拣机链板结构图

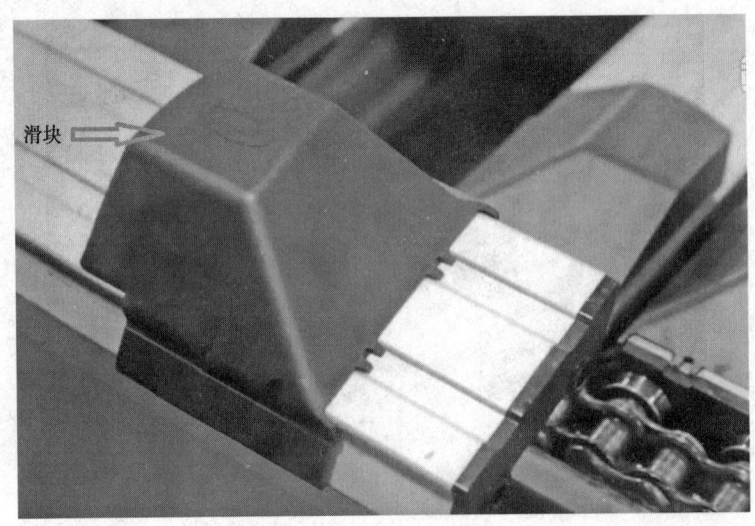

图 7-9　链板滑块结构图

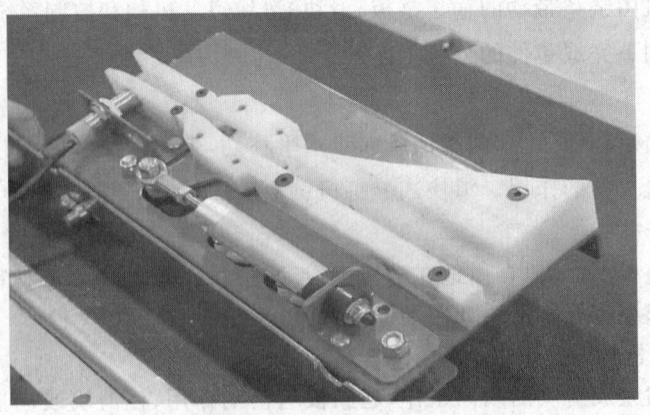

图 7-10　滑块道岔结构图

紧端的连线盒,以及换向拨叉机构开关控制盒构成。另外,为保证安全与方便故障处理,分拣机通常还配多种传感器,如滑块脱落传感器、链条断裂传感器、链条松弛传感器等。

7.5.2 滑块式分拣机工作过程

平时滑块停止在输送机的侧边,滑块的下部有销子与条板下导向杆联结,导向杆在滑槽内移动,通过计算机控制,当被分拣的包件到达指定道口时,控制器拨动道岔滑槽旋转一定角度,引导导向滑块有序地自动向输送机对面一侧滑动,把包件推入分拣道口,包件被引出主输送机。

滑块式分拣机最主要的结构就是滑块的斜向运动,由此来完成包件的分拣工作。滑块运动如图7-11所示。

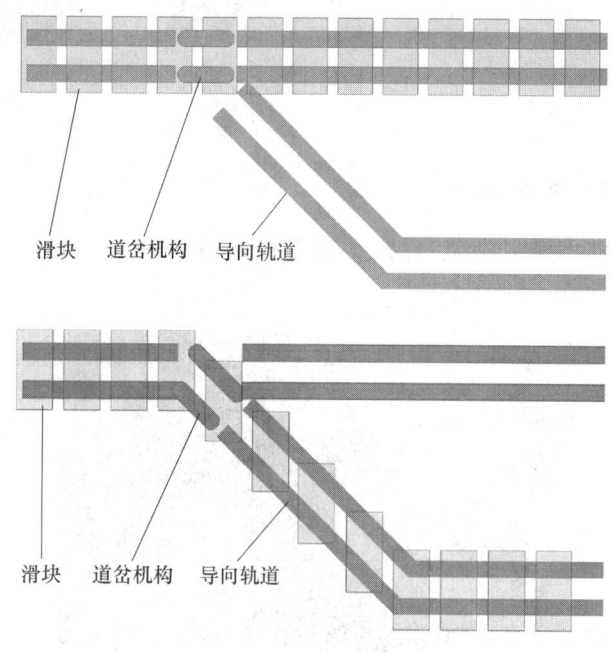

图 7-11 滑块运动示意图

7.5.3 滑块式分拣机特点

(1) 优点

滑块将货物侧向逐渐推出,并不冲击包件,故包件不容易被损伤;它对分拣包件的形状和大小适用范围较广,适宜各种包装形式的包件;分拣速度较快,工作效率高,能耗较低;设备结构简单,制造成本较低。

(2) 缺点

相对于交叉带式分拣机,滑块式分拣机分拣速度较低。

7.6 翻转托盘式分拣机

翻转盘式分拣机是常用的分拣自动化装备之一,应用也较为广泛,特别是欧洲国家使用较为普遍。如图7-12所示。

图 7-12 翻转托盘式分拣机

7.6.1 翻转托盘式分拣机结构

翻转托盘式分拣机主要由供包台、链式托盘输送线、托盘小车和格口组成。如图 7-13 所示。

图 7-13 翻转托盘式分拣机结构图

(1) 供包台

供包台机构是翻转托盘式分拣机的重要组成部分,它实现把待处理包件送上分拣机的翻转托盘上。供包台机构是一组皮带机,一般由多级皮带机组成。常见组成有编码皮带输送机、同步皮带输送机、称重皮带输送机、加速皮带输送机和附加输送机等。

(2) 输送线

平托盘包件分拣机采用直线或环形结构布置,以链式驱动方式为主。按动力源的多少有单动力源驱动和多动力源驱动之分。多动力源驱动是在牵引构件闭合线路上,装设若干组能协调工作的独立动力源机组。它能较大地降低牵引的总张力,从而使牵引链的尺寸减小。多动力源驱动必须处理好多机驱动的协同工作问题,对控制系统要求比较高。如今在分拣机的周长较长时,多采用多动力源驱动的方式。但采用单动力源驱动的分拣机比较常见。

从驱动结构上分,驱动方式又分为链轮直接驱动方式和大链轮驱动方式。

链轮直接驱动方式由电机通过减速箱直接驱动链式输送机的主动链轮,从而带动牵引链条运动。通常用于传输线路不太长的直线或环形分拣机的驱动。因链轮式安置在线路的转弯处,故又称为角驱动。由于受链传动多边形效应的影响,必然导致运动的不平稳,噪声大。所以分拣机的运行速度受影响,一般在 0.3 米/秒左右。

大链轮驱动方式也属于角驱动方式,不同之处在于采用的驱动链轮比直接驱动中的链轮的直径大得多。因为增大链轮的直径、增加链轮齿数和减少链条节距,能有效地抑制多边形效应,降低噪声,使传动平稳,实现高速分拣。大链轮直径一般为 1～2 米,有的直径甚至达到 5 米。

(3) 翻转托盘

这种分拣机是由一系列的盘子组成,盘子为铰接式结构,向左或向右倾斜。翻转托盘一般固定在环形连续输送线上。翻转托盘小车如图 7-14 所示。平托盘主要由承载部分和倾翻装置组成,它们是托盘分拣机的重要部件。平托盘是靠倾翻装置卸包的,倾翻装置的性能直接影响包件分拣机的效率和质量。平托盘的结构和倾翻原理如图 7-14 所示。

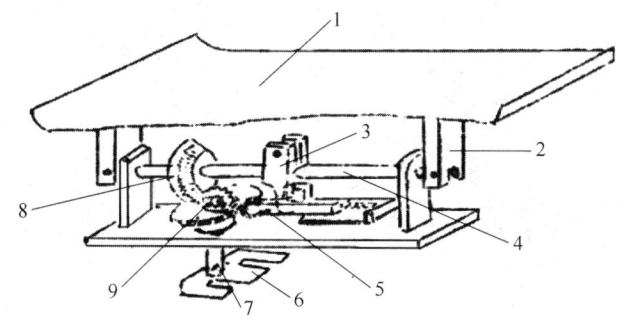

1—托盘;2—托盘支架;3—定位盘;4—水平旋转轴;5—定位滑杆;6—拨板;7—垂直旋转轴;8—圆锥齿轮;9—定位凸轮

图 7-14 翻转托盘小车

7.6.2 翻盘式分拣机工作原理

分拣包件由供包台供入分拣系统的翻盘中,装载包件的盘子到达指定位置时,盘子倾斜,将包件翻到旁边的滑道中,为减轻包件倾倒时的冲击力,有的分拣机能控制包件以抛物线轨迹倾倒出邮件。

7.6.3 翻转盘式分拣机特点

(1) 翻转盘式分拣机优点

对包件的形状大小适应性较强,以不超出盘子为限。其占地面积较小,又由于是水平循环,使用时可以分成数段,每段设一个分拣信号输入装置,以便物品输入,而分拣排出的物品在同一滑道排出,这样就可提高分拣效率。

(2) 翻转盘式分拣机缺点

翻转托盘供包困难,供包位置不稳、落格时间较长。受托盘翻转力大小的限制,包件不能太重,为了落格的准确性,格口宽度需要做得很大。

7.7 交叉带式分拣机

交叉带式分拣机是由翻盘式分拣机演变而来,其特点是取消了传统的盘面倾翻利用重力卸落包件的结构,而在车体上设置了一条可以双向运转的短传送带(又称交叉带),用来承接从供包机来的包件,由链牵引运行到相应的格口,再由交叉带运转,将包件强制卸落到左侧或右侧的格口中。

交叉带式分拣机一般布置成环形结构,带有双向格口。分拣机由连续的托架链(分成组)所组成,每个托架支持一个承载小车。每个小车均可接受从供件台送来的一个包件,将其分拣并输送至所分配的终点格口。每组托架链中有一个托架由驱动电机带动。托架安装在铝制单轨模块上。一个模块化的支撑框架用于容纳电缆槽和电气线槽,以便传送电源和信号。指令和信息通过沿电源线槽所铺设的串行线传送。交叉带式分拣机由驱动装置、水平轨道、牵引链、交叉带小车、供包台、作业台、格口和控制系统组成。如图 7-15 所示。

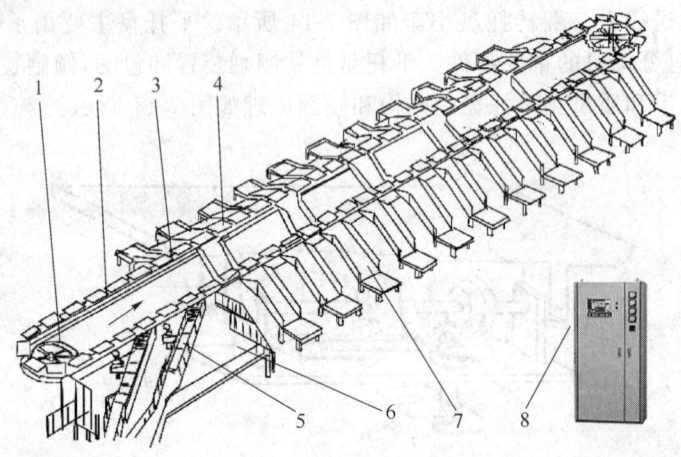

1—驱动装置;2—水平轨道;3—牵引链;4—交叉带小车;5—供包台;6—作业台;7—格口;8—控制系统

图 7-15　交叉带式分拣机

近年来,快包、特快等业务发展较快,邮件处理量逐年增加,分拣机存在着设备瞬时处理能力不足的问题。双层包件分拣机在提高邮件瞬时处理能力、加快邮件处理速度方面作用明显。

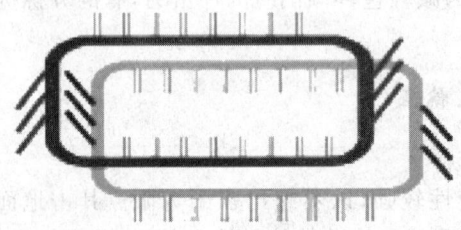

图 7-16　双层包件分拣机布局结构

双层分拣机上层和下层多以环形重叠布置,上层和下层的承载单元在一条封闭轨道上连续运行,上下层轨道螺旋连接。

双层分拣机适用于场地较大、相同格口数量时占地面积减少,处理效率较单层分拣机提高一倍。

7.7.1　供包台

供包台是一组皮带机,由编码皮带输送机、同步皮带输送机、称重皮带输送机、加速皮带输送机和附加输送机等组成。如图 7-18 所示。

图 7-17 双层包件分拣机实例

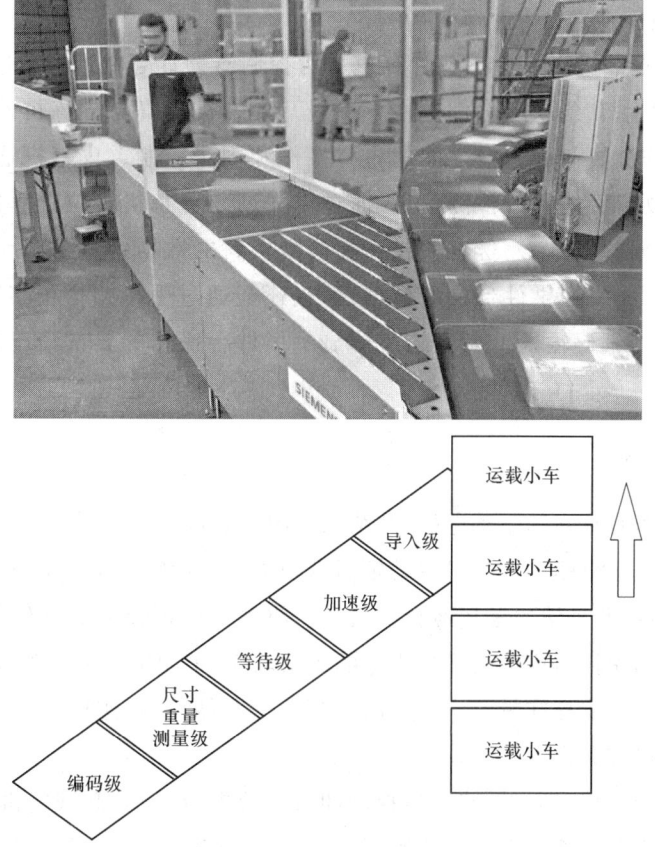

图 7-18 供包台图

(1) 编码皮带输送机

编码皮带输送机配有一个木制的V形导向板,帮助操作员将包件定位。此皮带输送机配备光电管,一个安装在皮带的尽头,另一个安装在V形板侧旁。

(2) 同步皮带输送机

同步皮带输送机对每个包件都执行停止/再起动操作,使其与所分配的小车同步。此皮带输送机配有体积与形状测量器,对装载到供件台上的每个包件的体积和形状进行检测。测量器所收集的信息被送往控制系统,以便对卸入每个格口的邮件尺寸进行评估。此测量器的功能还在于确定包件在皮带上的实际位置,以确保将其准确地放置于分拣机的小车上,并检测每个包件的底部尺寸和检查方向是否正确。

(3) 称重皮带输送机

称重皮带输送机配备自动称重系统,以便计算送至分拣机的每件包件的重量。磅秤所收集到的信息将被传至控制系统,用于计算卸入每个格口的邮件重量。使用压力传感技术的磅秤安装在皮带下面,可显示小数点后两位的包件重量。称重的范围可根据实际需要及机器性能进行设置。该皮带始终以常速运行,以便正确测量每件包件的重量。

(4) 加速皮带输送机

加速皮带输送机将包件从供件线装载到分拣机小车上,并保证供件速度与交叉皮带小车速度同步,把每个包件准确送上小车。

供包台的这组皮带机由一台工业计算机作为控制器。计算机通过数字与模拟I/O通道控制各个皮带机,将附有条码的包件送往分拣机。皮带机负责与分拣机的工业控制计算机的I/O通信,实现分拣机与供包台之间的告警操作和同步控制。皮带机通过串行接口与体积扫描器通讯,接收包件体积的检测信息;通过以太网与分拣机上位计算机直接通讯,接收正在执行的分拣计划的指令、发送有关包件和诊断资料的数据;与监控计算机连接,实现接收供包台的控制指令、发送供件台诊断数据;而且还能通过手持扫描枪实现条码数据输入,通过小键盘实现手工编码输入。而且它还能显示供件台操作的异常情况,以便维护人员进行维护。

7.7.2 交叉带小车

每个交叉带小车有独立的驱动电机,其结构如图7-19(a)(b)所示。

驱动电机通过齿型带驱动皮带机主动辊筒带动皮带机运转。驱动电机与传动轴承靠齿轮皮带连接,轴承连接的驱动滚轮紧压运行的轨道。驱动电机是交叉带小车在轨道运行的唯一动力。压轮与轨道的摩擦力成为交叉带小车的驱动动力,带动交叉带小车行走。卸包传送带、滚筒和托辊等均安装并支撑在带盘小车的前后框架上,可顺转和逆转的直流卸载电机则安装在传送带下面的连接支架上。

当托盘运行到指定格口时,同步信号控制卸载直流电机工作,卸载电机驱动滚筒运动,电机输出的功率通过齿形带将胶带滚筒驱动,从而带动传送带运动,完成卸包动作。为了保证准确卸包入格,卸包带的运行速度必须大于带盘的运行速度。

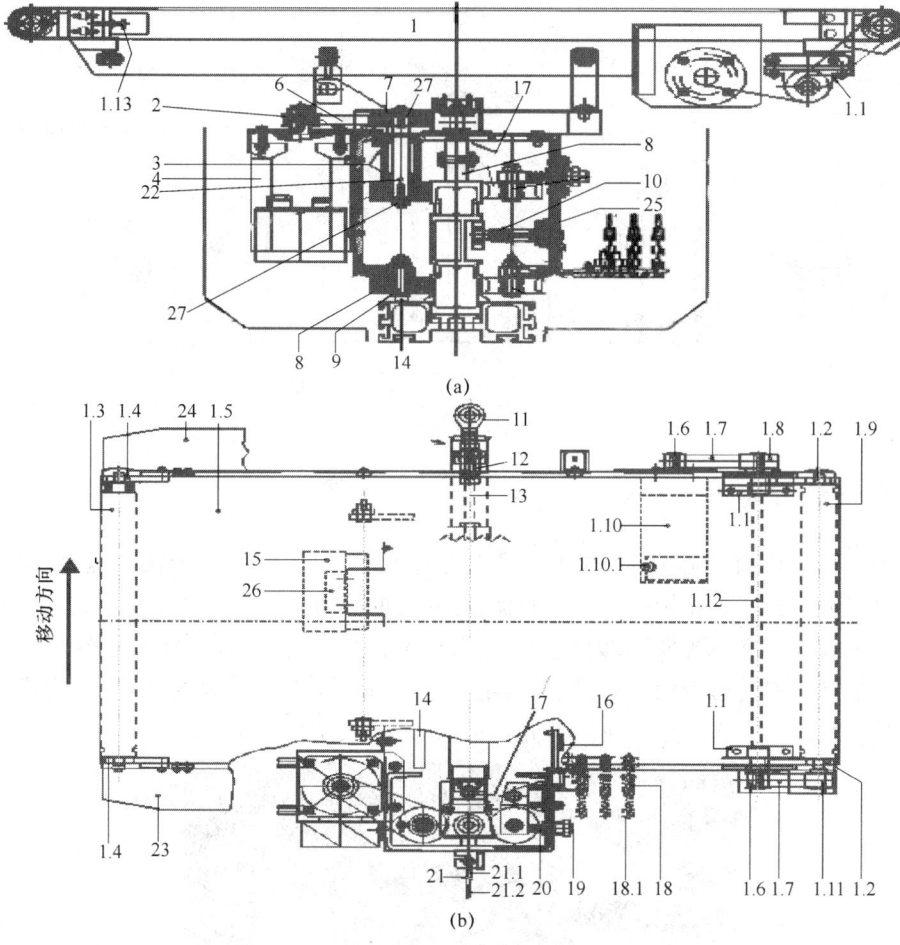

图 7-19 交叉带小车结构图

1—托架单元;1.1—滚球轴承;1.2—滚球轴承;1.3—滚筒;1.4—滚球轴承;1.5—皮带;1.6—滑轮;1.7—齿轮皮带;1.8—滑轮;1.9—驱动滚筒;1.10—电机;1.10.1—电机电刷;1.11—滑轮;1.12—轴;1.13—张紧螺丝;2—滑轮;3—滚球轴承;4—电机;5—驱动轮;6—齿轮皮带;7—滑轮;8—滚轮;9—特殊套;10—滚轮;11—连接头;12—支柱螺丝;13—支柱螺丝;14—接地带;15—MAB-CPU;16—反射镜;17—枢轴、支点;18—电流采集器;18.1—滑动接触器;19—调整弹簧刻度螺丝;20—调整弹簧;21—安全结合装置;21.2—牵引弹簧;22—轴;23—后面板;24—前面板;25—支持框架;26—电子驱动器;27—锁定毂

7.7.3 格口装置

格口的数目表示分拣机所能分拣的包件的路向数目。一般都有普通标准格口、拒分拣格口和无法识别格口等。格口装置如图 7-20 所示。

为使包件能在高湿度的情况下独立滑落到滑槽上,而使用经过压花的金属表面。滑槽的设计允许将其下层部分进行机械拆除,这样可以让包件直接卸入集装箱。

每个格口滑槽配备邮袋支撑架,操作员在清封格口时可用人工将其抽出,将邮袋挂起。

安装在分拣机上的自动扫描器可能无法识别有些包件的条码,如有损坏的条码。这些包件必须先由在供件线工作的操作员手工编码,再重新进入分拣机分拣。因此,需要为这些不能识别条码的包件留一个格口,操作员收集卸入此格口的包件。

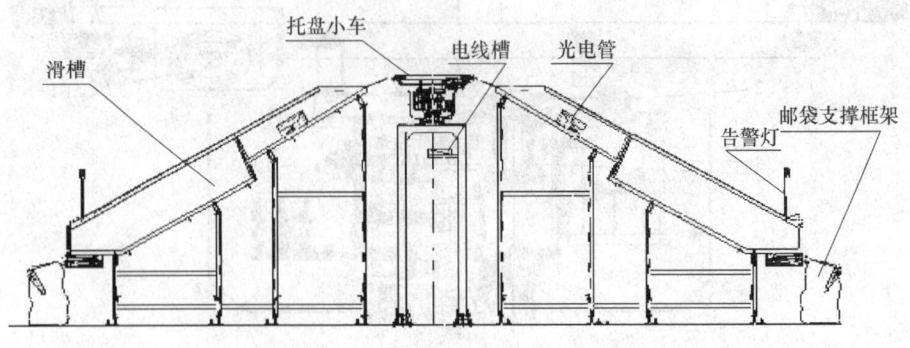

图 7-20　格口装置示意图

7.7.4　分拣机光幕

光幕分测量光幕和安全光幕。测量光幕又称检测光幕、测量光栅、检测光栅和测量光栅传感器等。测量光幕是一种特别的光电传感器，与一般的对射式光电传感器相同，包括彼此对立且相对放置的发射器和收光器两部分，但其外形尺度较大，为长管状。测量光幕发射器发射的检测光线并非如一般传感器的一束光线，而是沿长度方向定距离生成光线阵列，构成一个"光幕"，因而形象称之为光幕。分拣机上的光幕如图 7-21、图 7-22 和图 7-23 所示。

图 7-21　分拣线上的光幕图

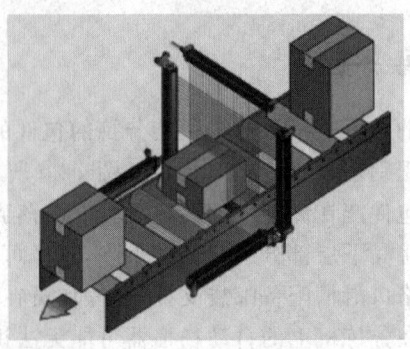

图 7-22　光幕的结构图

图 7-23 传送带上的三组光幕

（1）测量光幕

测量光幕系统通常由投光器、接收器和信号电缆构成。光幕由投光器和接收器组成。投光器和接收器主要部件是发光管和接收管，发光管和接收管成平行均匀分布，每一个发光管对应一个接收管，它们之间形成一条光束（也称光轴），每个光轴间距相等，每个光轴都有编号，从而对应了物体的尺寸坐标。

测量宽度通过计算被遮挡的光轴数得出，测量高度为被遮挡的最大光轴数乘以光轴间距，再加上基准高度得出，测量长度则常常采用计算位移的方法。对流水线速度要求不高时也可以直接用测量光幕测得，由三组光幕实现包件的三位尺寸测量。

在分拣机生产线上，为了获得包件尺寸，由两组光幕实现宽度和高度的测量，而长度是根据传送带的速度，经 PLC 计算得出。得出的包件尺寸再送给 PLC，以确定包件在下一个流程中传动带应采取的工作方式和速度。

（2）测量光幕控制器

光幕测量系统要正常工作需配备一个控制器，控制器使用软件进行编程设定，具备 RS485 或 RS232 通讯功能，采用标准 MIDBUS 协议与上位机进行通讯，实现与 PLC、后段管理计算机进行通讯。

（3）测量光幕的主要技术指标

在选取检测光幕过程中，主要参数的选择非常重要，尤其是精度选择要合理，其主要技术指标有：

① 高度，根据具体实际当中需要的检测光幕高度选择多高的检测光幕。

② 长度，也就是保护区域的检测光幕长度选择合适范围的型号。

③ 分辨率，分辨率的算法一般是光轴间距加透镜的宽度。

④ 光轴间距，检测光幕的受光器上发光单元的距离，测量精度分为多种：2.5 mm、5 mm、10 mm、20 mm 和 40 mm。

7.8 扁平件分拣设备

20世纪90年代中期,国外已经广泛使用扁平邮件分拣机,实现扁平邮件分拣作业的机械化和自动化。但中国邮件的规格标准及处理方式与国外存在着较大差异,国外设备功能不能完全适应中国扁平邮件分拣的作业要求。直至21世纪初,中国才陆续引进国外设计的扁平件分拣设备,逐步实现扁平邮件分拣作业的机械化、自动化和信息化。

扁平件分拣设备有多种类型及型号,如斗式分拣机、槽道式分拣机等。其中应用较普遍的为斗式分拣机,也称为斗式扁平件分拣机。

7.8.1 斗式扁平件分拣系统

斗式扁平件分拣系统主要由总控制站、自动供件台、人工供件台、旋转链轮、输出模块、自动信盒处理系统、自动制签系统、OCR/VCS(光学字符识别和视频标码系统)以及电气控制柜等组成,如图7-24所示。

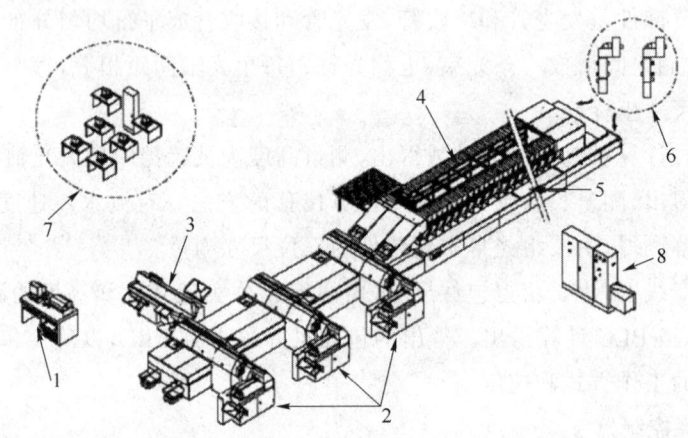

1—总控制站 2—自动供件台 3—人工供件台 4—旋转链轮
5—自动信盒处理系统 6—自动制签系统 7—OCR/VCS系统 8—电器控制柜
图7-24 斗式扁平件分拣系统

斗式扁平件分拣系统配有自动供件台,经该处进行邮件的单件分离后,邮件进入带有旋转装置的信箱内进行传输,等待OCR/VCS处理结果,然后被送到输出模块指定的输出格口入盒。每个自动供件台的图像获取模块采集地址图像,地址图像扫描后经过数据压缩送入OCR/VCS(光学字符识别/视频标码系统)系统处理。识别出全部邮政编码的邮件根据分拣方案送入相应的地址单元;如有不能识别出的邮政编码,邮件上地址区图像将送入视频标码台,由标码员标码。在人工供件台,可用手持式扫描仪扫描条码或用小键盘输入邮码,在本地识别出结果后,直接送入旋转装置的信箱内进行分拣。

(1)总控制站

总控制站由人机界面工业计算机、监控柜、监控台和操作面板等组成,具有显示、数据操作、控制和监控机器功能。

（2）自动供件台

自动供件台上由OCR对扁平邮件进行标码，也支持在线地址视频标码。自动供件台工作原理如图7-25所示。

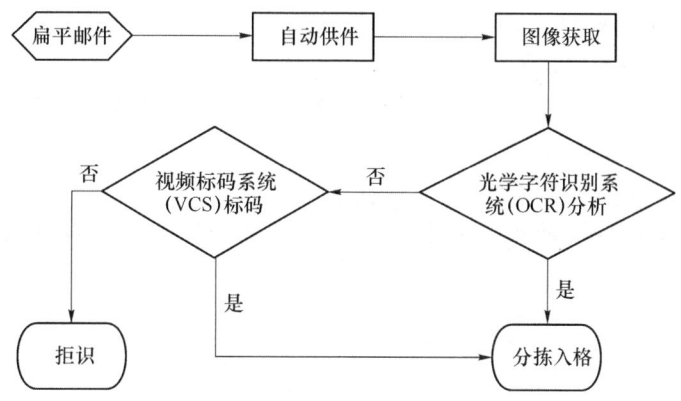

图 7-25　自动供件工作原理

自动供件台具有以下部件：

① 控制面板：显示、指示控制信息。

② 自动供件台监控单元：供件台的控制逻辑。

③ 邮件输入集堆器：堆放邮件并将邮件推向卸垛器。

④ 卸垛/倾斜单元：将邮件分离并插入供件台，倾斜器稳定邮件且将其倾斜到传送位置，并控制邮件速度缓冲（等待）作用。

⑤ 图像获取模块：图像获取模块由摄像机、图像处理系统、光电管组和发光装置等组成。

⑥ 连接传送模块：将邮件送往加速器并起到存储（缓冲）作用。如图7-26所示。

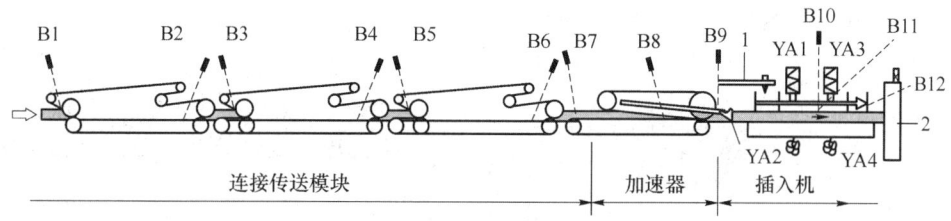

1—防弹跳动挡板；2—调节挡板；B1～B12—光电管；YA1～YA4—电磁铁装置

图 7-26　连接传送、加速、插入模块

⑦ 加速/插入模块：包括加速器和插入机。

⑧ 气压系统：气压系统结合皮带输送结构使邮件分离更容易、更准确。

（3）人工供件台

人工供件台用于通过特殊的键盘对扁平邮件进行人工标码，还支持用户通过手持扫描仪对条码进行阅读。人工供件工作原理如图7-27所示。

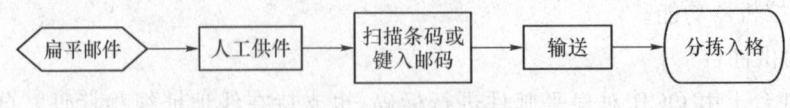

图 7-27 人工供件工作原理图

(4) 旋转链轮

旋转链轮实现带动信箱(三连斗式信箱)链循环转动。

(5) 自动信盒处理系统

自动信盒处理系统是一个传送系统,用于将空信盒从机器的前端送到分拣输出端口下面的存储位置并输出装满邮件的信盒。

(6) 光学字符识别(OCR)和视频标码系统(VCS)

对能识读的光学字符识进行识别,把不能识读的光学字符通过网传输到视频标码系统进行人工补码。

7.8.2 槽道式扁平件分拣设备

槽道式分拣系统也是面向扁平件邮件的分拣系统。该系统具有同时高速处理多种不同类型邮件(如期刊、印刷品、扁平件)的功能,如自动识别杂志刊号,按事先输入的发行计划同时对多种不同杂志进行分拣,可用手工按键处理剔除邮件,也可通过手持扫描仪处理条码邮件。它的控制装置采用了 PLC(可编程逻辑器)组件,通过以太网实现操作控制台与外部系统的数据通信和控制,通过 MIS 系统及时监控槽道式分拣系统实时状况等现代先进技术。它实现了现代自动化代替传统的手工分拣,为现代邮政物流提供了快速便捷的条件。

槽道式分拣系统是由自动输入台、手动输入台和传送分拣区组成。同时配套的辅助设备信盒处理系统为空、满盒提供了传送路径,如图 7-28 所示。

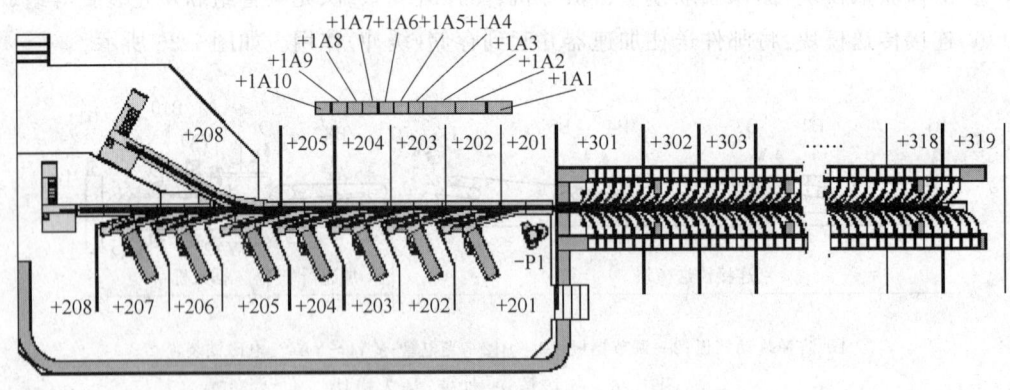

图 7-28 槽道式分拣系统结构图

槽道式分拣机的工作流程是:工作人员把邮件堆放在自动输入台载件架上的桨叶之间,邮件传送到抽取机构后被分离开,同时系统开始测量被抽取邮件的厚度。邮件随之加速到导入传送段。在手动输入台,操作人员可用手控扫描器读取已有的条码或经编码后邮件被投入传送通道,通过加速模块和导入模块送进传输分拣区,根据分拣信息,邮件经传送分拣模块和带有摇臂的双滑道进入相应的分拣格口。信盒传送系统可提供空、满盒的传送区和分拣区。

槽道式分拣机的具体部件结构和功能和斗式扁平件分拣系统许多地方相似,这里不再阐述。

7.9 机器人智能分拣设备

机器人智能分拣系统由多个独立运行的智能分拣机器人构成一个智能的分拣系统。分拣机器人通过与工业快速读码设备配合进行自动快速分拣工作,将包裹运送至条码对应的出货口。在计算机系统的控制下,包裹分拣系统同时调度多台机器人,即可达到高效快速的分拣效果。机器人智能分拣系统如图 7-29 所示。

图 7-29 机器人智能分拣系统图

7.9.1 机器人智能分拣系统构成

机器人分拣系统包括分拣机器人、钢平台、供件工作台、工业视觉读码设备和充电站等组成,各部分有机配合,完成分拣工作。

(1) 分拣机器人

每个分拣机器人投件完成后会智能回到供件工作台等待接收下一投递邮件。智能分拣机器人由高能充电电池驱动,当电量不足时,机器人自主行走到充电区域完成充电工作。分拣机器人如图 7-30 所示。

(2) 钢平台

钢平台为分拣机器人的工作平台,设有落格格口,平台下部为邮袋或邮筒,接收分拣邮件。

(3) 供件工作台

供件工作台完成给分拣机器人的供件工作,由人工完成邮件的扫描和供件。人工扫描分拣邮件后,邮件分拣信息进入计算机系统,由计算机系统分配闲置机器人进行接件。供件工作台如图 7-31 所示。

图 7-30　分拣机器人

图 7-31　供件工作台图

7.9.2　机器人智能分拣流程

智能分拣机器人是分拣工作的主体,其在计算机系统的协调下,负责把邮件送入钢平台的分拣格口。计算机完成路径规划,每个分拣机器人配有红外和超声波避障系统,自主规避碰撞,在分拣途中,遇上"堵车"的情况,分拣机器人会自动停下来,还会自动改换更加便捷的路线。其背部为翻盘结构,到达指定格口后自主翻盘落格。

7.9.3　机器人智能分拣特点

(1) 机器人智能分拣优点

极大提高分拣效率;降低人工成本;系统部署时间短;节约作业空间;柔性自动化,可按业务需求增减机器人数量,投资回报快。

(2) 机器人智能分拣不足

智能机器人分拣目前只适用于较小包件的分拣工作,当邮件较大时,智能机器人需设计得更大,成本也会大幅度增加。与交叉带分拣机相比,其分拣效率还是偏小。无法满足大规模邮件分拣中心作业需求。

7.10 包件分拣机的控制系统

分拣机的控制方式随着科学技术的发展,先后经历了继电器控制,机电模拟控制,数字模拟控制及计算机控制等几个主要阶段。当前新型的分拣设备多采用数字模拟控制和计算机控制,而且集成了条码的识别或语音模糊识别等技术。对于当前较新型包件分拣机来说,它的控制系统主要包括电力驱动控制部分、通信网络系统和分布式计算机系统。

7.10.1 电力驱动控制系统

电力驱动控制主要由主控制电柜完成。主控制电柜面板装有电压表、电流表、电源按键式开关、电源开/关指示灯和开机/关机开关。

主控制柜主要通过动力轨向提供托架装置电机提供动力,并向托架装置电机的驱动器提供电源,同时具有防护功能,如防止发生过热、过载、断路等。

主控制柜还要完成接收分拣机主控系统的指令,发出或接收对电机进行控制的信号。

7.10.2 通信网络系统

全自动分拣系统配备的通信网络主要是由 100Mbps 交换机组成的以太网,整个系统中的计算机通过与交换机连接而建立物理通道进行通讯。

为了方便操作员封发包件时采集信息,可使用无线接入点 AP(Access Point)实现无线手持条码扫描设备与计算机的通讯,其中 AP 通过网线接入交换机,作为无线通信终端,接受无线手持设备的数据与指令。

7.10.3 计算机控制系统

当前的分拣机大多采用多级的分布式计算机控制系统。一般由三部分组成:直接控制级、监督控制级和管理级,三部分由上而下形成宝塔形结构。

直接控制级采集生产过程的参数,接收来自监督控制级计算机的给定值并按预定的控制规律(体现在控制的程序)对控制对象(这里是分拣机)进行控制。监督控制级的计算机按照生产过程的数学模型,计算出最佳的控制策略,确定直接控制级的给定值并传送给直接控制级计算机实现最优化或自适应控制。分拣计算机担当监督控制级计算机的主要工作。监督控制级计算机不仅要与直接控制级计算机通讯,而且监督控制级计算机之间也要互相通讯,达到各种信息的综合处理和交流。管理级搜集监督控制级计算机工作的相关数据,制作各种报表,制订生产调度和执行日常各种管理工作。分拣机是在直接控制级和监督控制级的计算机控制下运作的。

在系统的监督控制级中通常还有监控计算机,清单管理计算机等。监控计算机为操作员对分拣机操作提供人机控制界面,主要是对整个系统各个单元进行监控和诊断。清单管理计算机负责包件格口的清单和袋牌的打印。

7.11 包件分拣设备的使用和维护

包件分拣系统都是集成化程度高、结构复杂、功能强大的全自动设备,在生产过程中,必须严格遵守安全使用机器说明,保证人身安全和设备安全运行。

7.11.1 安全防护装置

因为移动部件有可能对人员造成伤害,为防止人员受伤,为移动部件配备了防护装置,其中包括:

(1) 机器具有易于拆卸的传送防护装置和用于转轴的防护装置。

(2) 离工作及服务区 2.5 米高的皮带传送器的回程皮带及相连的毂轮装有安全防护装置。此外,在具有潜在危险的地点(皮带/滑轮/固定部件)和皮带传送机的各传送点安装有防护装置,分拣机在其预计会有人员靠近的部位也装有防护装置。

(3) 使用操作设备的员工必须经过培训,并持证上岗,工作程序须遵守《维护安全守则》。

7.11.2 包件分拣设备的维护

分拣设备一般按照三级维护规程进行管理。

(1) 一级(每日或每周)维护保养

① 目视检测皮带或链带是否松弛。

② 检查各处电机运行是否有异常噪声。

③ 检查格口槽门是否牢固。

④ 检查监控计算机上所显示的告警清单,对于经常被显示的告警必须进行查证。

(2) 二级(每月或每季)维护保养

① 例行一级维护保养的各项内容。

② 根据产品使用说明进行更为详细具体的维护保养。

(3) 三级(每年)维护保养

对机器(内部和外部)进行总清洁和润滑,包括光电管、测量架、轨道及动力轨。此项操作可发现任何不正常状况。检查所有部件的紧固程度,特别注意活动部件。接头是否正确固定在机器的电气设备上(如 MABCPU、电子驱动器、电机等)。

(4) 每隔五年的检修

① 导轨

检查磨损程度。如果污垢,可以用摩砂纸对表面污垢进行清洁。

② 动力轨

检查磨损度,确保没有燃烧迹象。确保动力轨不要有任何油污。

③ 托架装置

对设备中的一些消耗件要按照设备维护要求及时更换,如电机电刷和转接器等。

思 考 题

1. 阐述自动化分拣设备的发展历程。
2. 简述包件分拣机常用种类。
3. 简述包件分拣机的组成。
4. 简述包件分拣处理过程。
5. 直线布局分拣机和环形布局分拣机各有什么特点?
6. 简述交叉带式分拣机的组成、主要特征和优点。
7. 交叉带式分拣机供包台一般由几段皮带机构成?分别阐述其功能。

第 8 章 装卸搬运及仓储设备

8.1 概述

邮件输送、搬运、装卸和仓储设备是邮件处理过程中必不可少的重要设备。

邮件在中心局的内部处理中,为了高速高效,一般把各道处理工序和众多的处理设备组成一条自动化生产线,其设备主体包括输送、装卸、搬运和仓储。在各支局之间、支局与中心局之间、中心局之间也需要各种邮件输送、装卸、搬运和仓储设备。

实现邮件输送、搬运、装卸的机械化、自动化是邮政现代化的重要手段。特别是邮件的装卸和搬运,它可直接改变传统的手工劳动方式,使得邮件处理劳动强度降低,提高劳动生产率,缩短处理时限,提高服务质量。

总之,邮件输送、搬运、装卸和仓储设备对缩短邮件作业时间,提高工作效率,改善劳动条件,减少邮件处理成本,提高服务水平作用巨大。

8.1.1 装卸搬运概念

装卸是指物品在指定地点以人力或机械载入或卸出运输工具的作业过程;搬运是指在同一场所内,对物品进行空间移动的作业过程。装卸搬运则是在同一物流节点内(如仓库、车站或码头等),以改变货物的存放状态和空间位置为目的的作业活动。

"装卸"主要是以垂直位移为主的货物运动形式,"搬运"则是以水平方向为主的位移。

在实际操作中,装卸与搬运是密不可分的,两者是相伴发生的。搬运的"运"与"输送"之间区别之处在于:搬运是在同一地域的小范围内发生,而输送则是在较大范围内发生,两者是量变到质变的关系,中间并无绝对的界限。

当"搬运"行程较长,并连续工作时,人们又把它称为"输送"。输送是以连续方式沿着一定的路线从装货点到卸货点输送散装货物和成件货物的过程。因此,输送也可以说是长距离的连续搬运。

8.1.2 装卸搬运地位与作用

装卸活动的基本动作包括装车(船)、卸车(船)、堆垛、出入以及联结上述各项动作的短程输送,是随运输和保管等活动而产生的必要活动。

在邮件处理过程中,装卸活动是不断出现和反复进行的,它出现的频率高于其他各项活动,每次装卸活动都要花费很长时间,所以往往成为决定邮件处理速度的关键。装卸活动所消耗的人力也很多,所以装卸费用在整个成本中所占的比重也较高。如邮件搬运、装卸占内部处理生产时间的50%以上,输送、搬运、装卸设备占整体设备的1/3到1/2。因此,降低物流费用,装卸是个重要环节。

此外,进行装卸操作时往往需要接触邮件,因此,这是在生产过程中造成邮件破损、散失、损耗、混合等损失的主要环节。邮件的包装破损、内件散落主要发生在装卸过程中,易损件的破损等在装卸时最容易造成损失。

由此可见,装卸活动是影响邮件处理效率、决定邮政技术经济效益的重要环节。

8.1.3 装卸搬运特征属性

(1) 装卸搬运是附属性活动

装卸搬运是邮件处理活动开始及结束时必然发生的活动,是进行各项操作时不可缺少的组成部分。如一般而言的"汽车运输",就包含了相随的装卸搬运;仓库中泛指的"保管活动",也含有装卸搬运活动。

(2) 装卸搬运是支持、保障性活动

装卸搬运的附属性不能理解成被动的,实际上,装卸搬运对其他活动有一定决定性。装卸搬运会影响其他邮件运输、交接等的质量和速度,例如:装车不当,会引起运输过程中的损失;卸放不当,会引起货物转换成下一步运动的困难。在有效地装卸搬运支持下,邮件传输才能高水平实现。

(3) 装卸搬运是衔接性活动

在邮件处理各个环节中,都是以装卸搬运来衔接,因此装卸搬运是邮件时限中的重要影响因素,是一个系统的关键活动。

基于以上特点,可以看出装卸搬运活动具有"装卸搬运作业量大、装卸搬运方式复杂、装卸搬运作业不均衡、装卸搬运对安全性的要求较高"等特点。

8.2 装卸搬运设备

装卸搬运设备是指用来搬移、升降、装卸和短距离输送物料或货物的机器。装卸搬运设备是实现装卸搬运作业机械化的基础,是邮件处理中重要的机电设备。它不仅可用于完成车辆邮件的装卸,而且还可用于完成邮件的堆码、拆垛、运输以及舱内、车内、库内邮件的起重输送和搬运。

装卸搬运设备是装卸搬运作业现代化的重要标志之一,具有适应性强、设备能力强、机动性较差等特点。

邮政装卸搬运设备主要是装卸搬运工业车辆和连续输送设备。

8.2.1 工业搬运车辆

搬运车辆是指用于短途搬运物品的无轨车辆,又称工业车辆,是广泛应用的物料搬运机械。搬运车辆有人力和机动两种。

人力搬运车是一种以人力为主,在路面上从事水平运输的搬运车。其广泛使用于车间、仓库、站台、货场等处,包括杠杆式手推车、手推台车、登高式手推台车、手动托盘搬运车、手动液压升降平台车和手推液压堆高车。手推车如图8-1所示,手推液压堆高车如图8-2所示。

图 8-1 手推车

图 8-2 手推液压堆高车

机动搬运车辆常见有叉车、牵引车和拖车。牵引和拖车如图 8-3 所示。这类搬运车辆有动力装置、传动装置、转向装置和制动装置，有的还装有载货平台、货箱或实现装卸、堆码用的工作装置。常用的动力装置有内燃机和蓄电池电动机两类。内燃机又分为柴油机、汽油机和液化石油气机等。以蓄电池电动机为动力的车辆驾驶方便，加速平稳，天气寒冷

图 8-3 牵引车和拖车

时也能顺利启动，工作时噪声和对空气的污染较小，但充电设备和蓄电池的费用较高。内燃机驱动的搬运车辆有较高的行驶速度，较好的动力性能（即有较大的加速度、爬坡能力和牵引力）。内燃机补充燃料比蓄电池充电方便。但内燃机排出的废气对环境有不同程度的污染，以汽油机最为严重，柴油机次之，液化石油气燃烧完全时废气的污染较少。内燃机驱动的搬运车辆一般不宜用于室内。安装废气净化装置可改善对空气的污染。

搬运车辆的车轮大多采用充气轮胎。当车速较低、路面较平整或需要增加承载能力时，可使用实心轮胎或弹性轮胎，也有采用全金属车轮的。车辆的阻力在很大程度上取决于路面情况，在平整路面上使用较硬的轮胎，可减小运行的阻力。

在所有搬运车辆中，蓄电池电瓶叉车是物流领域最常用车辆。叉车的分类如图 8-4 所示。

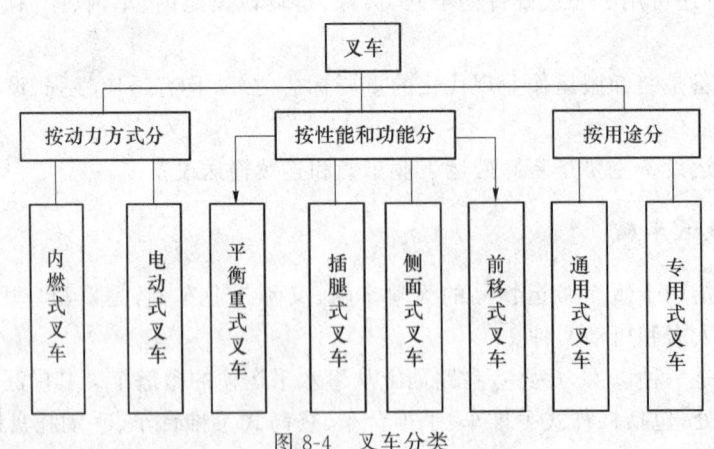
图 8-4 叉车分类

叉车包括运行参数和结构参数,针对装卸搬运物品物理参数和工作场地要求来选用不同种类和技术参数的叉车。叉车主要性能参数:

① 额定载重量:在规定条件下,起升和搬运物料的最大重量。
② 水平行驶速度:载荷下的最大行驶速度。
③ 起升速度和下降速度:在一定载荷下,所能上升和下降的最大速度。
④ 最小转弯半径。
⑤ 自重:主要考虑轮压。
⑥ 搬运车辆的尺寸:总长、总宽、总高。

叉车的特点:

① 由很强的通用性。
② 具有装卸和搬运的双重功能。
③ 有很强的灵活性。

叉车是邮件处理过程中的重要设备,常用叉车在邮件处理场地进行集装容器,如信盒、邮袋、托盘、集装笼的搬运。如图 8-5 所示。

图 8-5 邮件处理常用叉车

8.2.2 自动导向式搬运系统(AGVS)

1. AGVS 的应用

自动导向式搬运系统是以电池驱动并无人驾驶搬运车,又称为无人搬运车系统。自动导向式搬运系统如图 8-6 所示,负式无人搬运车如图 8-7 所示。系统中,自动导向式搬运车为无人驾驶,能按照预定的程序,实现前进、转弯、减速、后退和停车,完成货物的运送、装卸工作。

图 8-6 自动导向式搬运系统

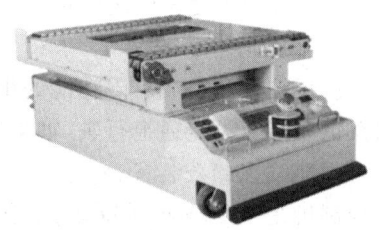

图 8-7 背负式无人搬运车

2. AGVS 的组成部分

AGVS 依靠计算机自行控制运转。自动导向式搬运车在结构上类似有人驾驶的货车,并且有对自动操作进行修正的功能。一般来讲,系统要正常工作,必须具备搬运车、导向通道、控制和引导装置,以及其他计算机与系统的接口等部分。

(1) 搬运车

在无人驾驶的情况下,搬运车能在系统中运送物料,且可根据不同要求选用不同类型的搬运车。在机械方面,它们是耐用和可靠的。

① 牵引搬运车:拉动工业拖车的搬运车,它能拖动品种繁多的拖车。

② 单元载荷运输车:搬运单元载荷的运输车,它非常实用,能有效应用在各种情况下;具有装载、卸载功能,并能双向运行。

③ 托盘车:搬运托盘化货物的搬运车,它特别适合于地面上分拣和卸载。

④ 轻载运输车:运送较轻载荷的搬运车,通常是手工装载、卸载。

随着技术的发展,自动导向式搬运车日趋完善,不仅能自动装卸,而且有智能化趋势。

(2) 导引装置

导引装置是 AGVS 必不可少的组成部分,它能保持搬运车处于设定的通道。自动导向式搬运车的导引方式常有固定通道、半固定通道和无通道(导引)三大类。其中,固定通道导引方式目前应用最广泛,该方式有电磁、光带和激光导引三种。

电磁导引是在预定的搬运路线地下埋设能发出电磁波的特殊电缆,自动导向式搬运车上的电磁波接收装置可以自动接收、识别,并控制搬运车沿电磁波线路方向前进,这种方法构造比较简单,可靠性高,但灵活性差。

光带导引是在行驶通道上贴附铝带或乙烯树脂等反光材料,自动导向式搬运车不断发出光波或电波,并把这种波照射在导向通道上,光波或电波被反射带反射后,自动导向车自动接收,利用反射信号幅度变化,引导搬运车沿着正确通道行驶。此方式不适合恶劣的工业环境,只能应用于办公室或清洁环境中。

激光导引是沿设定的行驶通道发射激光,并用激光进行扫描,利用激光信号引导搬运车。这种方式在不能采用电磁、光带导引的场合下应用特别有效。

(3) 控制系统

AGVS 和有人驱动系统的本质区别是具有无人操作所要求的复杂控制系统。人类是复杂的组织,并具有很高水平和决策能力。AGVS 是将操作者所完成的许多功能编制在程序中,以达到控制目的。AGVS 的控制方式有计算机控制、遥控发送和手动控制。

计算机控制,它是最有效、最复杂和造价高的控制方式。在此方式中,系统控制机引导和监控所有执行情况及搬运车的运输情况。系统中操纵 AGVS 的计算机有微处理机、系统控制机和主机三个类别。

微处理机是按程序完成有限功能的小型计算机,外形小使它与其他功能相适应。微处理机能引导搬运车沿着设定通道行驶,如果搬运车偏离通道,则由微处理机进行纠正;微处理机还能控制自动装载和卸载装置。

系统控制机是 AGVS 的关键设备,它能按指令对搬运车进行操作,还能收集关于系统运动、搬运车的位置和库存状态等信息,它直接控制微处理机并给主机发送信息。

遥控控制方式中,遥控者通过遥控站发出指令,由系统向搬运车发出终点指令,而不是直接控制搬运车,遥控发送不能给计算机提供关于搬运车状况及全部运动的反馈信息。对操作者来说通过选择最近或最有效的搬运车运送载荷,提高系统效率是困难的,大部分系统设计成使搬运车回到中心区域等待下一次运送,遥控发送比手动控制更有效。因为操作者能输入指令,不必等待准备好的搬运车。指令可以等候,直到搬运车有空并可等到运作命令为止。

手动控制方式中,由操作者控制和引导搬运车的发送,操作者给搬运车装卸,并把终点输入到搬运车的操纵台上,搬运车在导向通道上按规定发送路线把载荷运送到设定终点,然后停止,等待下一次发送,操作者必须完成或指挥卸载。

手动控制是最便宜和最简单的控制方法,它的效率主要取决于操作者的工作和技巧。如果操作者出现错误,或没有使系统保持有效地运作,那么它与一般手动系统相比就无法体现其优点。手动系统没有反馈能力,系统不能与搬运车、库存状况保持联络。

3. AGVS 优点

AGV 与其传统物料搬运方式相比有很多优点,主要表现在导向柔性、空间利用、运行安全性以及使用费用等方面。

(1) 工作效率高

AGV 实现上下货物及来回运输工作,实行不停机换料,缩短人工换料时间。AGV 小车可实现自动充电功能,从而达到 24 小时连续运转工作,大大提高了工作效率。

(2) 节省管理精力

AGV 可全智能化管理,从而提高智能化管理水平,有效规避人为因素。

(3) 较好的柔性和系统拓展性

AGV 的行驶路径可以根据搬运点位要求、流程等灵活改变,且运行路径改变的费用低廉。AGV 的计算机控制系统可轻易实现单元组合,可拓展性强。

(4) 可靠性高

AGV 具有行驶路径和速度可控,定位精准,物料搬运准确性高的特点,同时,AGV 中央管理系统可以对 AGV 进行全程监控,物料搬运可靠性高。

(5) 成本费用较低

AGV 功能部件不断标准化,促使单机价格在不断下降,大中小规模企业的购置、使用费用更趋合理。

(6) 安全性高

AGV 采取多级硬件、软件的安全措施,能够在运行过程中保证自身、现场人员及各类设备的安全。

4. AGVS 主要技术参数

AGV 应用领域越来越广,其技术性能要求也在不断延伸,但一般的基础参数主要包括以下一些方面。

额定载重量:AGV 小车的载重量范围在 50~20 000 kg。

小车自重:指自动导引搬运车与电池等车体构成的总质量。

车体尺寸:指车体的长、宽、高外形尺寸,该尺寸应该与所承载货物的尺寸和通道宽度相适应。

小车停位精度:指车所到达目地址实际位置与程序设定位置之间的偏差值。精度是重要参数,是工作任务目标的主要性能值,不同任务目标,要求不同的停位精度。

车最小转弯半径:指车在空载低速行驶,偏转程度最大时,瞬时转向中心到车纵向中心线的距离。它是确定车辆弯道运行所需空间的重要参数。

小车运行速度:指车在额定载重下行驶时所能达到的最大速度。它是确定车辆作业周期和搬运效率的重要参数。

另外,小车电池续程能力、制动性能等都影响使用和生产效率,这些都是选用 AGV 小车时要考虑的指标。

8.3 带式输送机

带式输送机是连续输送设备的一种常用设备,是以连续的方式按一定的线路从装货点到卸货点输送散装货物和成件货物的机械设备。所谓"连续",就是指输送机的货物输送装置是连续运动的,没有工作行程和空行程之分,因而使"装货—输送—卸货"等环节连续不断地进行,没有间隔和停歇。

连续输送设备具有以下几方面特点:
① 工作速度较高,输送效率高,而且对输送距离远近的适应性也较好。
② 运动方式简单,而且调速简单,容易实现自动控制。
③ 专用性比较强,单件重量很大货物不适用。
④ 性价比比较好,设备耐用性较好,具有较高的经济性。

邮政用连续输送机以带式输送机、板式输送机及斗式提升机最为常见。

8.3.1 带式输送机结构与原理

带式输送机是一种以摩擦驱动、连续运输物料的机械装置,又称带式运输机、胶带运输机。主要由两端滚筒及紧套其上的闭合输送带组成。常见形式有通用固定带式输送机、可伸缩带式输送机。固定带式输送机如图 8-8 所示,可伸缩带式输送机如图 8-9 所示。

图 8-8 固定带式输送机

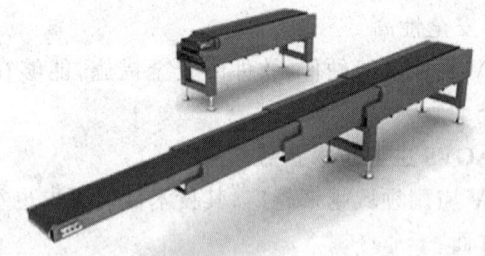
图 8-9 可伸缩带式输送机

(1) 结构及性能

常见通用皮带传输机主要由驱动、输送胶带、机架、托辊、滚筒及制动、张紧、改向、装载和卸载辅助部分组成。带式传动结构简图如图 8-10 所示。

皮带传输机中驱动多为交流电机,通过减速机或变频实现速度控制。电机直接驱动端的滚筒称为驱动滚筒(传动滚筒),另一端滚筒用于改变输送带运动方向,称为改向滚筒。驱动滚筒一般都装在卸料端,以增大牵引力,便于拖动。

皮带是牵引和承载物料的主要构件,它不仅应有足够的强度,还要有相应的承载能力。常用的皮带有橡胶带和塑料带两种。

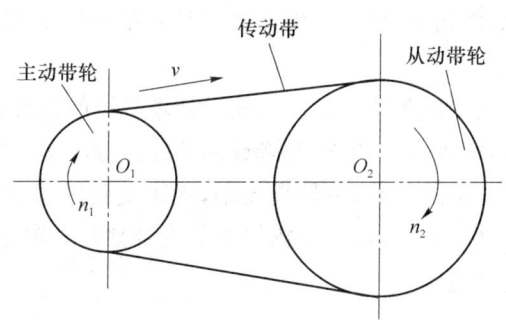

图 8-10 带式传动

皮带传输机机架、托辊的结构、装配形式可根据要求确定,有的机架可随工作面变化伸长或缩短,有的因为输送能力和运距较大,中间增设驱动装置来满足要求。

滚筒分为驱动滚筒和改向滚筒。驱动滚筒是传递动力的主要部件,分单滚筒(胶带对滚筒的包角为 210°~230°)、双滚筒(包角达 350°)和多滚筒(用于大功率)等。

皮带传输机要配置张紧装置,避免输送带与传动滚筒打滑,并限制输送带下垂,使输送机正常运行。

(2) 规格参数

皮带传输机规格参数主要包括胶带宽度和传输速度,其决定了胶带传输机的运送传输能力。

移动式胶带输送机,带宽一般为 500~650 mm。根据生产要求,有的皮带输送机安装在固定轨道上,可在一定范围内纵向或横向移动;有的则是行走式,可推到需要的任何位置使用,输送速度为 0.3~0.5 m/s。

伸缩式胶带输送机,带宽一般为 600~800 mm。伸缩行程 1~3 级,最多达 5 级。伸缩行程 3~7 m,最多达 10 m,输送速度为 0.3~0.5 m/s。考虑到车辆在一个车位需同时装运袋、信盒和集装箱,常将伸缩式皮带输送机做成可移动的。在装卸袋、箱类物品时,采用移动伸缩式胶带机;装卸集装箱时,移开伸缩皮带机,应用装卸过桥。

以上两种胶带机都可设计成正反运转,用于容器、包件、报捆的装车和卸车;输送速度也可视生产需要而改变。

(3) 特点及应用

皮带传输机与其他运输设备(如机车类)相比具有输送能力强,输送距离远,结构简单,易于维护,方便布局,可直线、弯道和倾斜运输等特点,并易于程序化控制和自动化操作。

8.3.2 邮件输送中的带传输应用

邮件传输中应用到大量的平带传动,如邮袋的装卸搬运和信函分拣机中信函的传输等。

在信函分拣机中,信函因其重量与几何形状的特点,形成与一般物件输送方法不同。信函有不同结构形式的带输送实现。这些输送方法是平带和滚子夹送。

信函输送特点是:整个系统负载的绝大部分是用大的张力引起从动滚的摩擦阻力矩产生,其动力传动功率小、传动的动力点多。整位器模块带传输的应用结构如图 8-11 所示。

整位器模块主要由底部输送皮带和导向皮带构成。工作过程:前面机构把信件输送到整位器,左右两旁的皮带对信件起导向作用,信件在自身重量作用下底边紧贴底部输送皮带,并且由底部输送皮带输送。

信函分拣机中传输模块中的带式传输用于输送处理阶段的信件。大量的皮带和皮带轮根据传输路径要求高速运转,实现包括转弯、升降或高位输送等功能。

信函分拣机中带传输运动速度高,带轮直径小,皮带受到的弯曲应力和向心应力大,这要求机器中的皮带具有特殊性。目前,信函分拣机中的皮带都是专用皮带,且要严格根据机器设备维护要求对皮带和带轮进行维护。

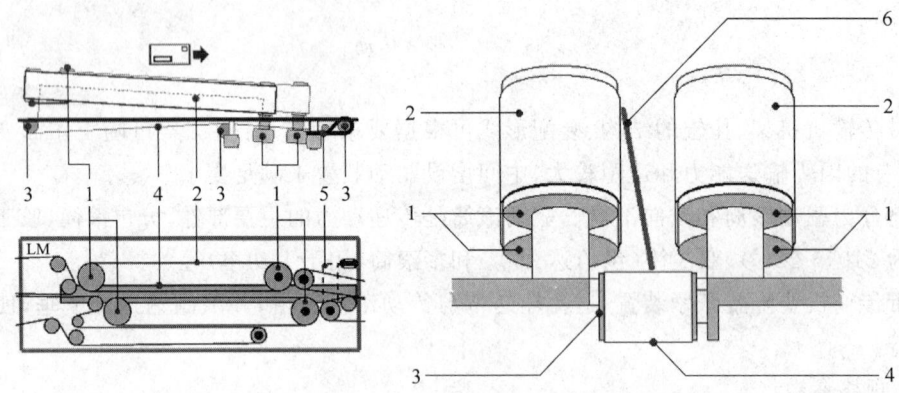

1—倾斜轮;2—导向皮带;3—底部输送皮带;4—底部输送皮带轮;5—传动圆皮带;6—信件

图 8-11　整位器模块

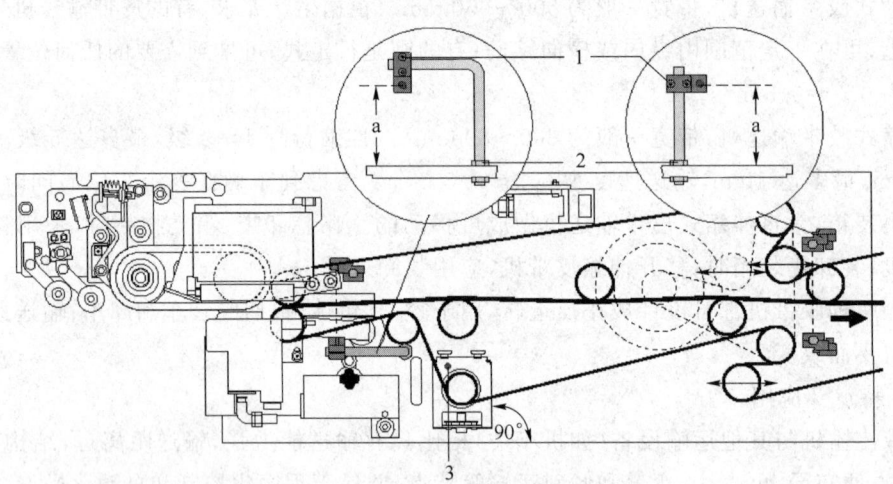

图 8-12　信函分拣机带传输

8.4　仓储设备

仓储是物流活动中的重要环节,但在传统邮政环节中仓储是辅助性的,所配置的仓储设备很简单,一般为货架。近几年邮政电商业务不断发展,现代仓储设备已成为保障货物安全、完整运输的关键因素,是节省配送时间、加快配送进程和控制运营成本的重要内容。邮政仓储根据现代物流技术的要求不断完善,并在逐步实现电子化、智能化。

8.4.1 仓储技术设备的构成

仓储物流设备主要包括立体货架、堆垛机、工业搬运车辆、出入输送设备、分拣系统、升降设备(提升机或升降机)以及计算机管理和监控系统。这些设备可以组成半自动化、自动化、机械化的仓库来堆放、存取和分拣物品。目前,常见的设备主要是自动化立体仓储设备和分拣系统。

堆垛机、工业搬运车辆、出入输送设备、升降设备(提升机或升降机)见"装卸搬运"章节内容,分拣系统见"包件分拣"章节内容。仓储环节所用设备和前述设备在选用型号、参数方面可能有差异,但其原理和结构相近,这里不做重述。下面仅就货架和自动化仓库做阐述。

8.4.2 货架设备

货架是现代化物流提高效率的重要手段,随着技术发展应用,仓储库房所用到的货架种类越来越趋向于自动化和智能化。

仓储货架类别繁多,不管哪种类型,需要满足:

① 提高仓库容量利用率,扩大仓库储存立体结构,充分利用仓库空间。
② 货物存取方便,可先进先出,便于挑选,库存周转流畅。
③ 便于清点、划分、计量等管理。
④ 便于搬运工具使用,使存取与搬运工作秩序井然。
⑤ 满足批量货物、品种繁多的存储与集中管理需要。
⑥ 存入货架中的货物互不挤压,物资损耗小,可完整保证物资本身的功能,减免货物在储存环节中的损失。
⑦ 承重力大、不易变形、连接可靠、拆装容易,多样化。

要做到仓储合理且高效,仓储货架设计应注意四个要点:

① 货架存放物品的特性。主要包括货物的尺寸、重量,以此来决定货架规格尺寸、货架使用材料和货架结构形式。
② 仓库厂房架构。以此决定货架立柱、横梁结构和方向、地面承重等。
③ 货架的存取性。存储性和仓储密度之间相互制约,仓储密度高往往降低了货物的存取性。
④ 货物的搬运设备。需要在设计货架规格尺寸时充分考虑装卸搬运设备的大小和运行空间(如通道宽度、举升高度、举升重量、旋转半径等)。

8.5 自动化立体仓库

自动化立体仓库(AS/RS)是由立体货架、有轨巷道堆垛机、出入库托盘输送机系统、尺寸检测条码阅读系统、通信系统、自动控制系统、计算机监控系统、计算机管理系统以及其他如电线电缆桥架配电柜、托盘、调节平台、钢结构平台等辅助设备组成的复杂的自动化系统。自动化立体仓库运用一流的集成化物流理念,采用先进的控制、总线、通讯和信息技术,并通过以上设备的协调动作进行出入库作业。

8.5.1 自动化仓库优势

自动化仓库实现了仓储系统的无人全自动化运行。

① 节约仓库占地面积,使仓库空间得到充分利用。自动化立体仓库采用大型仓储货架拼装,并利用了自动化管理技术,因此自动化立体仓库比传统仓库占地面积小,空间利用率大。在发达国家,提高空间的利用率已经作为系统合理性和先进性的重要考核指标之一。

② 自动化管理提高了仓库的管理水平。自动化立体仓库采用计算机对货品信息进行准确无误的信息管理,减少了在存储货物中可能出现的差错,提高了工作效率。同时,自动化立体仓库在入出库的货品运送中实现机动化,搬运工作安全可靠,减少了货品的破损率,还能通过特殊设计使一些对环境有特殊要求的货品如有毒、易爆的货品,有很好的保存环境,也减少了操作者在搬运货品时可能会受到的伤害。

③ 自动化立体仓库可以形成先进的生产链。由于自动化立体仓库的存取效率高,因此可以有效连接仓库外地生产环节,可以在存储中形成自动化的物流系统,从而形成有计划、有编排的生产链,使生产能力得到大幅度提升。

8.5.2 自动化仓库组成

自动化仓库是一个大型系统工程,各个行业之间还各自有其特殊要求,但基本组成有以下几个方面。

① 货架:用于存储货物的钢结构。主要有焊接式货架和组合式货架两种基本形式。货架的设计是立体仓库设计的一项重要内容,它直接影响立体仓库面积和空间的利用率。

② 托盘(货箱):用于承载货物的器具,亦称工位器具。

③ 巷道堆垛机:用于自动存取货物的设备。按结构形式分为单立柱和双立柱两种基本形式;按服务方式分为直道、弯道和转移车三种基本形式。堆垛机是整个自动化立体仓库的核心设备,通过手动操作、半自动操作或全自动操作实现把货物从一处搬运到另一处。

④ 输送机系统:立体库的主要外围设备,负责将货物运送到堆垛机或从堆垛机将货物移走。输送机种类非常多,常见的有辊道输送机,链条输送机,升降台,分配车,提升机和皮带机等。可根据功能要求,合理选择输送机的类型,同时,还要根据仓库的瞬时流量合理确定输送系统的速度。

⑤ AGV 系统:即自动导向小车。根据其导向方式分为感应式导向小车和激光导向小车。

⑥ 自动控制系统:驱动自动化立体仓库系统各设备的自动控制系统。以采用现场总线方式为控制模式为主。

⑦ 储存信息管理系统:亦称中央计算机管理系统。它是全自动化立体仓库系统的核心。典型的自动化立体仓库系统均采用大型的数据库系统(如 ORACLE,SYBASE 等)构筑典型

的客户机/服务器体系,可以与其他系统(如 ERP 系统等)联网或集成。

根据仓库的工艺流程及用户的一些特殊要求,可适当增加一些辅助设备,包括手持终端、叉车和平衡吊等。

8.6 虚拟仓库

虚拟仓库建立在计算机和网络通信技术基础之上,将地理上分散的、属于不同所有者物品储存、保管和远程控制的物流设施进行整合,形成具有统一目标、统一任务和统一流程的暂时性物资存储与控制组织,可以实现不同状态、空间、时间的物资有效调度和统一管理。虚拟仓库的服务半径和货物集散空间都放大了,这样的企业在组织资源的速度、规模、效率和资源的合理配置方面都是传统的物流配送企业不可比拟的。

(1) 虚拟仓库降低了企业的仓储成本

虚拟仓库可以将物资以信息的形式存储在自动化指挥系统之中。企业可以根据货物要求、进货与配送地点在城市其他地方以契约的方式临时租用仓库,这些仓库有的是长期使用,有的是定期定时使用。从传统上看这些企业没有仓库,从现代物流管理来讲,他们有一个仓库群。这样企业就可以避免因建设仓库而带来的成本增加,同时为物资的快速合理调拨提供条件。

(2) 建立虚拟仓库可以避免物资流动过程中的不合理运输

通过网络中心,可以根据需求者的各种要求选择最优化的物资流动路径,减少时间和空间上造成的迂回物流和仓储费用的增加。

(3) 虚拟仓库,方便了企业对其仓库监控

通过对它的查询和检索,可以实现对各个仓库、各类物资的种类数量和质量的管理,一目了然。

(4) 建立虚拟仓库,提高物流效率与效益

建立虚拟仓库,运用电子商务进行在线代购,可以大大简化企业采购流程,采购部门在适时短时间内就可得到必需的资料信息,而且这些信息比以往更广泛、更全面、更快捷、更准确和更经济。

思 考 题

1. 简述装卸搬运设备的分类。
2. 简述带式输送机的组成及工作原理。
3. 常见的工业搬运车辆有哪些?
4. AGVS 是什么英文是缩写? AGVS 由哪几部分组成? AGVS 有哪些优点?
5. 仓储物流设备主要包含哪些?
6. 自动化立体仓库的定义是什么? 简述自动化仓库的优势及应用领域。

第9章 邮政通用设备

邮政使用的设备涉及广泛的机电设备,既包括微电子技术设备,又包括机电一体化的集成设备,还涉及在邮政系统中广泛使用的专业设备。本章我们就邮政系统中常用设备做简单介绍。

9.1 条码阅读器

条码阅读器又分为条码扫描枪、条码阅读器和激光条码阅读器,是用于读取条码所包含信息的阅读设备。条码阅读器根据光学原理,把条码的内容解码后通过数据线或者无线的方式传输到电脑或者别的设备。条码阅读器广泛应用于超市、邮政、物流快递和图书馆等需要简便快速获取信息的场合。常见条码阅读器如图 9-1 所示。

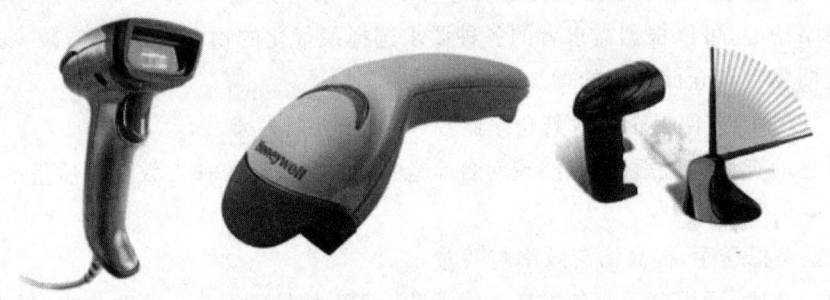

图 9-1 常见条码阅读器

9.1.1 条码阅读器分类及特点

条码阅读器的分类方式很多,除可分为一维条码阅读器、二维条码阅读器外,还可分为 CCD、全角度激光和激光手持式条码阅读器。

1. 按照使用场合分类

(1) 手持式条码阅读器

手持式条码阅读器是 1987 年推出的技术型产品,外形很像超市收款员使用的条码阅读器。手持式条码阅读器绝大多数采用 CIS(接触式图像传感器)技术,光学分辨率为 200 dpi,有黑白、灰度和彩色多种类型,其中彩色类型一般为 18 位彩色。也有个别高性能产品采用 CCD (电荷耦合器件)作为感光器件,可实现 24 位真彩色,扫描效果较好。

(2) 小滚筒式条码阅读器

该扫描器是手持式条码阅读器和平台式条码阅读器的中间产品(因为是内置供电且体积小被称为笔记本条码阅读器)。这种产品绝大多数采用 CIS 技术,光学分辨率为 300 dpi,有彩色和灰度两种,彩色型号一般为 24 位彩色。也有极少数小滚筒式条码阅读器采用 CCD 技术,扫描效果明显优于 CIS 技术的产品,但由于结构限制,体积一般明显大于 CIS 技术的产品。

小滚筒式条码阅读器的结构是将条码阅读器的镜头固定,移动要扫描的物件通过镜头来扫描,运作时就像打印机,被扫描的物件必须穿过机器再送出,因此,被扫描的物体不可以太厚。这种条码阅读器最大的好处就是体积很小,但是使用起来有多种局限,如只能扫描薄薄的纸张,范围还不能超过条码阅读器的大小。

(3) 平台式条码阅读器

又称平板式条码阅读器、台式条码阅读器。目前市面上大部分的条码阅读器都属于平板式条码阅读器,是现在的主流。这类条码阅读器光学分辨率在 300~8 000 dpi,色彩位数从 24 位到 48 位,扫描幅面一般为 A4 或者 A3。平板式条码阅读器的好处在于像使用复印机一样,只要把条码阅读器的上盖打开,不管是书本、报纸、杂志和照片底片都可以放上去扫描,相当方便,而且扫描出的效果也是所有常见类型条码阅读器中最好的。

2. 按照扫描维度分类

可以分为一维和二维。一维条码扫描枪只能扫描一维条码,不能扫描二维条码;而二维条码扫描枪既可以扫描一维条码,又可以扫描二维条码。二维扫描枪显然比一维扫描枪要复杂,造价也高。

一维条码仅能容纳有限的数字或文字,如商品名称、价格等,提供不了商品更详细的信息;二维码可以容纳中文,储存量大,可包含更详细的商品内容。

3. 按照光学原理分类

有红光扫描和激光扫描之分。红光扫描枪的工作原理:采用 LED 发光二极管光源,依靠 CCD 或 CMOS 感光元件,再通过光电信号转换。激光扫描枪由内部激光装置打出一个激光光源点,依靠震动马达摆动将激光点打出一条激光线照在条码上,再经过 A-D 解码成数字信号。因为激光是依靠震动马达来打成激光线,所以它在摆动时往往容易损坏,造成摆片脱落,激光扫码枪抗跌性没用红光的好,经常有一些激光枪摔落后扫描出来的光源成了一个点,并且红光识别速度比激光更快。

4. 按照连接方式分类

可以分为有线扫描器和无线扫描器。有线扫描条码阅读器有三种接口:USB 接口、键盘接口和串口。无线连接的扫描器一般采用蓝牙技术实现信息传递。

9.1.2 条码阅读器结构及原理

条码阅读器的结构通常为以下几部分:光源、接收装置、光电转换部件、译码电路和计算机接口。

条码阅读器的基本工作原理为:由光源发出的光线经过光学系统照射到条码符号上,被反射回来的光经过光学系统成像在光电转换器上,使之产生电信号,信号经过电路放大后产生一个模拟电压,它与照射到条码符号上被反射回来的光成正比,再经过滤波、整形,形成与模拟信号对应的方波信号,经译码器解释为计算机可以直接接收的数字信号。常见的平板式条码阅读器利用光电元件将检测到的光信号转换成电信号,再将电信号通过模拟数字转换器转化为数字信号传输到计算机中处理。如图 9-2 所示。

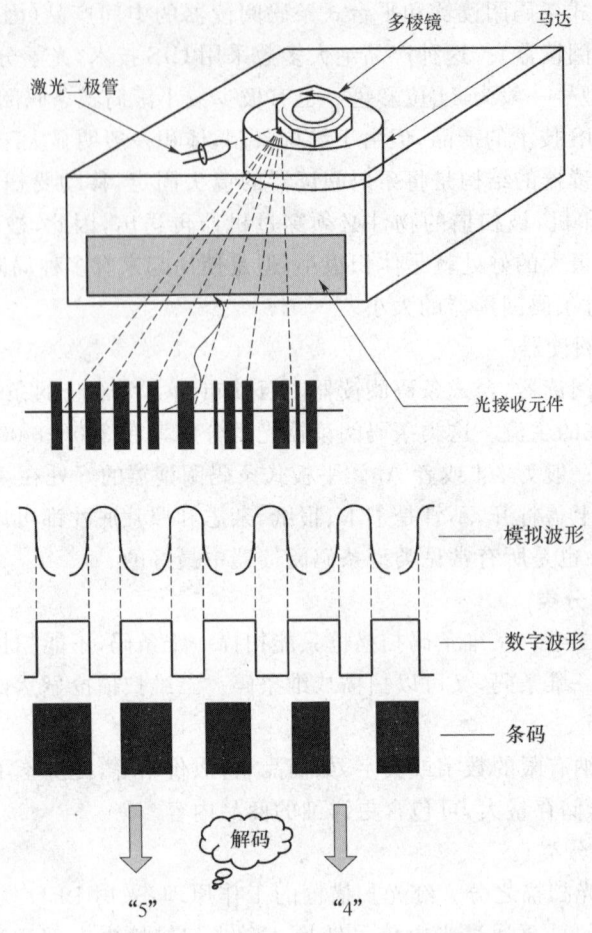

图 9-2　条码阅读器结构及原理

9.1.3　条码阅读器技术

普通的条码阅读器通常采用四种技术：光笔、(CCD)、激光和影像型红光。

（1）光笔

光笔是最先出现的一种手持接触式条码阅读器，它也是最经济的一种条码阅读器。

使用时，操作者需将光笔接触到条码表面，通过光笔的镜头发出一个很小的光点，当这个光点从左到右划过条码时，在"空"部分，光线被反射，"条"的部分，光线将被吸收，因此在光笔内部产生一个变化的电压，这个电压通过放大、整形后用于译码。

光笔因为与条码接触阅读，能够明确哪一个是被阅读的条码；阅读条码的长度可以不受限制；与其他的阅读器相比成本较低；内部没有移动部件，比较坚固；体积小，重量轻。缺点：使用光笔会受到各种限制，比如在有一些场合不适合接触阅读条码；另外只有在比较平坦的表面上阅读指定密度的、打印质量较好的条码时，光笔才能发挥作用；而且操作人员需要经过一定的训练才能使用，如阅读速度、阅读角度，以及使用的压力不当都会影响阅读性能；最后，因为必须接触阅读，当条码因保存不当而产生损坏，或者上面有一层保护膜时，光笔都不能使用；光笔的首读成功率低及误码率较高。

(2) CCD

CCD 为电子耦合器件(Charge Couple Device),比较适合近距离和接触阅读,它的价格没有激光阅读器贵,而且内部没有移动部件。

CCD 阅读器使用一个或多个 LED,发出的光线能够覆盖整个条码,条码的图像被传到一排光上,被每个单独的光电二极管采样,由邻近的探测结果为"黑"或"白"区分每一个条或空,从而确定条码的字符,换言之,CCD 阅读器不是注意阅读每一个"条"或"空",而是条码的整个部分,并转换成可以译码的电信号。

CCD 阅读器的优点:与其他阅读器相比,CCD 阅读器的价格较便宜,但同样有阅读条码的密度广泛,容易使用。它的重量比激光阅读器轻,而且不像光笔一样只能接触阅读。

CCD 阅读器的不足:CCD 阅读器的局限在于它的阅读景深和阅读宽度,在需要阅读印在弧型表面的条码(如饮料罐)时会有困难;在一些需要远距离阅读的场合,如仓库领域,也不是很适合;CCD 的防摔性能较差,因此故障率较高;在所要阅读的条码比较宽时,CCD 也不是很好的选择,信息很长或密度很低的条码很容易超出扫描头的阅读范围,导致条码不可读;某些采取多个 LED 的条码阅读器中,任意一个 LED 故障都会导致不能阅读;大部分 CCD 阅读器的首读成功率较低且误码几率高。

(3) 激光

激光扫描仪是各种扫描器中价格相对较高的,但它所能提供的各项功能指标最高,因此在各个行业中被广泛采用。

激光手持式扫描器是利用激光二极管作为光源的单线式扫描器,它主要有转镜式和颤镜式两种。

转镜式的扫描器是采用高速马达带动一个棱镜组旋转,使二极管发出的单点激光变成一线。这条激光线扫到条码本身,条码黑色吸收大部分激光,白色反射大部分激光,同时反射光线通过"引擎"里的光学镜片,反射、聚焦到一块光电三极管上,在时域上观测,扫描到条码黑带上光电三激光输出低电平,白带上时光电三极管高电平。经过若干次放大,整形为一矩形波,矩形波与扫描到的条码对应。所得波形再经过数据线传到"解码器"部分。

"解码器"其实就为一单片机,主要依靠中断和单片机计数器记录波形跳转时间,所采集到的数列在下一次扫描或回扫时进行数字解码,主要依靠这些计数器数得的时间比例来解码对应的条码。

颤镜式的制作成本低于转镜式,但这种原理的激光枪不易提高扫描速度,一般为 33 次/秒。个别型号,如 OPTICON 可以达到 100 次/秒,其代表品牌为 Symbol,PSC 和 OPTICON,最具有代表性的是 SYMBOL 2208。

商业企业在选择激光扫描器时,最重要的是注意扫描速度和分辨率,而景深并不是关键因素。因为当景深加大时,分辨率会大大降低。优秀的手持激光扫描器应当是高扫描速度,固定景深范围内很高的分辨率。

激光扫描仪分为手持与固定两种形式:手持激光枪连接方便简单、使用灵活;固定式激光扫描仪适用于阅读器较大、条码较小的场合,有效解放双手工作。

激光扫描器的优点:激光扫描仪可以很杰出的用于非接触扫描,通常情况下,在阅读距离超过 30 厘米时激光阅读器是唯一的选择;激光阅读条码密度范围广,并可以阅读不规则的条码表面或透过玻璃或透明胶纸阅读,因为是非接触阅读,因此不会损坏条码标签;因为有较先进的阅读及解码系统,首读识别成功率高、识别速度相对光笔及 CCD 更快,而且对印刷质量不好或模糊的条码识别效果较好。

激光扫描器的缺点：激光扫描器的缺点是它的抗摔能力差，价格也相对较高，但如果从购买费用与使用费用的总和计算，与 CCD 阅读器并没有太大的区别。由于激光扫描器有着极好的应用前景，现在新型的扫描器都加了抗摔软胶，提高了其抗摔性。

(4) 影像型红光

影像型红光条码阅读器是一款可替代激光枪的条码阅读器，其扫描景深达 30 厘米，配合其高达 300 次/秒的扫描速度，使其具有优异的读码性能。独特的影像式设计，令其解码能力极强，一般扫描器无法识读的条码，而影像红光仍可轻松识读。通过智能接口，只需更换电缆就可实现键盘、RS232 串口、USB 等接口的转换，同时，还可直接连接笔记本电脑。对于掌上电脑等特殊设备，某些型号可内置电池直接供电，解决了掌上电脑供电能力不足的困扰。还可通过软件对其进行设置和软件升级。其丰富的数据编辑功能可使影像型红光扫描器与用户现有软件充分配合，从而具备很好的兼容性。

9.1.4 条码阅读器接口

条码阅读器的常用接口类型有以下几种：

(1) SCSI(小型计算机标准接口)

此接口最大的连接设备数为 8 个，通常最大的传输速度是 40 m/s，速度较快，一般连接高速的设备。SCSI 设备的安装较复杂，在 PC 机上一般要另加 SCSI 卡，容易产生硬件冲突，但是功能强大。

(2) EPP(增强型并行接口)

此接口是一种增强了的双向并行传输接口，最高传输速度为 1.5 Mbps。优点是不需在 PC 中用其他的卡，无限制连接数目，设备的安装及使用容易。缺点是速度比 SCSI 慢。此接口因安装和使用简单方便而在中低端对性能要求不高的场合取代 SCSI 接口。

(3) USB(通用串行总线接口)

此接口最多可连接 127 台外设，现在的 USB 1.1 标准最高传输速度为 12 Mbps，并且有辅助通道用来传输低速数据。而 USB 2.0 标准的条码阅读器速度可能会扩展到 480 m/s，具热插拔功能，即插即用。此接口的条码阅读器随着 USB 标准在 Intel 的力推之下，会得到更加广泛的应用。

(4) 无线接口

新型的扫描器具备蓝牙连接和 WiFi 连接功能，无线连接方式在某些场合给使用者带来极大方便。

9.1.5 条码阅读器分辨率

条码阅读器的分辨率要从三个方面来确定：光学部分、硬件部分和软件部分。也就是说，条码阅读器的分辨率等于其光学部件的分辨率加上其自身通过硬件及软件进行处理分析所得到的分辨率。

光学分辨率是条码阅读器的光学部件在每 25.4 mm×25.4 mm 面积(1 平方英寸)内所能捕捉到的实际的光点数，是指条码阅读器 CCD(或者其他光电器件)的物理分辨率，也是条码阅读器的真实分辨率，它的数值是由光电元件所能捕捉的像素点除以条码阅读器水平最大可扫尺寸得到的数值。如分辨率为 1 200 dpi 的条码阅读器，往往其光学部分的分辨率只占

400 dpi～600 dpi。扩充部分的分辨率由硬件和软件联合生成,这个过程是通过计算机对图像进行分析,对空白部分进行数学填充所产生的(这一过程也叫插值处理)。

光学扫描与输出是一对一的,经过计算机软硬件处理之后,输出的图像就会变得更逼真,分辨率会更高。

某台条码阅读器的分辨率高达 4 800 dpi(这个 4 800 dpi 是光学分辨率和软件差值处理的总和),是指用条码阅读器输入图像时,在 25.4 mm×25.4 mm 面积(1 平方英寸)的扫描幅面上,可采集到 4 800×4 800 个像素点(Pixel)。25.4 mm 见方(1 平方英寸)的扫描区域,用 4 800 dpi 的分辨率扫描后生成的图像大小是 4 800Pixel×4 800Pixel。在扫描图像时,扫描分辨率设得越高,生成的图像效果就越精细,生成的图像文件也越大,但插值成分也越多。

9.1.6 条码阅读器光电器件

目前条码阅读器所使用的感光器件主要有四种:光电倍增管,硅氧化物隔离 CCD,半导体隔离 CCD 和接触式感光器件(CIS 或 LIDE)。

主流是两种 CCD,其原理简单是:在一片硅单晶上集成了几千到几万个光电三极管,这些光电三极管分为三列,分别用红、绿、蓝色的滤色镜罩住,从而实现彩色扫描。两种 CCD 相比较,硅氧化物隔离 CCD 又比半导体隔离 CCD 好。

半导体的 CCD 三极管间漏电现象会影响扫描精度,用硅氧化物隔离会大大减少漏电现象,但成本会很高。现在主流是半导体隔离 CCD,使用硅氧化物隔离 CCD 比较少,显然是因为成本较高。

接触式感光器件,它使用的感光材料一般是用来制造光敏电阻的硫化镉,生产成本较 CCD 低得多。

CIS 的意思是"接触式图像传感器",不需光学成像系统,结构简单、成本低廉、轻巧实用,但是对扫描稿厚度和平整度要求严格,成像效果比 CCD 差。其实这种技术与 CCD 技术几乎同时诞生。绝大多数手持式扫描仪采用 CIS 技术。

LIDE(LED In Direct Exposure)二极管直接曝光技术是佳能公司独创的技术,是一种基于 CIS 技术的革新技术,它使用三色二极管作为光源。与使用冷阴极灯源的扫描仪相比,二极管具有体积小巧且持久长效等特点,不过它所产生的光线比较弱,很难保证扫描影像所需的亮度。针对这一原因,LIDE 技术对二极管装置及引导光线的光导材料进行了改造,使二极管光源可以产生均匀并且亮度足够的光线用于扫描。

扫描距离短,扫描清晰度低,甚至有时达不到标准值,温度变化比较容易影响扫描精度,这些正是这种接触式条码阅读器的致命缺陷。

光电倍增管的感光材料主要是金属铯的氧化物。它的扫描精度受到温度影响和噪音影响后都是最好的,可价格也是最贵的。一台条码阅读器的光电器件是决定其性能的重要因素,若配合优良的控制电路和软件,扫描器的性能就会发挥到极致。

9.1.7 条码阅读器使用注意事项

由于手持扫描枪有红光和激光之分,所以使用时应注意它们的本质区别和基本使用要求。

一般激光扫描枪不能扫描手机和电脑屏幕的条码,红光扫描枪除了常规的纸质条码,还可以支持手机等电子屏幕。激光扫描枪扫描的宽度很大,穿透力强,而红光扫描枪扫描的距离很近,扫描条码的宽度也受到红光的限制,且CCD红光呈发散状,穿透力也弱。但红光扫描器对条码平整度要求不像激光扫描器那样苛刻,只要将红光光带套住条码,一般就可准确识别,条码有部分缺损也照样能正确读取信息。由于原理的不同,激光枪在光线强的地方也能工作,而红光枪在强光环境中就可能无法识别条码。

在使用手持扫描枪时,不论是激光枪还是红光枪,都要根据条码大小和距离,寻找最佳扫描距离和角度,尤其是激光枪,要保证条码平整,无污渍,否则影响扫描准确率。

不可将扫描枪与条码成90°进行扫描,这样无法进行正常读取条码。必须对准且将扫描线全部套住条码。不可随便乱扫说明书上的条码,否则可能造成扫描枪无法扫描等现象。在识读过程中,对同一批次的条码,扫描枪与条码的距离在某一范围内,读码成功率会很高,此距离即为最佳识读距离。

激光扫描模块大部分使用胶粘来固定机械装置,所以它在受震动时容易使摆片脱落损坏,所以使用激光枪时特别要注意不要磕碰,防止损坏。而红光扫描枪中没有机械结构,所以比较抗摔,稳定性也好,红光扫描枪返修率远远低于激光扫描枪。激光扫描器正确扫描方法如图9-3所示。

图9-3 激光扫描器正确扫描方法

连接设备注意事项:
① 首先请确保扫描枪、数据线、数据接收主机和电源等正确连接后开机。
② 长按触发键,照明灯被激活,出现红色照明区域及红色对焦线。
③ 将红色对焦线对准条码中心,移动扫描枪并调整它与条码之间的距离,找到最佳识读距离。
④ 听到成功提示音响起,同时红色照明线熄灭,则读码成功,扫描枪将解码后的数据传输至主机。

9.1.8 扫描枪安装方法

(1) 插入数据线:将数据线的水晶头接入扫描枪的底部接口,注意:如果插进入之后可以直接拔出,说明没有插好,因为插好后是不能直接拔出的。

(2) 连接电脑:扫描枪一般有个接口可选,常用USB接口。连接电脑的时候将扫描枪数据线插口插入电脑相应的接口上,稍等电脑自动安装驱动之后,即可使用。

(3) 取线方法:用一个小别针插入取线孔,稍微用力挤压然后就可以拔出数据线。扫描枪取线方法如图9-4所示。

图 9-4　扫描枪取线方法

9.1.9　数据采集器

1. 数据采集器

为了满足移动的数据采集和为物品流通环节而设计的数据采集器或称掌上电脑,其具有一体性、机动性、体积小、重量轻、性能高,并适于手持等特点。它是将条码扫描装置与数据终端一体化,带有电池可离线操作的终端电脑设备(见第 10 章,终端设备)。

数据采集器具有中央处理器(CPU)、只读存储器(ROM)、可读写存储器(RAM)、键盘、屏幕显示器和计算机接口。条码阅读器、电源配置和手持终端可通过通讯座与计算机相连用于接收或上传数据,手持终端的运行程序是由计算机编制后下载到手持终端中,可按使用要求完成相应的功能。

数据采集器可用于接收邮件信息处理、投递、封发、交接盘点和库存管理等。数据采集器有效地解决了物品在流转过程中数据的标识和数量确认的问题,是保证系统的信息快速、准确进行处理的有效手段,数据采集器正在快速普及和智能化。数据采集器外形如图 9-5 所示。

图 9-5　数据采集器

2. 数据采集器功能

数据采集器具有数据采集、数据传送、数据删除和系统管理等功能。

(1) 数据采集

是将物品的条码通过扫描装置读入,对物品的数量直接进行确认或通过键盘录入的过程,在数据采集器的存储器中以文本数据格式存储。

（2）数据传送

数据传送功能有数据的下载和上传。数据下载是将需要数据采集器进行确认的物品信息从计算机中传送到数据采集器中。

数据上传是将采集到的商品数据通过通信接口,将数据传送到计算机中去,再通过计算机系统的处理,将数据转换到相应的数据库中。

（3）数据删除

数据采集器中的数据在完成了向计算机系统的传送后,需要将数据删除,否则会导致再次数据读入的叠加,造成数据错误。有些情况下,数据可能会向计算机传送多次,待数据确认无效后,方可实行删除。

（4）系统管理

系统管理功能有检查存储空间和系统日期时间的调较。需考虑的一些细节单据号在物品的流转过程中,通常是以单号来区分不同类型和不同批次的数据,在有数据下载的情况下,数据采集器有可能会同时存储若干张单据的物品数据,这就有必要通过单据号来加以区分。

3. 典型 PDA 数据采集器

当前市场上主流的智能终端一般都具备以下功能：

① 大屏幕,电池容量一般为 4 000 mAh 及以上。

② 支持 WiFi,GPRS。

③ 支持蓝牙称重。

④ 支持一维、二维扫码。

⑤ 支持 GPS 定位。

⑥ 支持电话、短信、拍照功能等。

图 9-6　典型智能终端外形

9.2　条码打印机

条码打印机属于条码制作设备。

条码的制作和应用实际上就是条码的编码和解码过程。将基本信息做成条码的过程就是编码过程,通过扫描枪等识别设备的读取条码信息的过程就是解码过程。条码从制作到应用,基本上离不开三种条码设备,一种软件设备,另外两种就是硬件设备。

条码打印软件就属于前者主要是用来设计条码并完成条码批量打印设置的,打印的时候要有条码打印机这类硬件条码设备的支持。将设计好的条码通过条码打印软件和硬件的连接将其打印到相应的空白标签纸上。这是条码制作的过程，也就是编码过程。做好之后就是应用的范畴了，主要用的硬件设备就是条码识读设备。

条码打印机指用于打印条码的打印机，是一种专用的打印机。条码打印机和普通打印机的最大的区别就是，条码打印机的打印是以热为基础，以碳带为打印介质（或直接使用热敏纸）完成打印。热敏打印与热转印是条码打印机的两种打印方法，每种方法都使用热敏打印头对打印表面加热。热转印是通过加热色带，在多种材料上打印出耐用、持久的图案。热敏打印不使用色带，而是直接在标签材料上打印图案。

相对于普通打印方式，条码打印机的最大优点在于它可以在无人看管的情况下实现连续高速打印。它所打印的内容一般为企业的品牌标识、序列号标识、包装标识、条码标识、信封标签、服装吊牌等。所谓条码（竖道），专业术语叫条码，它的广泛应用直接导致了其相应的设备的迅速普及，而条码打印机作为条码应用的重要设备之一被广泛地使用在制造业，物流业等需要印制标签的行业中。不同样式的条码打印机如图 9-7 所示。

图 9-7　条码打印机

9.2.1　条码打印机分类

条码打印机按呈现形式可分为固定式打印机、桌面型条码机和便携式条码打印机。

（1）固定式打印机

这种打印机智能化水平较高，具备丰富的接口，使其可接入多种设备和主机。无须 PC 机支持便可独立执行用户程序，铸镁合金结构，坚固耐用，重量轻。工业级条码打印机，具有结实耐用的压铸金属外壳，强大的实时连接，卓越的兼容性，低廉的价格，适应工业现场使用，满足工业高品质打印的要求。

（2）桌面型条码机

小型经济条码打印设备，适用于中小企业移动办公。体积小巧，结构坚固，功能强大，价格低廉。

（3）便携式条码打印机

体积小巧，轻便，抗环境干扰能力强。采用了红外技术或蓝牙技术作为打印数据通信的接口。

9.2.2　条码打印机结构和工作原理

条码打印机一般由打印机上盖、标签卷固定轴、标签供应轴、纸卷架、碳带供应轴、碳带回卷轴、碳带机架、打印头、标签剥离装置和外壳等组成。如图 9-8 所示。

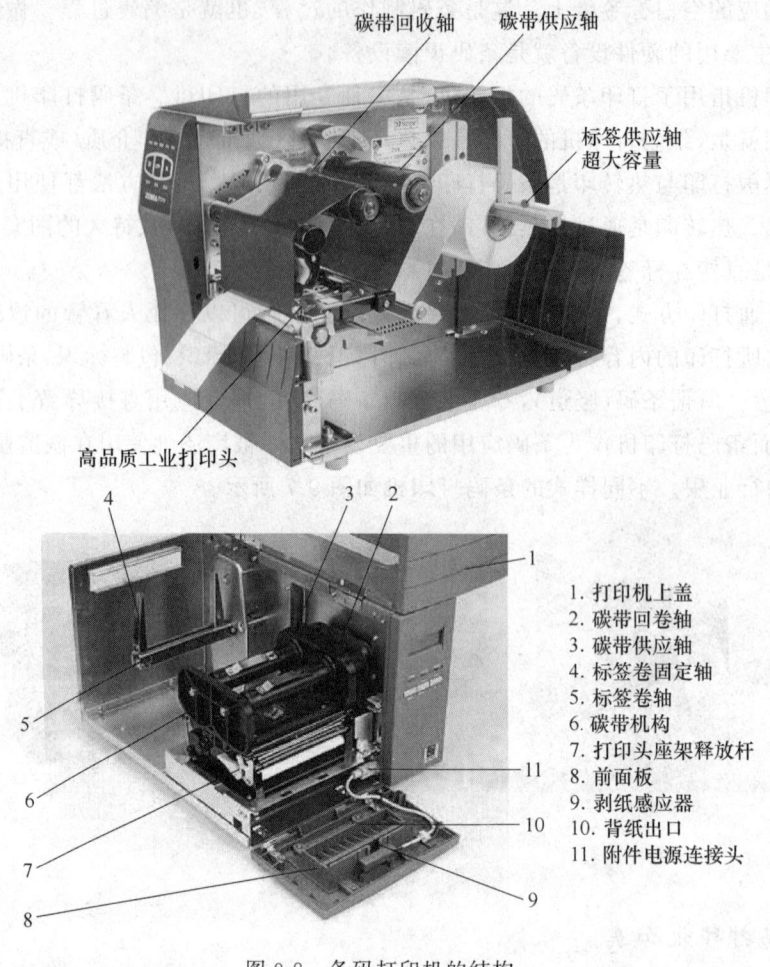

图 9-8　条码打印机的结构

1. 热敏方式和热转印方式的工作原理

条码打印机一般以热印方式实现打印功能,热印主要有两种,一种是热敏纸受热变色方式,也就是常说的热敏方式;另一种是转印色带墨水方式,也就是常说的热转印方式。

在热敏打印方式下,条码打印机工作原理是:打印头发热,热敏标签介质在条码打印机打印头的发热点处受热后变色,显示出要打印的内容。使用热敏承印介质的标签,日光作用下会逐渐变淡,保存时间较短(通常不超过 6 个月)。而许多应用场合需要长时间保存标签,这就需要使用热转印原理打印,热转印打印方式下,条码打印机工作原理是:使用热转印碳带作为介质打印到标签承印介质上。电脑控制条码打印机的打印头发热,热转印碳带的碳粉涂层在打印头发热的热力作用及打印头压力作用下,熔化并转印到标签承印介质上,显示出要打印的图形及文字。使用热转印方式打印的标签,根据标签的材质以及使用碳带的材质不同可以保存更长的时间,达到几年,甚至更长时间。

2. 条码打印机标签传动技术原理

条码打印机标签传动也就是指标签进纸机构,目前采用的有两种方式,一种是打印头平压的方式,另一种是打印头悬压的方式。平压的方式一般仅采用前辊轴驱动进纸(有些宽幅的条码机也会采用前后辊轴同时驱动),悬压的方式都采用前后双辊轴的驱动进纸方式,所以平压的方式,打印头、标签、前辊轴处于压紧状态,而悬压方式,打印头、标签、前滚轴可以处于不完全压紧状态。

标签的进纸机构不论是平压方式,还是悬压方式,都采用同一马达驱动,如果是双辊轴驱动,一般都采用皮带传动双辊轴。条码打印机原理中,这一点是最可以判断条码打印机耐用性的一个标准,耐用性好的条码打印机传动皮带的齿轮都采用金属件,保证条码机高速运转中传动结构的寿命,如斑马 Zebra 110XiⅢ等机型。

条码打印机附件的传动,如条码打印机回卷器、条码打印机剥离器,也是采用进纸机构的传动马达。条码打印机标签安装示意图如图9-9所示。

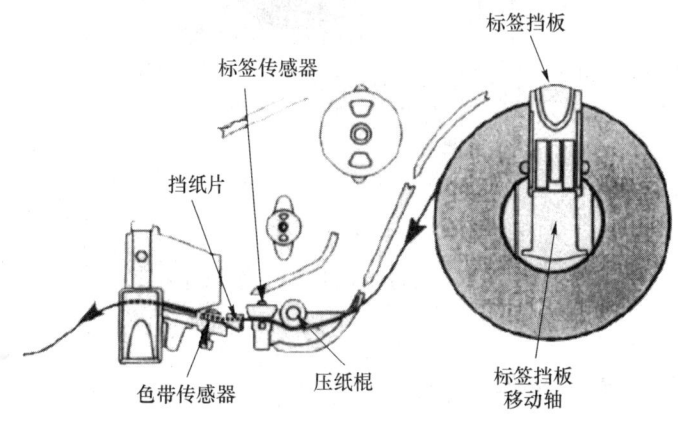

图9-9 条码打印机标签安装示意图

3. 条码打印机碳带传动技术原理(热转印方式时)

条码打印机碳带传动目前有两种方式,一种是采用与标签进纸机构同一传动马达,另一种是采用单独马达驱动(常见于悬压式打印方式中)。

当条码打印机碳带传动与标签进纸机构采用一套传动马达时,彼此之间通过皮带来传动能量。碳带轴一般有两个,前面的碳带轴是主动轴,后面的碳带轴是从动轴,主动轴依靠马达来驱动,随着标签纸的打印而同步动作,从动轴依靠阻尼片或者阻尼弹簧使碳带处于拉直平整状态。

当条码打印机碳带传动采用单独马达驱动时,一般会采用前后双马达的方式来控制碳带的动作,该方式最大的好处是可以实现条码打印的碳带节省功能。

4. 条码打印机数字信号处理(DSP)的数据处理原理

条码打印机 DSP 数据处理,就是一个数据转换的途径,即计算机发送图形指令给条码机,条码机通过数据存储、数据处理,然后驱动打印头热敏元件发热打印相关内容。由于二维条码解算比较复杂,对硬件性能要求比较高,与传统的 C51 单片机比较,C51 单片机难以满足实时数字信号处理的要求。所谓实时数字信号处理,只在有限的时间内,系统对外部输入信号,用数字的方法完成指定的处理,进行处理的速度必须大于或等于外部信号更新的速度。随着半导体制造工艺的发展和计算机体系结构的改进,高速实时数字信号处理成为研究的重点,DSP芯片的处理功能越来越强大,其运算速度也越来越快,所以在设计条码打印机电路时,一般选用性能比较好的处理芯片。条码打印机碳带安装示意图如图9-10所示。

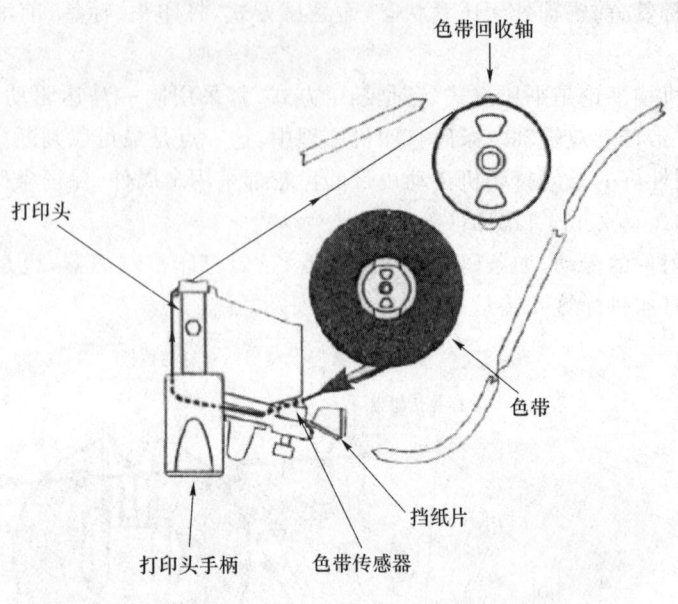

图 9-10　条码打印机碳带安装示意图

9.2.3　条码打印机参数指标

(1) 打印宽度

表示打印机所能打印的最大宽度,一般来说,打印宽度有 76.2 mm(3 英寸)到 203.2 mm(8 英寸)几个选择,打印宽度是选择打印机的决定因素。

(2) 打印精度

打印精度依靠打印机中打印头这一重要配件实现。市场面上的打印精度分别为:200 dpi、300 dpi、600 dpi。精度越高,打印出来的标签文字和条码越精细清楚。用户可根据行业情况,标签大小情况选择适合自身打印需求的产品。

(3) 打印速度

打印速度快是条码打印机较之于针式打印机的优势之一。市面上工业级条码打印机打印速度可达到 406.4 m/s(16 英寸/秒)。对于同种机器而言,速度越快,精度越低。用户在使用中,须调节机器,以求速度和精度的完美组合。

(4) 接口

市面上销售的条码打印机,配有 USB 接口、并口(LPT)、串口(RS232)。

(5) 配件

为了让打印机达到用户的要求,条码打印机各厂家均设计了很多可选配件:切刀、剥离器和纸架等。

9.2.4　条码打印机使用注意事项

(1) 碳带安装方法

一般条码打印设备的说明书上都有明确说明:打开打印机上盖,露出卷支仓,按下打印机两侧的释放钮,打开打印头摸组,向上打开打印头摸组露出碳带供应端,拆开碳带包装,取出碳带和空卷芯,将条码碳带前端少量连接到空卷芯上。将碳带安装到碳带供应端(先卡左端在压入右端),关上打印头摸组在将空卷芯在碳带回收端(先卡左端在压入右端)。转动打印头摸组左端的齿轮,确定碳带卷紧,同时向下按压打印头摸组两侧,直到听到"咔嗒"一声。

(2)面板控制操作

PAUSE 键:暂停与开始打印。FEED 键:走一张纸。CANCEL 键:当打印数据传输到打印机时,但不需打印可先按下 PAUSE,然后多次按 CANCEL 直到数据灯关闭为止。CALIBRATE:标签测试。当安装新规格标签时,测试标签的各项参数后,才能正常打印。方法:先按 PAUSE 键,然后按 CALIBRATE 进行测纸。测纸时标签有加速过程,说明测纸正确。注意:测纸完毕标签可回卷,碳带不能回卷。

9.2.5 条码打印机日常保养

为了保证条码打印机的质量和长久良好的性能,需要定期对其进行清洁,条码打印机使用越频繁,越就该经常清洁,做到每天清洁一次。

(1)打印头的清洁

要经常定时清洁打印头,清洁工具可以用棉签和酒精。关掉条码打印机的电源,擦拭时请保持同一方向(避免来回擦拭时脏物残留),将打印头翻起,移去色带、标签纸,用浸有打印头清洗液的棉签(或棉布),轻擦打印头直至干净。之后用干净的棉签轻轻擦干打印头。

保持打印头洁净可以达到好的打印效果,最重要的是延长打印头寿命。

(2)胶棍(Platen Roller)清洁保养

要经常定时清洁条码打印机胶棍,清洁工具可以用棉签和酒精,保持胶棍洁净,也是为了达到好的打印效果,以及延长打印头寿命。在打印过程中,标签纸会在胶棍上留下很多粉末,如果不及时清洁,就会伤及打印头。胶棍用久了,如果有磨损或一些凹凸不平的话也会影响打印及损坏打印头。

(3)滚筒的清洁

清洗打印头后,用浸有75%酒精的棉签(或棉布)清洗滚筒。方法是一边用手转动滚筒,一边擦洗,待干净后,擦干。上述两个步骤的清洗间隔一般是三天一次,如果条码打印机使用频繁,最好一天一次。

(4)传动系统的清洁和机箱内的清洁

因为一般标签纸为不干胶,胶容易粘在传动的轴和通道上,再加上有灰尘,会直接影响打印效果,故需经常清洁。一般每周一次,方法是用浸有酒精的棉签(或棉布)擦洗传动的各个轴、通道的表面以及机箱内的灰尘,干净后擦干。

(5)传感器的清洁

要保持传感器清洁,才不会发生测纸错误或碳带错误问题。传感器包括色带传感器和标签传感器,其位置见说明书,一般三个月至六个月清洗一次,方法是用浸有酒精的棉签擦洗传感器头,干净后擦干。

(6)进纸导槽清洁

导槽一般不会出现大问题,但有时人为的或标签质量问题可导致标签粘在导槽里,也需要及时清洁。

9.3 电子秤

电子秤是在传统称重设备基础上发展出来的电子称重设备。随着电子技术的不断更新和市场应用领域的不断扩大,电子秤由单一的称重设备,发展成为各种各样、规格齐全、应用领域不同、应用范围广泛的多种称重设备。现在的电子秤,不但种类繁多,而且技术先进,从台秤、桌秤到口袋秤和大型磅秤,都实现了电子化和集成化,且精度在不断提高。常见的电子秤如图 9-11 所示。

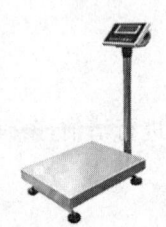

图 9-11 常见的几种电子秤

9.3.1 电子秤组成及原理

简单地说,电子秤主要由承重系统(如秤盘、秤体)、传力转换系统(如杠杆传力系统、传感器)和示值系统(如刻度盘、电子显示仪表)三部分组成。

主要组成部件包括:重量传感器、放大器电路、滤波器电路、模拟数字转换器、中央处理器、电源供应电路、按键、机架、秤盘、外壳等。电子秤称重原理如图 9-12 所示。

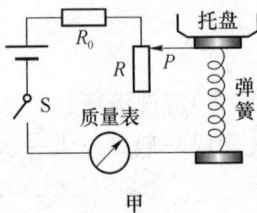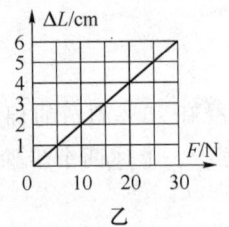

图 9-12 电子秤称重原理

电子秤通过压力感应器收集重量,并通过电子芯片将收集的重量信息转换为标准千克数,由显示屏输出数字。

电子秤核心原件是应变片,在金属构架上贴着盘绕着金属丝的贴片。称重时,金属构架受力形变,贴片上的金属丝也随着被拉长或缩短,金属丝电阻因此改变,通过测量金属丝的电阻变化和参数转换得到所称重物的数据。

电子秤是集现代传感器技术、电子技术和计算机技术一体的电子称量装置,传感器形变得到的电参数,经过放大电路,调零电路,模数转换(A/D 转换),转换成便于处理的数字信号输出到 CPU 运算控制。CPU 根据键盘命令以及程序将这种结果输出到显示器,直至显示这种结果。

在工业级的电子秤的设计中,称重测量采用双孔梁式电子秤。图 9-13 中左图是双孔梁式电子秤的结构示意图,它主要由秤盘、称重传感器和底盘三部分组成。图 9-13 右图为电子秤技术原理示意图。其中 4 个电阻应变片粘贴在双孔梁,称重时双孔梁在由被称物体产生的压力和系统底盘对双孔梁的支持力的作用下,产生平行四边形形变,由这 4 片应变片接成的惠斯通电桥在供桥转换为电压信号,通过放大电路和 A/D 转换电路,再由单片机对结果进行处理,最终显示出来完成称重测量。

双孔梁式称重传感器型秤有以下基本特为：

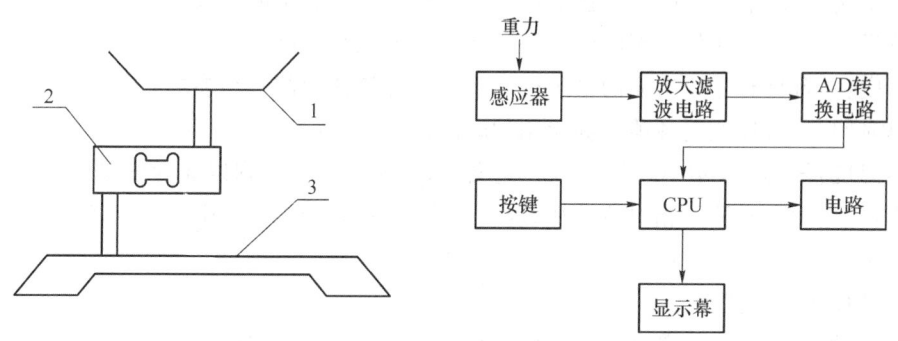

图 9-13 电子秤的技术原理
1—秤盘;2—称重传感器;3—底盘

① 同样载荷情况下梁的应变量和电桥的输出电压是个常量且与载荷在秤盘的位置无关。
② 梁的应变量、电桥的输出电压与载荷成正比。
③ 虽然载荷在秤盘的位置和称重结果关系不大,但秤盘的重量和面积,都要根据称重传感器的性能和使用要求严格选择,并且需要对称重传感器进行四角偏载误差锉修调整,以保证系统的准确度。

电阻丝应变式传感器,一般分为金属丝式和箔式两类。电阻丝的形变信号转换为电阻变化的电信号,将电信号转换为测出的力的大小。应变式电子秤传感器如图 9-14 所示。

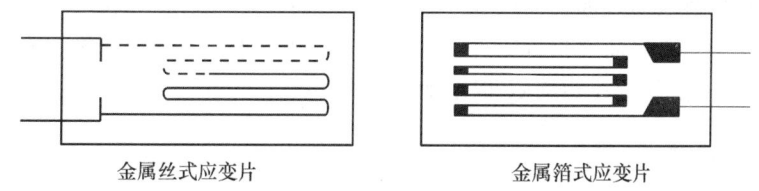

图 9-14 应变式电子秤传感器结构

9.3.2 电子秤技术指标

最大称量:一台电子秤不计皮重的最大秤重能力(满载值),即所能称量的最大的载荷。
最小称量:一台电子秤在低于该值时会出现的一个相对误差。
安全载荷:120% 正常称量范围。
额定载荷:正常称量范围。
允许误差:等级检定时允许的最大偏差。

感量:一台电子秤所能显示的最小刻度。通常用"d"来表示。

最小刻度:起跳值,例如:60 kg×5 g,5 g 即为最小刻度,即最小感量。

刻度间隔:感量=(e),表示每一跳会增加多少重量,例如:300 g×0.001 g,0.001 g 即为感量。

刻度间隔数:如秤由 10 g 起跳,每 10 g 为一刻度直到最大称量共为多少个刻度数。

精密度:感量与全称量的比值。例如:称量 6 000 g 最小刻度(感量)0.5 g。即 05/6 000＝1/12 000,1/12 000 即为此秤之精密度。

电子秤的精度等级有:Ⅰ级～Ⅳ。

电磁干扰:无线电波所产生干扰的通称,例如:手机所发出的电波。

解析量:一台具有计数功能的电子秤所能分辨的最小刻度。

解析度:一台具有计数功能的电子秤内部具有分辨能力的一个参数。

预热时间:一台秤达到各项指标所用的时间。

适用温度:－10～＋40 ℃(依 OIML 定义,未标明适用温度则以此为依据)。

湿度:空气中含水分的相对百分比,湿度过高将影响秤的线性及稳定性,湿度过低或太过干燥将产生静电干扰。

电子秤使用环境温度为:－10～＋40 ℃。

电子秤的通信方式:一般包括 RS-232/RS-485 接口、射频(RF2.4G)、USB 接口和以太网路,较新型的电子秤都有蓝牙(Bluetooth)功能,可以实现与 PDA 的无线信息传输。

9.3.3 电子秤计量管理

电子秤是使用频率非常高的称重设备,其计量准确度非常重要,所以电子秤的计量检定是一个非常重要的工作,电子秤是受国家计量法保护的产品。按照《中华人民共和国计量法》及《中华人民共和国强制检定的工作计量器具目录》的要求,凡是作为社会公用计量标准的电子秤,部门、企业和事业单位使用最高计量标准的电子秤,以及用于贸易结算、安全防护、医疗卫生和环境监测方面的电子秤,在使用之前均需经过计量检定合格才可以使用。未按照规定申请计量检定,或者经检定后不合格的,不予使用。

电子秤在工业领域和其他行业的使用非常广泛,而且种类繁多。在邮政系统,主要包括包裹电子秤和地磅。一般桌面秤指称量在 30 kg 以下的电子秤,台秤指全称量在 30～300 kg 以内的电子秤,地磅指全称量在 300 kg 以上的电子秤。

9.3.4 电子台秤使用

电子秤的摆放:使用电子秤时首先要做到正确摆放,正常情况应该摆放在水平稳固的台面上,这样才能正确使用,并且秤身下不能垫放杂物,如果出现倾斜或摇晃,会影响电子秤的读数。很多电子秤的四个秤脚都带有调平螺母,通过调整电子秤的四个秤脚高度,让面板上的水银泡保持在中间位置上。

电子秤的保养:任何电子器械都是有寿命的,所以平常要做好保养工作。在日常工作中,电子秤要轻拿轻放,剧烈震动会导致棘爪和传感器脚腿松动而脱落。因此,要避免各种磕碰摔打,搬运移动过程中不可互相抛接。

电子秤的计量:要按照国家规定定期对电子秤进行计量检定,保证电子秤处于正常准确的计量状态。

不同的电子秤具备的功能不尽相同,所以在采购和使用电子秤前,要认真阅读技术资料或说明书,熟悉电子秤的功能和使用注意事项。如通电及预热、空秤跟踪、空秤置零、空秤去皮和累计功能等。

9.3.5 邮政系统专用电子秤、包裹秤

现在快递物流业发展非常迅速,桌面电子秤得到了广泛应用,网络技术和无线传输技术使电子秤有了非常便捷的使用功能,如新型快递包裹电子秤、蓝牙包裹电子秤等。

邮政电子秤除了具备一般电子秤的功能外,还具备邮资计算功能,使计量和邮资计算更为便捷。邮政电子秤基本结构同于普通商用电子秤(如图 9-15 所示)。在准确度方面采用了分段显示的方法,提高了电子秤的精度。邮资秤内部含有邮政业务所需要的所有资费,可以通过对键盘的操作,直接计算出信函或包裹的费用,并可以通过与计算机连接,将所得到的数据传到终端,构成邮政电子一体化系统。

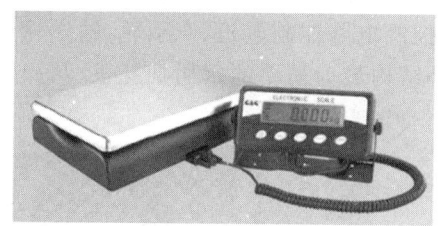 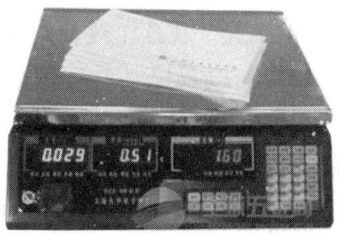

图 9-15 电子秤

TCS 系列邮用台秤是多功能的全电子式称重装置,从外观可分为立杆和平面两种。显示器采用荧光显示。可以根据计量要求采用单分度及多分度称重,其中多分度称重准确性更高。台面一般采用不锈钢板精制。该秤整体由高精度传感器和带单片微机的显示器两部分构成,具有标准 RS232 接口。因而它的称量迅速准确、性能稳定可靠、功能完善多样。目前该系列电子秤已广泛应用于邮政行业中。

YCD-T 型便携式 EMS 特快揽收专用秤是在日本大和 R208 电子秤电路基础上吸收目前市场上各种邮政秤、信函秤和包裹秤的优点改进开发的智能新产品,该秤采用了新颖的 8 位微型计算机的芯片,在称重方面采用了分段显示,使实际显示精度大为提高。在揽收特快业务中因携带轻巧、操作方便而广泛使用。

随着科技的发展和手持终端的广泛采用,具有蓝牙信息传输的电子秤得到青睐,在几米范围内,作业人员可以方便快捷地将包裹称重信息通过 PDA 读入计算机系统中,为网络化管理提供准确信息。蓝牙电子秤的应用如图 9-16 所示。

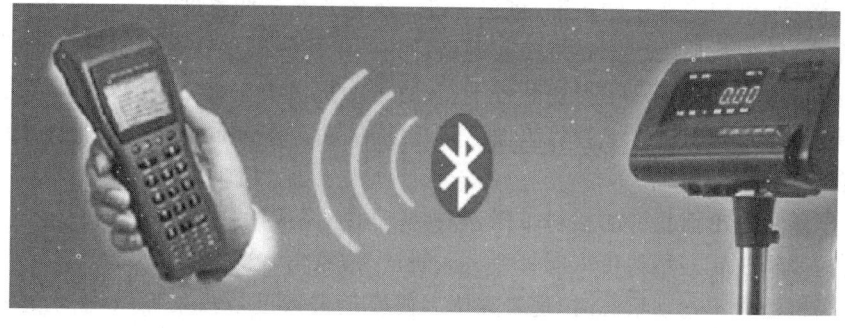

图 9-16 蓝牙电子秤的应用

9.4 捆扎机

在营业收寄包裹、内部处理封发和报刊封发等环节邮政都应用着大量的捆扎机设备。

捆扎机俗称打包机,是用捆扎带捆扎包装件,完成捆扎作业的机器。工作时,捆扎带缠绕包装件,然后收紧并将两端通过热效应进行熔接,或使用包扣等材料进行连接。捆扎机的功能是使塑料带能紧贴被捆扎包件表面,保证包件在运输、贮存中不因捆扎不牢而散落。纸箱捆扎机又称纸箱打包机,为便于运输存放,可将多个小箱成组打包,或堆叠打包。

9.4.1 捆扎机结构及工作原理

捆扎机将打包带穿绕包裹后,牵引头自动夹住打包带,启动牵引拉紧动作,之后进行热烫连接,完成包裹的捆扎。在这个过程中,内部控制电路控制电机、牵引轮、输送轮和热烫连接,完成一整套操作。如图 9-17 所示的捆扎机是结构最为简单的常用捆扎机,其操作简单,维护方便。

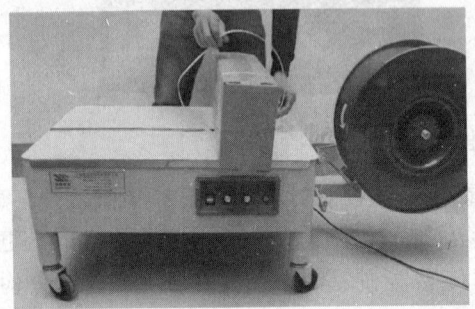 

图 9-17 捆扎机的结构

捆扎机一般由机架、刀体结构、凸轮轴、电热头摆杆和电热头等组成。

捆扎机可分为半自动捆扎机和自动捆扎机,其工作原理比缠绕机简单。捆扎机是使用捆扎带缠绕产品或包装件,然后收紧并将两端通过热效应熔融或使用包扣等材料连接的机器。捆扎机的功能是使塑料带能紧贴被捆扎包件表面,保证包件在运输、贮存中不因捆扎不牢而散落,其工作过程如下。

退带张紧:一夹头上升夹住塑料带头,送带轮反转退带,将多余的塑料带退回储带盒,并勒紧被捆物。随后,机械手夹住塑料带,将包件进一步勒紧至所调紧度。

切带粘合:导向板从两层塑料带中间退出,同时,电烫头同步插入两层带之间,接着二夹头上升夹住塑料带另一端带头,切刀切断带子,并将带头推向烫头与之接触,受热熔化(表面),随即电烫头快速退出,切刀继续上升将表面已熔化的两层塑料带压在承压板上,并冷却凝固,完成两带粘合。

脱包:承压板退出捆扎好的塑料带圈,各夹头复位,完成捆扎。

送带:送带轮正转把塑料带由储带盒送入轨道,准备下一次捆扎。

卸载:当机器处于连动状态时,送带完毕后便直接进入退带张紧程序,按上述程序循环连续进行。

9.4.2 捆扎机分类

捆扎机按外形可分为高台捆扎机、低台捆扎机和全自动捆扎机。每种捆扎机的原理和功能也不尽相同。捆扎机类别如图9-18所示。

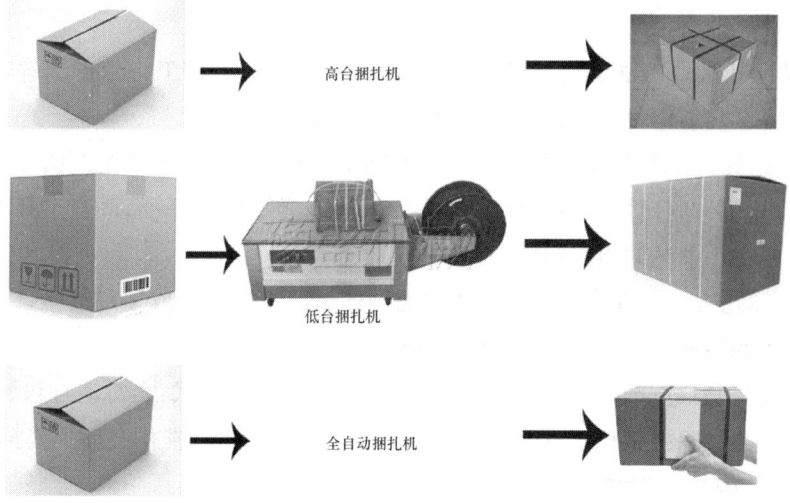

图 9-18 捆扎机类别

（1）按捆扎材料分

① 塑料带捆扎机。它是用于中、小重量包装箱的捆扎机，所用塑料带主要是聚丙烯带，也有尼龙带、聚酯带等。

② 钢带捆扎机。它用钢带作捆扎材料，因钢带强度高，主要用于沉重、大型包装箱。

（2）按接头方式分

① 熔接式捆扎机。塑料带易于加热熔融，故多适用于塑料带接头。根据加热的方式不同，又分为电热熔接、超声波熔接、高频熔接和脉冲熔接等。

② 扣接式捆扎机。它采用一种专用扣接头将捆扎带的接头夹紧嵌牢，多用于钢带。

（3）按结构特点分

① 基本型捆扎机。它是适用于各种行业的捆扎机，其台面高度适合站立操作。基本型捆扎机多用于小包装件捆扎中，如纸箱、钙塑箱、书刊等。

② 侧置式捆扎机。捆扎带的接头部分在包装件的侧面进行，台面较低。适用于大型或污染较大包装件的捆扎，若加防锈处理，可捆扎水产品、腌制品等；若加防尘措施，可捆扎粉尘较多的包装件。

③ 加压捆扎机。对于皮革、纸制品、针棉织品等软性、弹性制品，为使捆紧，必须先加压压紧后捆扎。加压方式分气压和液压两种。

④ 开合轨道捆扎机。它的带子轨道框架可在水平或垂直方向上开合，便于各种圆筒状或环状包装件的放入，尔后轨道闭合捆扎。

⑤ 水平轨道捆扎机。它的带子轨道为水平布置，对包装件进行水平方向捆扎。它适用于诸如托盘包装件的横向捆扎。

⑥ 手提捆扎机。一般置于包装件顶面,当带子包围包装件一圈后,用该机将带子拉紧锁住。手动操作,灵活轻便。

(4) 按自动化程度分

① 手动捆扎机。依靠手工操作实现捆扎锁紧,多用塑料带捆扎。它结构简单、轻便,适用于体积较大或批量很小包装件的捆扎。

② 半自动捆扎机。用输送装置将包装件送至捆扎工位,再人工将带子缠绕包装件,最后将带子拉紧固定。它工作台面较低,适合大型包装件的捆扎。

③ 自动捆扎机。在工作台上方有带子轨道框架,当包装件进入捆扎工位时,即自动进行送带缠带、拉带紧带和固定切断等工序。该机带子轨道框架固定,一般适合于尺寸单一、批量较大的包装件捆扎。捆扎时,包装件的移动和转向需人工进行。

④ 全自动捆扎机。该机能在无人操作和辅助的情况下自动完成预定的全部捆扎工序,包括包装件的移动和转向,适用于大批量包装件的捆扎。

龙门式捆扎机是典型的全自动打包机,一般具备四种打包方式:全自动打包、触点打包、脚踏打包和按钮打包。只要包件尺寸在龙门架内,可打包成十字形或井字形。其捆扎效率和自动化程度较高,结构如图 9-19 所示。

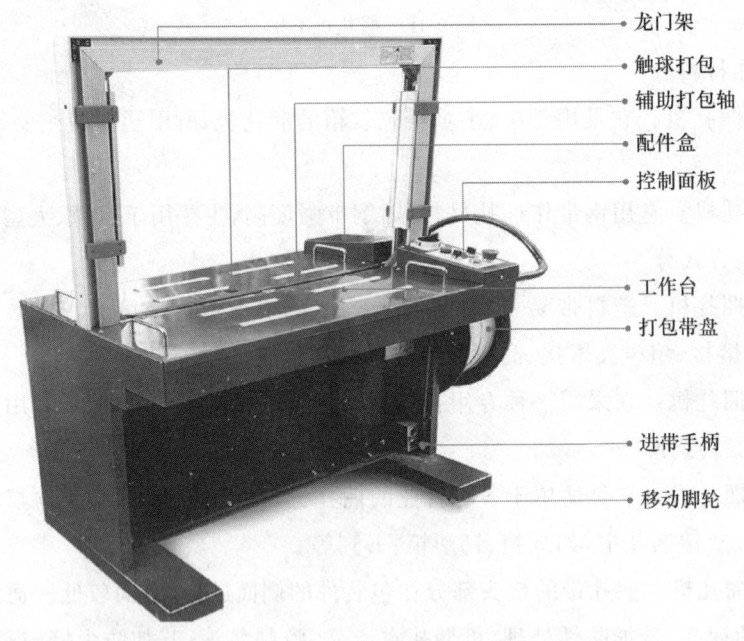

图 9-19 龙门全自动打包机

9.4.3 捆扎机使用注意事项

请确认机器所使用的电源,不要插错电源,捆扎机采用三相四线制,花线为接地零线,作漏电保护;机器不用时切记拔掉电源。

操作时请勿将头、手穿过带子的跑道;请勿用手直接触摸加热片。

勿用水冲洗机器;工作场所潮湿时,操作人员请勿赤脚工作。

注意机器设备日常维护保养。

9.5 其他邮政设备

9.5.1 监控设备

监控设备泛指监控系统中使用的设备,在邮政行业中广泛使用监控设备的应用场合为中心局及仓储基地等。监控设备种类繁多,主要分为两大类:监视设备和控制设备,或分为前端设备和后端设备。

典型的电视监控系统主要由这两大部分组成,前端设备通常由摄像机、手动或电动镜头、云台、防护罩、监听器、报警探测器和多功能解码器等部件组成;后端设备一般包括控制设备和存储设备,包括计算机路由器、集线器和存储硬盘相关的一系列设备。

前、后端设备有多种构成方式,它们之间的联系(也可称作传输系统)可通过电缆、光纤或微波等多种方式来实现。电视监控系统由摄像机部分(有时还有麦克)、传输部分、控制部分以及显示和记录部分四大块组成。每一部分又含有更加具体的设备或部件。以下对监控设备的组成部分做简要介绍。

1. 图像采集部分

摄像机是监控系统的前端设备,是整个系统的眼睛。摄像机主要有枪机和球机,它们布置在被监视场所的某一位置上,使其视场角能覆盖被监视区域。当视场较大时,就要用云台并通过变焦使摄像机所能观察的距离更远、更清楚。

摄像机的采集质量对整个监控系统来说至关重要,因此,摄像参数很重要。在室外应用的情况下,要防尘、防雨、抗高低温和抗腐蚀等,应对摄像机及其镜头增加相应的防护措施。典型的监控设备如图 9-20 所示。

图 9-20 典型的监控设备(球机和枪机)

2. 传输部分

传输部分包括图像信号的传输和控制信号的传输,通常我们说传输部分单指的是传输图像信号。

传输线路要保证图像信号经过传输系统后,不产生明显的噪声和失真(色度信号与亮度信号均不产生明显的失真),要保证后台显示的原始图像信号在清晰度和灰度等级方面没有明显下降,最大限度还原真实场景。目前,电视监控系统多半采用视频基带传输方式,在摄像机距离控制中心较远的情况下,也有采用射频传输方式或光纤传输方式。

3. 控制部分

控制部分是整个系统的心脏和大脑，是实现整个系统功能的指挥中心。控制部分主要指总控制台（有些系统还设有副控制台）。总控制台主要的功能有视频信号放大与分配、图像信号的校正与补偿、图像信号的切换、图像信号（或包括声音信号）的记录、摄像机及其辅助部件（如镜头、云台、防护罩等）的控制（遥控）等。监控系统控制中心如图9-21所示。

图 9-21 监控系统控制中心

总控制台能对摄像机、镜头、云台和防护罩等进行遥控，以完成对被监视的场所全面、详细的监视或跟踪监视。总控制台上设有录像机，可以随时把发生情况的被监视场所的图像记录下来，以便事后备查或作为重要依据。

总控制台上设有"多画面分割器"，如四画面、九画面、十六画面等。总控制台在控制功能上和控制摄像机的台数上往往都做成积木式结构。总控制台对摄像机及其辅助设备（如镜头、云台、防护罩等）的控制一般采用总线方式，把控制信号送给各摄像机附近的"终端解码箱"，在终端解码箱上将总控制台送来的编码控制信号解出，成为控制动作的命令信号，再去控制摄像机及其辅助设备的各种动作。

4. 显示部分

显示部分一般由几台或多台监视器组成，它的功能是将传送过来的图像一一显示出来。在电视监视系统中，特别是在由多台摄像机组成的电视监控系统中，一般都不是一台监视器对应一台摄像机进行显示，而是几台摄像机的图像信号用一台监视器轮流切换显示。图9-22所示的是监控系统的基本组成结构，在这个系统中，计算机设备、前端设备、后端设备及远程设备联为一体，协同工作。

9.5.2 安检设备

安检主要指的是"防爆安检"。防爆安检的目的主要是防止将枪支、军用或警用械具及其仿制品、爆炸物品、管制刀具、易燃易爆物品、腐蚀性物品、毒害品、放射性物品及其他危害安全的物品通过人身、物品、车辆、场地携带，造成爆炸或其他恐怖威胁。

安检设备在一些重要场合是必须安装使用的。安检设备主要包括：安检机、安检门、手持金属探测仪、安检X光机、危险液体检测仪和金属防爆柜等。常见的安检机和安检门如图9-23所示。

第 9 章 邮政通用设备

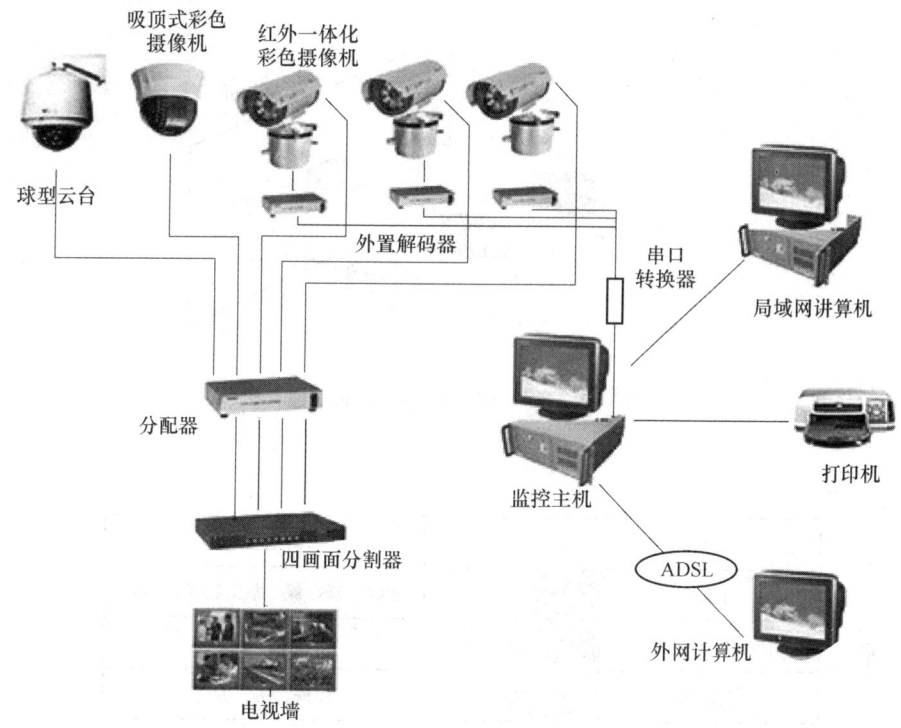

图 9-22 监控系统的基本组成结构

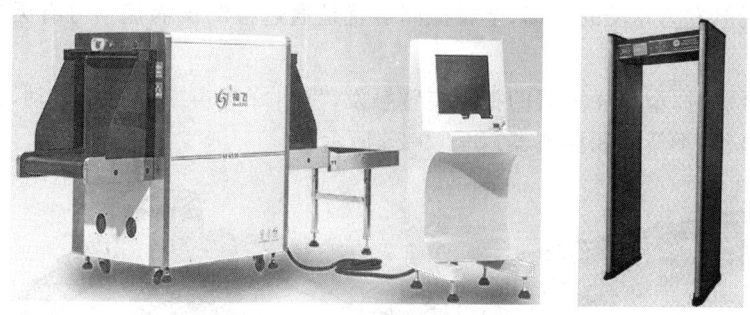

图 9-23 安检机和安检门

安检机是利用 X 射线探测,进行影像成像的一种设备。当 X 射线穿过物品时,不同物质组成、不同密度和不同厚度的物品内部结构能够不同程度地吸收 X 射线,密度、厚度越大,吸收射线越多。密度、厚度越小,吸收射线越少。所以从物品透射出来的射线强度就能够反映出物品内部结构信息。安检机利用两组探测器阵列,分别探测高能量和低能量射线信号,将高能与低能信号进行比对,就能够获得被检物品的有效原子序数,从而区分出金属、有机物和混合物三类物质。

X 射线穿透不同物质时,成像后会呈现不同的色调,如有机物为橘黄色,混合物及轻金属为绿色,无机物为蓝色。安检机检测原理如图 9-24 所示,不同物质经安检后呈现的色调如图 9-25 所示。

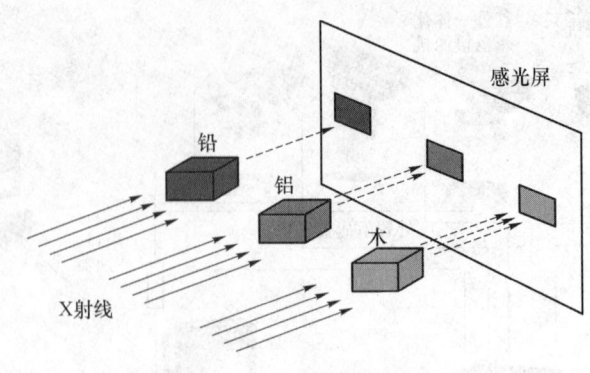

图 9-24　安检机检测原理

类别	颜色	典型物质
有机物		含氢、碳、氮、氧的物质，如糖
混合物和轻金属		含钠、硅、氯的物质，如盐，轻金属，如铝等
无机物		如铁，铜，银等

图 9-25　不同物质经安检机后呈现的色调图

金属导电体受交变电磁场激励时，在金属导电体中产生涡流电流，而该电流又发射一个与原磁场频率相同但方向相反的磁场，金属探测器就是通过检测该涡流信号有无发现附近是否存在金属物。

当探测到金属时，金属探测器的报警装置触发，发出蜂鸣声或者持续震动，提示附近有金属物。手持安检仪（手持金属探测器）如图 9-26 所示。

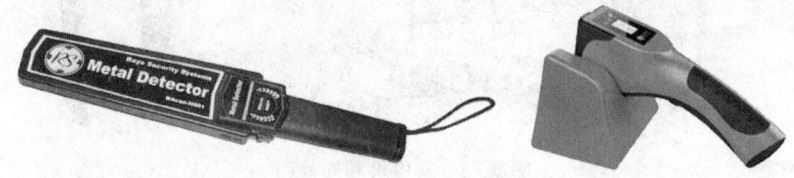

图 9-26　手持安检仪

另外，还有危险液体检测仪，分台式和手持式。它采用了一种名为 Quasistatic Electrical Tomography 的技术。这项技术可以评测出一种媒介电子特性的空间分布，无论容器的材质如何都可以判断出液体的性质。然后，液体的电子特性（介电常数和传导性）会决定该液体是否具有易燃性或者易爆性。该设备完全是电子的，不含有任何放射性和微波材质以及其他有潜在危险性的成分。

台式液体检测仪采用准静态计算机断层扫描技术，通过测定待测液体的介电常数和电导率，从而判断其易燃易爆性。台式液体检测仪能够在不直接接触液体的情况下将液体炸药、汽油、丙酮和乙醇等易燃易爆液体与水、可乐、牛奶、果汁等安全液体区分开。

9.5.3 门禁系统

门禁系统(Access Control System,简称 ACS),指"门"的禁止权限,是对"门"的戒备防范。"门"广义来说,包括能够通行的各种通道,如人通行的门,车辆通行的门等。在车场管理应用中,车辆门禁是车辆管理的一种重要手段,不以收取停车费为目的,主要是管理车辆进出权限。

门禁系统能够禁止非法人员和无资格人员进入,也能对人员进出进行跟踪管理。在邮政行业的很多地点都设有门禁系统,如邮储营业工作间、分拣中心和仓储基地等,确保邮件处理场地和仓储货物安全。

门禁系统集微机自动识别技术和现代安全管理措施为一体,它涉及电子、机械、光学、计算机技术、通信技术、生物技术等诸多新技术。两种门禁系统外观如图 9-27 所示。

图 9-27　两种门禁系统外观

1. 门禁系统组成

门禁系统基本组成如图 9-28 所示。

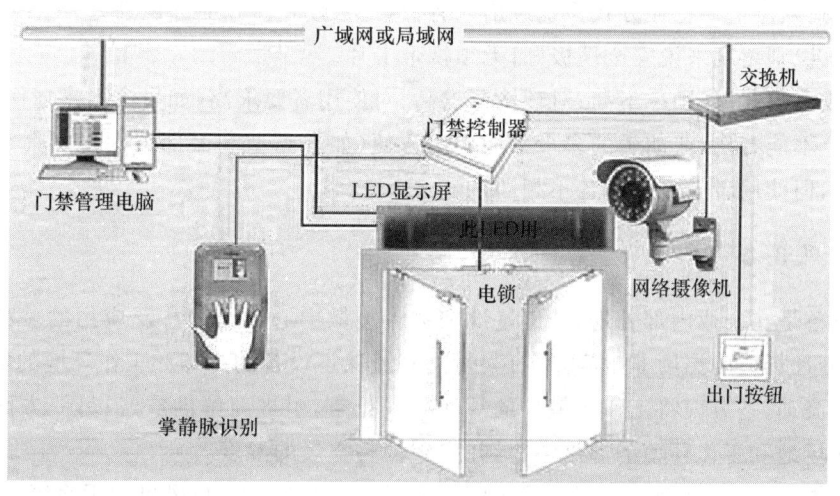

图 9-28　门禁系统的基本组成

2. 门禁系统身份识别

门禁系统按进出识别方式可分为以下三类。

(1) 密码识别

通过检验输入密码是否正确来识别进出权限。这类产品又分两类：一类是普通型，一类是乱序键盘型（键盘上的数字不固定，不定期自动变化）。

普通型：

优点：操作方便；无须携带卡片；成本低。

缺点：同时只能容纳三组密码；容易泄露，安全性很差；无进出记录；只能单向控制。按键容易损坏，失灵。

乱序键盘型（键盘上的数字不固定，不定期自动变化）：

优点：操作方便；无须携带卡片；安全系数稍高。

缺点：密码容易泄露，安全性不高；无进出记录；只能单向控制；成本高。按键容易损坏，失灵。

(2) 卡片识别

通过读卡或读卡加密码方式识别进出权限，按卡片种类又分为磁卡和标签。

磁卡

优点：成本较低；一人一卡（加密码），安全性一般，可联微机，有开门记录。

缺点：卡片和设备在使用过程中有磨损，寿命较短；卡片容易复制；不易双向控制。卡片信息容易因外界磁场丢失，使卡片无效。

标签

优点：卡片和设备无接触，开门方便安全；寿命长，理论数据至少十年；安全性高，可联微机，有开门记录；可以实现双向控制；卡片很难被复制。

缺点：成本较高。

(3) 生物识别

通过检验人员生物特征方式识别进出。有指纹型、虹膜型和面部识别型。

优点：从识别角度来说安全性极好；无须携带卡片。

缺点：成本很高；识别率不高；对环境要求高；对使用者要求高（如指纹不能划伤，眼不能红肿出血，脸上不能有伤，或胡子的多少）；使用不方便（如虹膜型和面部识别型门禁系统安装高度位置确定，但使用者的身高却各不相同）。

9.5.4 通风设备

通风设备是在企业内部处理、仓储基地和物流集散中心的车间广泛应用的一种设备。尤其在夏天，处理场所的温度非常高，须有大量的对流保证设备的冷却和工作环境的舒适。通风是通过空气流动，一方面将工作环境中的污浊空气排空，引进新鲜的空气；另一方面通过空气对流使工作场地和工作环境的温度下降，并实现调整空气的湿度。

风机种类很多，常见划分依据有风机的材质、风机的气体流向、风机的用途等。

(1) 按风机的气体流向分类

风机的气体流向是指风机运行时带动气体流动的方向。若气体流向与叶轮轴方向相同则是轴流风机；若气体以叶轮轴为中心做离心运动则是离心风机。除这两种以外，气体流向划分的风机还有斜流风机和横流风机。两种典型的轴流风机和离心风机如图9-29所示。

图 9-29　轴流风机和离心风机

轴流风机在叶轮直径、转速相同的情况下,风压比离心风机低,噪声比离心风机高,主要用于系统阻力小的通风系统;优点是体积小、安装简便,可以直接装设在墙上或管道内。

离心风机压头高,噪声小,高效。

(2) 按风机的用途分类

风机按照用途的不同也可以分为多个种类,如冷风机、排烟风机、空调风机和屋顶风机等。这些风机都是为专项用途设计的,因此在外形、材质、功能等方面与普通风机有所不同,如屋顶风机就可设计为双向可逆式送排风。

冷风机是由表面积很大的特种纤维波纹蜂窝状湿帘、高效节能风机、水循环系统、浮球阀补水装冷置、机壳及电器元件等组成。主要利用地下水循环,利用水泵把水抽上来,经过室内的风机盘管达到制冷目的,回水经管道流回地下。冷风机外观和工作原理如图 9-30 所示。

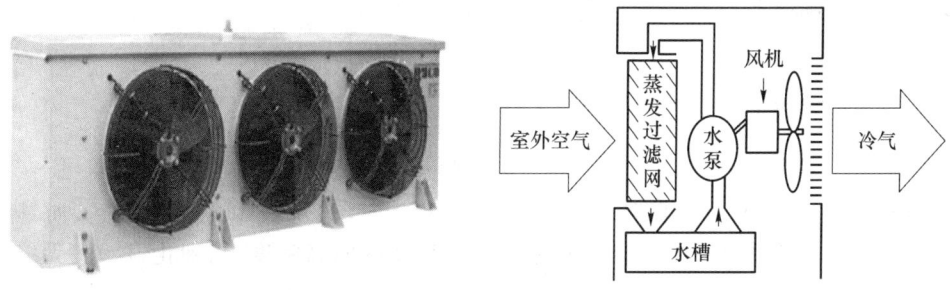

图 9-30　冷风机外观及工作原理

(3) 风机的其他分类

风机按照对气流的加压次数不同,可以分为单级加压风机、双级加压风机和多级加压风机,如罗茨风机是典型的多级加压风机。风机按照设计结构、电动机安装位置不同,还可以分为压入式风机和抽出式风机等种类。

在邮政企业的生产车间,使用轴流风机实现车间内部空气流通,并对设备进行降温,使用风扇构造局部舒适工作环境。在工作车间的有些地方,不适宜采用强力的轴流风机,如扁平件分拣线,而采用巨型吊扇,可以实现缓慢吹风,既可以让车间内的空气对流,又不会吹落分拣线上的轻薄型邮件。

9.5.5 LED 显示设备

LED 显示设备是广泛应用的一种显示设备,这种设备应用于邮政企业的营业厅、邮件处理中心办公、投递和封发过程控制等。LED 显示设备的主体和安装外观如图 9-31 所示。

图 9-31　LED 显示设备

LED 显示系统分为三个部分:显示屏部分,计算机部分和显示屏控制部分,其典型的原理结构如图 9-32 所示。

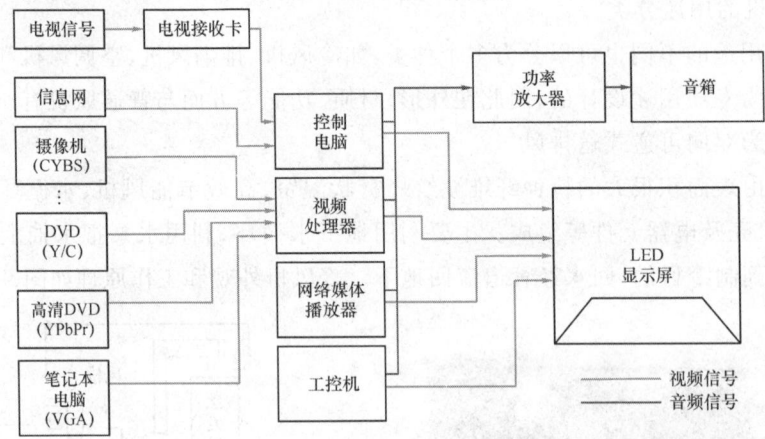

图 9-32　LED 显示系统结构

LED 技术发展很快,其元器件的体积越来越小;LED 光源技术也日趋成熟,如具备超高清、低能耗、高寿命、零拼缝、体积轻薄等特点。LED 正在向高密度、精细化显示和无缝拼接等方向发展。

9.5.6 邮政纸箱胶带封箱机

封箱机采用即贴胶带封纸箱封口,可一次完成上、下封箱动作。

纸箱胶带封装机规格样式很多,可分为半自动封箱机、自动封箱机、全自动封箱机、气动封箱机、折盖封箱机、角边封箱机和侧边封箱机等。

胶带封箱机在封装环节用途广泛,节约大量人力劳动,可以实现多种规格的纸箱封箱,自动封装机的基本结构如图 9-33 所示。

胶带封箱机是典型的机电一体化设备,其包括电控、数控、传感和传动等机电设备。它的工作过程是:产品装箱后经输送链(带、辊)送入封箱机,并递交给输箱机构,由夹箱皮带夹住纸箱的两侧面向前运动;导向轮进行导向,测定前后皮带左右位置,压箱机构、导向杆等使箱和胶带胶合在一起,完成封箱整体动作,即产品包装的自动封箱。

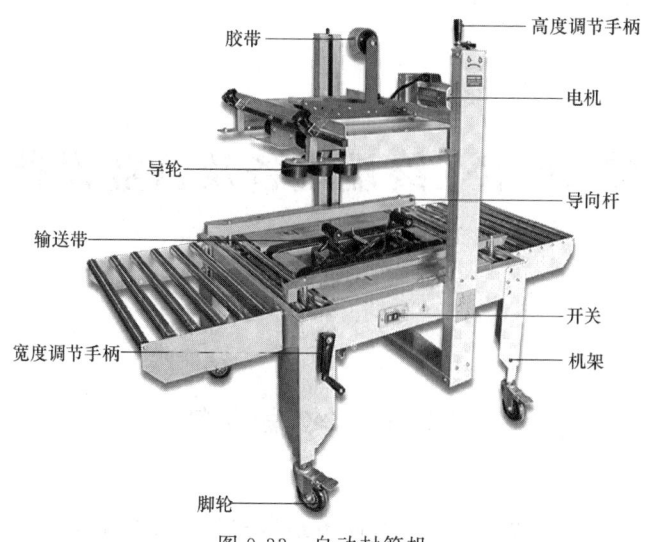

图 9-33 自动封箱机

思 考 题

1. 邮政通用设备都包括哪些？请列举你所见过的邮政通用设备。
2. 条码扫描器是如何分类的？并叙述它们的特点。
3. 一般的条码扫描器包括哪几部分？它的工作原理是什么？
4. 对 CCD 阅读器和激光阅读器进行比较分析，总结它们的优缺点和适用场合。
5. 简述在实际工作当中使用条码扫描器的过程和注意要点。
6. 什么是光学分辨率和插值分辨率？
7. 条码打印机在结构上包括哪些部件？简述热敏打印方式下的缺陷和解决办法。
8. 条码打印机日常维护的主要内容包括哪些？在维护过程中有哪些事项必须注意？
9. 电子秤的工作原理是什么？电子秤的主要技术指标包括哪些？
10. 请对常见的电子秤进行简单分类，并说出它们应用的场合。
11. 电子秤为什么需要计量管理？根据生活经验，谈谈你的认识和想法。
12. 简述捆扎机的结构及工作过程。从结构上说，捆扎机是怎么分类的？它们各有什么特点？
13. 邮政系统中应用的监控设备包括哪些？通过什么手段可以监控更远更广的场景？
14. 安检机的工作原理是什么？安检机是通过什么方式和技术识别不同的物品的？
15. 邮政系统常用的安检设备包括哪些？其中最常见的设备包括哪些？
16. 广域网和局域网环境门禁系统包括哪些部分？门禁系统的识别方式分几种？各有什么特点？
17. 为什么在邮政分拣车间使用大型的吊扇实现缓慢吹风？
18. 通风设备都包括哪些？为什么说离心风机可以实现降低噪音的功能？

第 10 章　终端设备及营业设备

10.1　终端设备

终端设备,这是一个非常宽泛的概念,简单地说终端设备是指最终与人实现信息交互的设备。

终端设备从最初的计算机显示终端,发展到现在已衍生出以计算机技术为技术核心,结合互联网技术、结合各种业务领域处理模式各种各样的终端设备,完全实现了输入、输出和数据处理的集成化。迄今为止,计算机技术经历了主机时代、PC 时代和网络计算时代这三个发展时期,终端与计算机技术发展的三个阶段相适应,应用也经历了字符终端、图形终端和网络终端这三个形态。

在邮政营业网点使用的取号机、自助填单机、自助缴费机和邮政自助终端机就是典型的终端设备。几种典型的终端设备如图 10-1 所示。

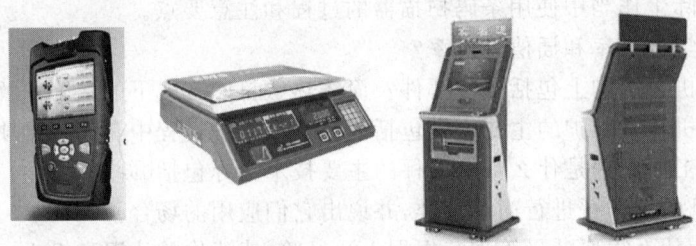

图 10-1　典型的终端设备

10.1.1　终端设备的定义

实现信息发送和信息产生的设备都属于终端设备,终端设备泛指附有通信处理控制功能的通用计算机输入输出设备。配置的种类和数量视需要而定,通常可以选用的输入和输出装置有:键盘、卡片阅读机、纸带阅读机、光学文字符号或标记识别机、语声识别器、串行或行式打印机、显示器、卡片穿孔机、纸带穿孔机、语声合成器、软磁盘机、磁带机和磁盘机等。

10.1.2　终端设备的分类

按终端设备大小或使用规模来分,可以分为两类:一类是胖终端,另一类是瘦终端。

把以 PC 为代表的基于开放性工业标准架构、功能比较强大的设备叫作胖终端,或称胖客户端,其他归入瘦终端或瘦客户端。随着网络技术的普及和应用的规模化,瘦终端产业的空间和规模越来越大,已超过 PC 终端的规模。

无论哪种终端,都是以数据处理为核心,完成数据的采集接收、传送、处理和输出,属于网络系统中数据处理的一个重要环节。随着微电子技术和计算机技术的发展与普及、信息种类的增多以及信息处理方式的多样化,终端设备正沿着高速率、多功能、小型化和智能化的方向发展。

按数据终端的功能分,可将其分为通用终端、复合终端和智能终端三大类。

1. 通用终端

通用终端设备一般只具有输入、输出功能。通用终端设备按配置的品种和数量,大体上分为远程处理终端和交互式终端两类,这类数据终端一般功能明确、使用简单、标准化程度高、通用性强,如电脑、手机、ATM、PDA、POS 机、条码枪、电子秤和图形信息展示设备等。

2. 复合终端

复合终端是具有输入、输出和一定数据处理能力的终端设备。更确切地说,它是一种面向某种应用业务,可以按需配置输入、输出设备,进行特定业务数据处理的终端设备,如远程批阅终端、事务处理终端、销售终端和包裹收寄终端等。

3. 智能终端

智能终端是一种内嵌有单片机或微处理机、具有可编程功能、能够完成数据处理及数据传输控制的终端设备,与非智能终端相比,具有可扩充、功能灵活及智能化等特点。

实际上,前述的几种数据终端都具有一定的智能控制功能,只不过其功能由制造厂家事先固化在存储器中,用户只能使用,不可改变。而智能数据终端不仅具有一定的功能,而且可由用户通过编程增加或修改其基本功能。由于其具有操作系统、编译程序及通信控制程序等系统软件,因此用户可根据终端应用业务的需要或变化编制和设置各种应用软件,赋予终端新的功能。这类数据终端一般均由微型计算机担任。

随着电子技术的集成化,新一代的手持智能终端得到了飞速发展,各种小型和传统的终端设备都逐渐增加了智能化模块,并日益得到广泛应用。

10.1.3 终端设备的组成和技术应用

按照 CCITT V.24 建议,数据通信系统中的终端是由数据终端设备(DTE)、传输控制设备(TCE)和数据通信设备(DCE)三部分组成,其基本组成框图如图 10-2 所示。

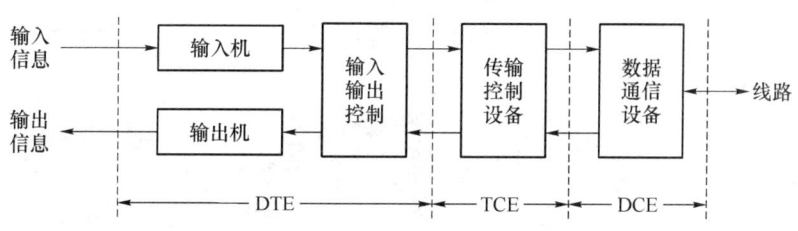

图 10-2 数据终端设备组成框图

在数据通信系统中,DTE 是在逻辑上最靠近用户一侧的输入、输出设备,因而也称输入/输出设备,或简称终端机。它一般由输入机、输出机和输入/输出控制部分组成。

输入机的作用是对输入信息进行编码,以便进行信息处理;输出机是将信息译码输出。根据用途的不同，可以通过键盘、鼠标、手写、声和光等作为终端的输入/输出手段。最常见的是键盘和鼠标输入方式，也可以将信息或数据先录在纸带、磁带和软磁盘等媒质上，然后借助输入机、磁带机、磁盘机或光学符号设备等，将信息输入系统。输出设备可以是打印机、绘图机、传真机、CRT显示器、送受话器、可视电话和各种记录仪器等。为了正确完成输入/输出功能，终端应对输入/输出执行有效的控制。

TCE对确保传输正确性必不可少，它主要执行与通信网络之间的通信过程控制。如在信息中附加必要的控制字符；在信息发送之前，约定发、收之间的数据通信链路；在信息发送期间，保持收、发的严格同步；在信息发送结束之后，控制通信链路的释放等。另外，为提高信息的传输可靠性（如抗干扰），还要进行差错控制等。

DCE是通信线路和终端之间的连接部分，执行终端和线路之间的信号变换和同步等功能。DCE多采用调制解调器，将终端设备输入的直流脉冲信号变换成适合在线路上传输的交流信号。采用何种类型调制解调器应根据所使用的通信线路的类型来确定，如在采用电话线路的场合，在数据通信线路中除用调制解调器进行信号变换外，还必须通过网络控制器进行线路的接通和拆除。

由上可见，数据终端实际上就是通过传输控制器和数据通信设备（调制解调器）与通信线路相连接的输入、输出设备，它联系着人和数据通信系统，起到了人—机间远程联系的桥梁作用。因此，数据终端在数据通信系统中是十分重要的。

从应用领域来说，字符终端和图形终端时代的终端设备只能用于窗口服务行业和柜台业务的局面将一去不复返，非柜台业务将广泛采用网络终端设备，同时网络终端设备的应用领域还将会迅速拓展至邮政系统的方方面面，包裹的收取、快递的派送、EMS和易邮柜等业务无不展示着终端设备的广泛应用。

10.1.4 终端设备在邮政系统中的典型应用

在邮政系统的很多地方都使用终端机，如物流配送环节、仓储管理及营业前台，这些地方使用了终端机后，作业流程更加规范，数据采集更加可靠，功能工作效率也大大提高。以下介绍几种典型的终端机的使用。

1. 包裹终端机

包裹终端机是针对物流快递的特定终端机，在国内作为新型快递设备，它的主要作用是接收快递件，然后后台管理系统自动通知收件人收件。智能快递终端是一个基于物联网的、能够将物品（快件）进行识别、暂存、监控和管理的设备，它与PC服务器一起构成智能快递终端系统。包裹终端机和智能快递柜如图10-3所示。

图10-3 包裹终端机和智能快递柜

PC 服务器能够对本系统的各个快递终端进行统一管理(如快递终端的信息、快件的信息、用户的信息等),并对各种信息进行整合分析处理。快递员将快件送达指定地点后,只需将其存入快递终端,系统便自动为用户发送一条短信(包括取件地址和验证码),用户在方便的时间到达该终端前输入验证码后即可取出快件。该产品旨在为用户接收快件提供便利的时间和地点。

(1) 包裹终端机的结构和工作原理

包裹终端一般由主控柜和包裹柜组成,主控柜包括超薄 LED 广告机、光感 LED 灯光、触摸屏、红外扫描器和投币器(防钓鱼投币器)。现在大部分的包裹终端机都具备智能功能,它是整个物流系统的一部分,是一个系统重要组成部分,系统集云计算、物联网这两大核心技术于一体,可实现对物品的智能化识别、定位、跟踪、监控和管理的。通过物联网和互联网的智能融合,保证了包裹终端高效运营。包裹终端机系统结构及应用描述如图 10-4 所示。

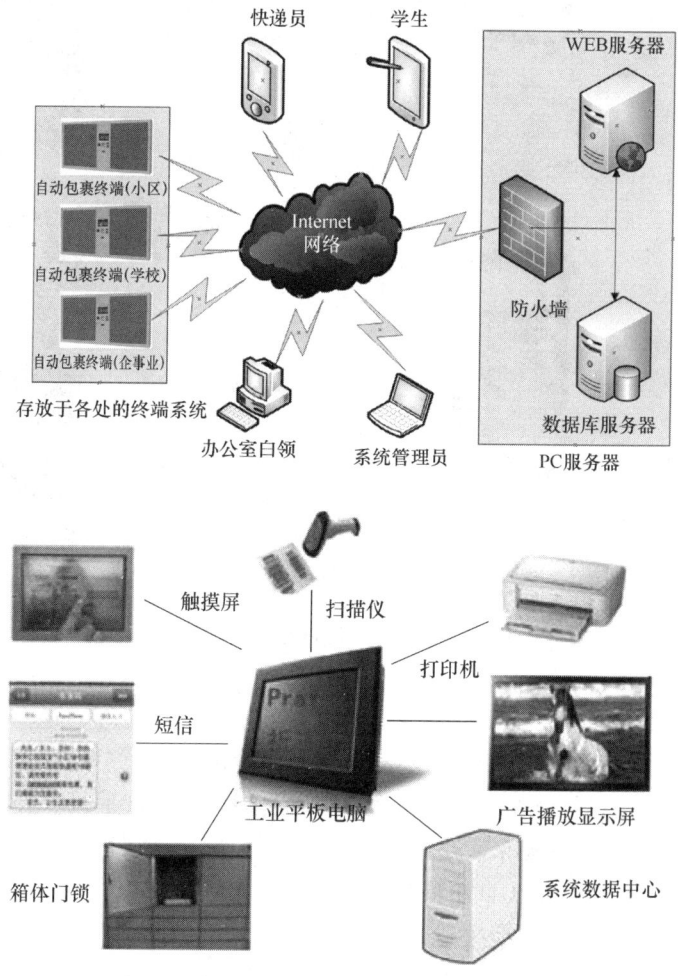

图 10-4 包裹终端机系统结构

智能快递系统包括前台站点快件存取和后台中心数据处理两部分,系统的运行有赖于智能快递终端和 PC 服务端。

智能快递终端是基于嵌入式技术,通过 RFID、摄像头等各种传感器进行数据采集,然后将采集到的数据传送至控制器进行处理,处理完再通过各类传感器实现整个终端的运行,包括

GSM 短信提醒、RFID 身份识别、摄像头监控等。

PC 服务端主要是将智能快递终端采集到的快件信息进行整理,实时在网络上更新数据,分别供网购用户、快递人员和系统管理员进行快件查询、调配快件和维护终端等操作。快件派件和寄件处理流程如图 10-5 所示。

(2) 派件流程

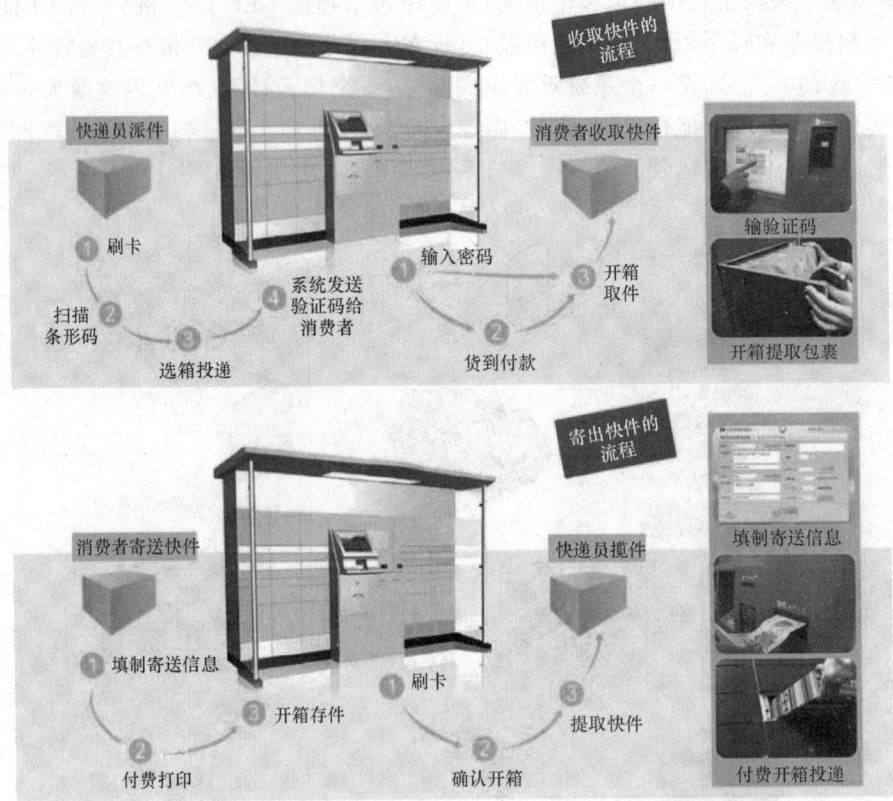

图 10-5　快件派件和寄件处理流程

(快递员)

① 快递员到达终端网点投件时,必须先确认其身份信息。

② 确认完身份信息后,开始录入快件信息(快递单号、收件方手机号等)。

③ 选择该快件将使用的箱格大小。

④ 确定箱格大小之后,系统自动弹开相应空闲的柜门。

⑤ 快递员将快件放入箱格后关门。

⑥ 系统自动发送信息提示收件人(含网点地址、验证密码、24 小时有效)。

⑦ 快递员重复 2~5 步骤,直至放完所有快件。

(收件人)

① 收件人收到短信后,在空闲时间到网点取件。

② 到达短信指定网点后,在终端输入其手机号码后四位和收到的验证码(收到短信超过 24 小时未取件的,系统将重发验证码给用户)。

③ 系统检测无误时,弹开相应箱格的柜门。
④ 用户取件、验货、关门。
⑤ 用户签字,并把快件单丢进相应快递公司的运单箱里。

(3) 收件流程

(寄件人)

① 寄件人带着包装好的快件,前往快递终端网点。
② 在网点称重,重量自动传送至系统。
③ 用户选择所使用的快递公司,输入寄送地址,箱格大小。
④ 系统根据上述步骤得出的数据算出邮费并在屏幕显示。
⑤ 用户确认无误,开始输入收件人信息(号码,名字等),寄件人信息,进入支付阶段。
⑥ 用户利用 POS 机等支付手段进行支付。
⑦ 支付成功后,返回成功信息;系统捕获,打印出运单,并弹出相应柜门。
⑧ 用户把运单贴在快件上,或和快件一起放入箱格中。
⑨ 关门,通知系统。系统告知快递公司收件。

(快递员)

① 快递员等到一定量时(或者时间)前往网点取件。
② 刷工作牌,确认身份。
③ 选择取件,LCD 列出快递公司此时所有快件。
④ 快递员一个个打开柜门或者一次性打开所有柜门。
⑤ 快递取出一份快件,贴好快递公司运单(或使用本公司运单)。
⑥ 对可疑信件(大小、种类、安全)检查,如核对重量等。
⑦ 检查无误后关门;系统给寄件人发送已发货信息。

包裹终端机的操作界面如图 10-6 所示。

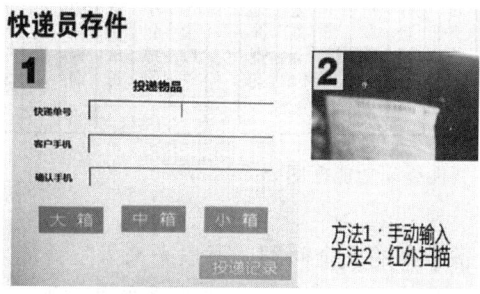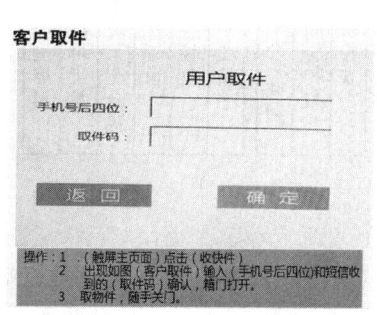

图 10-6　包裹终端机操作界面

2. 投递智能终端

投递智能终端一般在 PDA 上设置多种功能,可以理解 PAD 是远端机或前端机,而在后台管理端通过 PC 端实现更多的管理功能。投递 PDA 功能界面如图 10-7 所示。

10.1.5　终端设备的问题及发展趋势

当人工智能发展到一定程度后,会把很多工作授权给终端去自动完成。(邮政智能终端功能框图如图 10-8 所示。)而如果授权的过程以及授权的对象出现问题,就很容易被第三方入

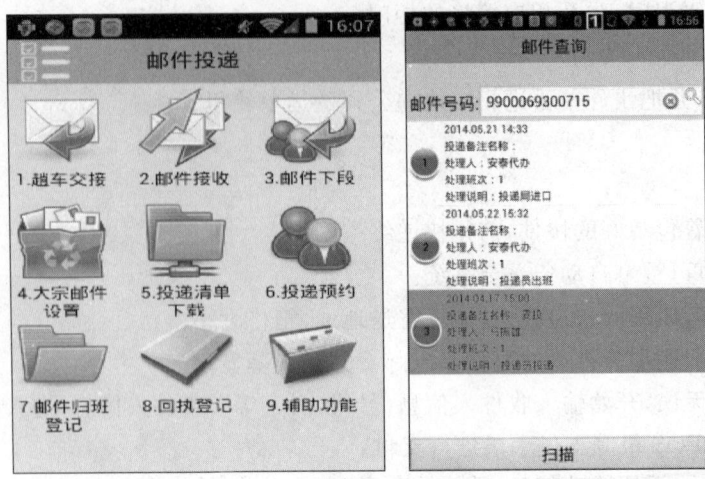

图 10-7 投递 PDA 功能界面

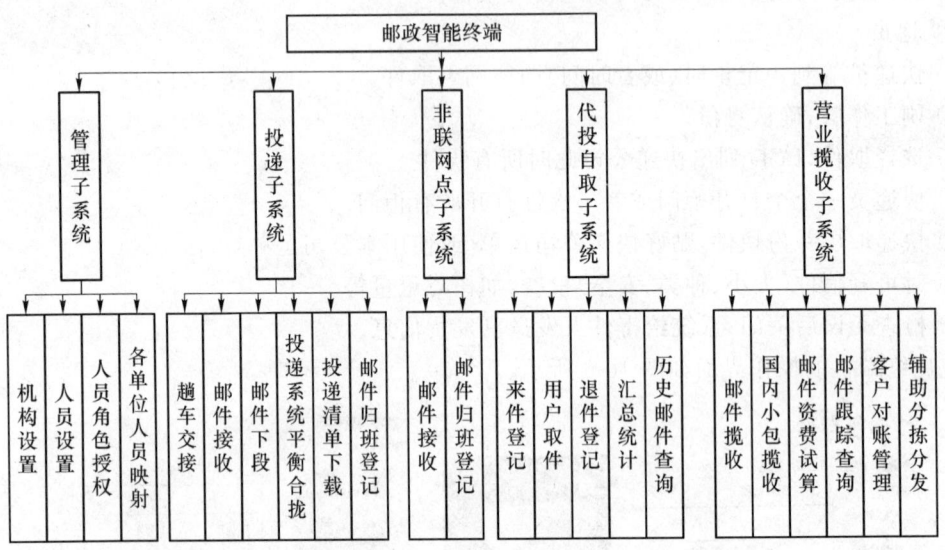

图 10-8 邮政智能终端功能框图

侵,产品的危险性就大大增加,这就是终端设备带来的安全问题。所以未来人工智能发展一定不能忽视安全问题,因为科技具有两面性,人工智能虽然给我们带来很多便利,但是如果出现了安全问题,后果会非常严重。

随着人工智能的发展,刺激着人们生活水平不断提高,而这又促进人类需求的急剧增长。在未来几十年,人工智能会从一个弱人工智能,逐渐接近一个奇点,有发生类似于大爆炸的可能。这反映了人类社会技术快速发展使人类生活方式和生活水平产生飞跃,从而标志着终端设备向以下几个方向发展。

(1) 平板化

随着集成度的提高和电子器件的小型化,所有终端设备体积明显改变——向平板化方向发展,这一方面是便于安装,可附加在任何物体的面板上,另一方是扩大显示范围,可在平板显示器上实现更多的信息交互。后端业务处理及管理界面如图 10-9 所示。

图 10-9　后端业务处理及管理界面

(2) 智能化

随着云计算和计算机技术的发展,终端设备的智能化不仅限于终端机本身的技术处理运算,而且通过网络实训的云计算和后端大数据的决策支撑,使作业端的 PDA 的智能化得到大大提升,生产环节将更具实用性和时效性。

(3) 多元化

伴随着智能化的发展,终端设备的受理方式多元化,除了磁条交易、接触式 IC 卡交易和非接交易之外,二维码和指纹等生物识别方式也开始普及。

(4) 物联化

能够实现信息交互的终端设备将无处不在,智能化功能会附加在很多物品上,从公共场所、工作办公环境到家庭居所,都会有终端设备的影子,各种电器都将是展示智能终端设备功能的载体和舞台。各种设备的终端和物联化如图 10-10 所示。

图 10-10　终端设备的物联化

从十年前我们用 PC 上网,到现在大家更多用手机上网,这种人与互联网的互动会更加便捷、更加高效,未来通过人工智能在互联网的广泛部署,整个社会的每一个物体都会接入网络。它可能不再像现在统一的手机界面看到的样子,更有可能是在广泛的垂直化的领域,组成一个大的物联网,所以未来会更加注重在云端的数据和运营,也会更加关注在终端上面的应用拓展,在互联网下一次冲击到来之前,我们不仅要关注云端,也更要关注终端的变化。

10.2 邮资机

邮资机是一种直接在邮件上加盖日期和邮资戳记,并具有记账、结算功能的设备。使用邮资机可以简化邮政业务操作工序,提高邮政业务的工作效率,也给用户带来实惠和方便。

早在多年前,邮资机就已在世界各国邮政部门普遍应用,我国也已使用多年。邮资机在加强资费管理,有效控制邮资的误收、漏收,增加外汇收入,提高处理规格质量和效率及减轻劳动强度等方面起着良好作用。邮资机是邮政生产过程中不可缺少的重要设备,它能担负很大部分的邮件处理工作。邮资机的外形和邮资机符志如图10-11和图10-12所示。

图10-11 邮资机外形图

图10-12 邮资机符志

10.2.1 邮资机发明

早在1903年,挪威人发明了自动邮资盖印机并在邮局使用至1905年。1904年,新西兰最早使用自动计量邮资机。

1902年,美国人Arthur·H.Pitney发明了带有日期的邮资机,并取得了专利。1920年,Arthur·H.Pitney与生产盖戳机的Walter Bowes合作发明了世界上第一台带有日戳的现代邮资机,并组建了以两人姓氏命名的Pitney Bowes公司(中文译名为毕能宝公司)。同年4月,邮资机在邮政的使用得到了美国国会的批准,9月1日,美国邮政总局正式批准在邮政上使用邮资机。1920年12月10日,邮资机首次正式投入邮政使用。同年,在马德里召开的万国邮政联盟第七次大会上通过决议,允许从1922年起,在国际邮政业务中使用邮资机。

10.2.2 邮资机在中国的使用

中国邮资机的使用经历了曲折的历程。在正式使用邮资机以前,中国邮政经历了一个对邮资机接触、认识和接受的漫长过程。

20世纪二三十年代,世界各大邮资机公司对中国这个大市场很感兴趣,试图打入中国市场。征得"中华邮政"当局同意后,从1926年起,这些公司先后在上海邮局进行长达10年的邮资机展示和试用的实验。在对邮资机接触和认识过程中,"中华邮政"当局终于下决心从国外购置邮资机,建立邮资机服务系统。1936年,"中华邮政"向英国环球邮戳(Universal Postal

Frankers,简称 UPF)公司定购一批 Mult-Value 型手摇式邮资机。而来华展示那台 Mult-Value 型邮资机即被购置,安装在上海邮政总局,于当年 6 月 15 日投入使用,成为中国第一台正式用于邮政业务的邮资机。这是一种"多种数值"机,其表头的戳模有两个数字转轮,可以盖印从 0~99 的任意数值。启用的邮资机符志是参考当时使用的伦敦版孙中山像邮票的图样设计,其中心人像部位改设邮资数值。可能由于机械故障,这台机号为"U1"的邮资机仅使用了 1 个月左右,于当年 7 月 19 日停止使用。

邮资机的真正使用经历了几个时期。"中华邮政"时期(1936—1949),Mult-Value 型邮资机在上海投入运行,标志着中国邮资机进入正式使用时期。然而,1937 年抗日战争的爆发导致中国邮资机的引进使用停顿了 10 年。前期定购的一批 Mult-Value 型邮资机迟迟未到货。1940 年,"中华邮政"另从环球公司定购的 1 台 Teltax 型邮资机运抵上海,置于上海邮局。这是一种为收取电报资费而设计的邮资机。与 Mult-Value 型机相同,这台机号为"TI"的邮资机也是"多种数值"机,其戳模上的邮资数值为 4 位,各位数字均可改变。当时日伪政权对留在沦陷区的"中华邮政"地方部门的控制日益加强,上海邮政部门处境艰难,无暇顾及推广邮政新技术,这台机器经短期试用即被长期闲置。直至抗战胜利后的 1947 年才将这台邮资机正式装置在上海邮政总局包裹柜台使用。此机启用的邮资机符志与 Mult-Value 型机相似,但邮资戳为正方形,日戳位置相对较低。同年,抗战前停止使用的上海那台 Mult-Value 型邮资机也被修复改造,安装于包裹柜台,再次投入邮政服务。启用的符志的邮资戳改为正方形,邮资数值改为 4 位。然而使用一年后,此机即被报废。

1947 年抗战前,"中华邮政"从环球公司定购的一批 Multi-Value 型邮资机运抵中国。共 36 台,分别装置于全国约 20 个大中城市的主要邮局。根据邮资机符志上的地名统计,这些城市装置的邮资机数量分别为:广州 4 至 5 台,上海和南京各 3 台,昆明和贵阳各 2 台,北平(北京)、太原、西京(西安)、兰州、天水、济南、无锡、苏州、杭州、南昌、福州、厦门、汉口、长沙、衡阳、汕头、桂林、柳州、苍梧(梧州)、成都和重庆均为 1 台。其中北平、太原、西京、济南、苏州、杭州、南昌、衡阳和柳州等地未见有邮资机符志留存,可能这些城市的邮资机在中华时期未曾启用。这批邮资机的邮资数值整数是 4 位,均可改变,小数 2 位,固定不可变动。采用"小雁图"邮资机符志,小型的鸿雁图位于邮资戳的右上方。主要用于国际信函邮件,已知最早见用于 1948 年 7 月。

1948 年,从美国必宝(Pitney Bowes,简称 PB)公司购置的 8 台 R 型邮资机运抵中国(图 10-14)。它也是一种"多种数值"邮资机,邮资数值 3 位,均可改变,分别装置于上海(4 台)、南京(2 台)、杭州(1 台)和北京(1 台),但这一时期仅见上海和南京两地使用。早期的邮资机符志和邮资机如图 10-13 和图 10-14 所示。

图 10-13　邮资机符志

图 10-14　R 型邮资机

1948年，从瑞士哈斯勒(Hasler)公司定购的1台F88型邮资机运抵中国，分配给上海邮局，用于包裹邮件（如图10-15所示）。这也是一种"多种数值"的机器，邮资数值7位，均可改变，采用"大雁居上图"邮资机符志，大雁图位于邮资戳上方，雁头向前（如图10-16所示）。最早见用于1949年2月。

"中华邮政"的邮资均设有机号，反映在其盖印的邮资机符志上。在邮资戳的左下方刻有机号。开始是实行全国统一编号，由机型的第一个字母加上统一的序号组成，如U1、T1等。后来再加上地区编号，如U10NO.6等。最后只保留地区编号，如NO.6等（如图10-17所示），而大多数符志的编号改用汉字，其前加刻城市名称，如沪[二]、桂林[二]等。尽管政权更迭，邮资机的机号在整个使用期间保持不变，故而我们可以追踪特定邮资机在同时期的使用及其邮资机符志的变化情况。

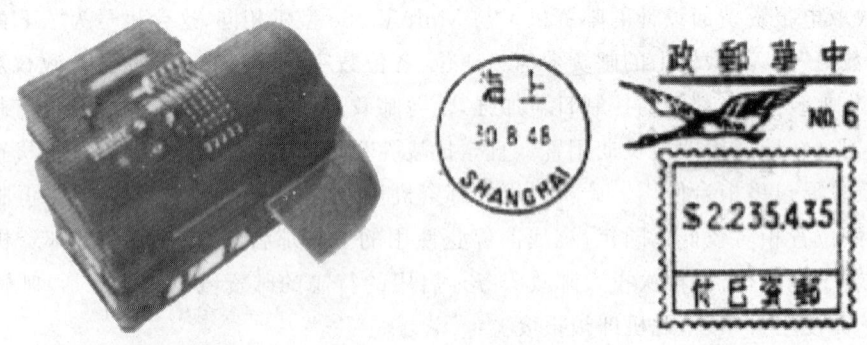

图10-15　F88型邮资机　　　　图10-16　大雁居上图邮资机符志

"中华邮政"时期，邮资机主要置于各地的中心邮局，部分借给客户使用。邮资机符志很少设置配有邮资机的邮局可预先在专用的签条上盖印"邮资券"，替代邮票，供用户购用。已知上海、广州、汕头、长沙、成都、重庆和贵阳等地发行过这种邮资券。邮资券有的照常印有日期，但多数或只印月份，或干脆废除日戳，只保留邮资戳，使用时须用邮戳盖销（如图10-17所示）。另外，如同邮票一样，邮资券不一定必须当日使用，可留日后使用，且可在异地使用，这些都表明这种邮资券不属于邮资机符志，而是一种临时邮票。

1949年，华东邮政管理局成立后当即决定将从中华邮政接收的邮资机投入邮政服务。按规定沿用"中华邮政"的邮资机符志，将铭记改为"华东邮政"，邮资数值以人民币为单位。华东邮政"大雁居中图"邮资机符志。当时仅有上海、南京、无锡和杭州四地启用邮资机，南京、无锡和杭州使用环球的Multi-Value型机，上海则使用所有4种型号邮资机。已知最早使用日期是1949年6月6日，沿用至1950年7月8日。1949年底，华南区广东邮政管理局（广州、汕头等地）也曾利用邮资机印制"国内邮资已付"临时邮票。邮票图案中将符志的日期数字取消，邮资戳中仍保留"中华邮政"铭记图（如图10-18所示）。

从1950年开始，全国各地陆续启用从"中华邮政"接收的邮资机。邮资机符志初期以原有设计为基础，保留鸿雁图，将铭记改为"人民邮政"或"中国人民邮政"；或取消鸿雁图，将铭记改为"中国人民邮政"。1955年后，邮资机符志图案另作大变动。根据实物判断，可知此时期有10多个城市启用邮资机，其中天水、济南、南京、苏州、无锡、杭州、南昌、武汉、衡阳、广州、汕头、柳州、成都、重庆、贵阳、昆明、太原和西安使用环球的Multi-Value型机，北京和杭州使用必能宝的 R 型机,上海使用所有 4 种型号邮资机。1960 年,向瑞士哈斯勒公司购置的 2 台 F88 型邮资机运抵中国,分配给上海邮局使用。这是新中国邮政 1980 年前仅有的一次向国外进口邮资机。其邮资机符志另行设计,取消了鸿雁图。

图 10-17 "中华邮政"邮资机符志　　　图 10-18 "中华邮政"邮资机符志

1980 年前后,中国邮政开始重新使用邮资机,从瑞士哈斯勒、美国毕能宝、法国新邮和德国友联公司等引进了一批邮资机。此时邮资机的资费戳通常为三格式,下格为"邮资已付"。1999 年,国家邮政局推行邮资机,并对戳式重新作了规定,资费戳戳印规定为三格式,上格为"中国邮政"铭记,中间为资费金额,下格为戳号。以后,中国邮政使用的邮资机戳印基本定型。

10.2.3　邮资机的分类

按产生渠道分,目前我国使用的邮资机主要分三类:国外引进的邮资机、国内定型生产的邮资机和仿制的邮资机。按组成结构分,邮资机有非数字式邮资机和数字式邮资机。

数字式邮资机如图 10-19 所示,由热敏打印机、供纸装置、用于测量邮件重量的电子秤以及电控系统组成。电控系统嵌入 PC 机中,包括单封分离机构配合的信件检测单元、自动供油墨控制单元、调资过戳控制单元、连接键盘及显示器的接口、电子秤接口、热敏打印控制单元以及邮资数据存储单元。现在的新型邮资机既能实现快速过戳,又能方便打印超厚、超大邮件所需的邮资签条,且过戳资费与邮资签条资费都能够由邮资黑匣子统一管理。

图 10-19　国内首款自主研发生产的数字喷墨式邮资机

非数字式邮资机构包括单封分离机构和调资过戳机构。单封分离机构和调资过戳机构依次安装在机架上,调资过戳机构带有自动供油墨装置。

10.2.4 邮资机的使用

邮资机全称"邮件资费盖印机",是邮政部门专用的邮件处理设备。它不但可以在邮件或符志上加盖日期、邮资戳,并具有记账、结算功能。《国内邮件处理规则》寄件人总付邮费办法中的"收寄整寄整付邮件"规定:对寄件人总付邮件封面上逐件盖印"邮资符志"或粘贴邮票。显然,邮资符志属于邮资凭证,是用户为使用邮政通信而交纳的资费标志。但它又不同于邮票,因为它必须是在用户交寄邮件并已付清邮资后,由邮资机即时生成使用。其中不能使用邮资机的超规格邮件,可生成邮资符志签条,以作为纳费凭证贴用。但不允许提前生成邮资符志粘贴到空白封套上出售。大宗邮件收寄部门使用邮资机打印邮资符志的,取消总称重量计费办法,收寄时应按照邮件重量分别计费或逐件收寄。大宗用户租用邮资机的,应严格按照邮件的资费标准和交寄日期打印邮资符志,并按合同规定到指定的地点交寄。分拣、投递部门对所收到的邮件,如发现邮资机邮资符志有问题的(包括无资费金额、资费金额短少、戳记不清等),应及时缮发验单通知收寄局查究,情节严重的应上报监察部门查究。

邮资机的使用和管理在网络中进行。邮资机联网是指邮资机通过 RS232 串口直接与电子化支局终端相连,在邮政综合网上通过电子化支局系统(含大宗商函处理中心)实现对邮资机信息的自动读取、存储和处理,以实现对邮资机的联网管理等功能,并提供给邮政量收系统应用。具体结构运行图如图 10-20 所示。

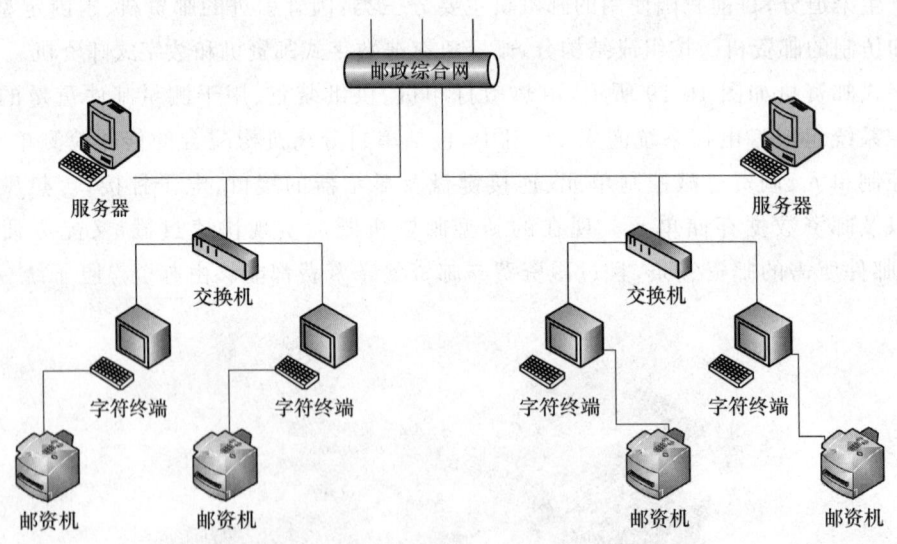

图 10-20 邮资机联网的结构图

在使用邮资机的过程中,邮资机戳印标示是重要内容。邮资机按盖印方式分为数字式邮资机和非数字式邮资机。数字式邮资机戳印由计算机生成,因此版式区别相对较少,同一系列的机器基本相同。非数字式邮资机戳印为机械戳头盖销,资费戳的资费金额和收寄日戳日期字钉通常为随机提供,戳印的其他版面另外根据需要刻制,安装后使用。

非数字式邮资机的资费金额和日期的标示方式和字形、字号是不同型号的邮资机的最主要区别。戳印的其他部分是另行刻制后安装在戳头上的,因此经常会同一型号甚至同一台机出现不同字体、字号的情况,不能作为区别型号的依据。

10.2.5 邮资机的管理

邮资机使用人员必须了解邮资机的基本构造和使用性能,熟悉使用的有关规定和操作程序,掌握执行设备初级维护的作业内容及注意事项。营业(大宗)班长应负责业务和设备的管理,应指定专人保管邮资机钥匙,负责检查《邮资机使用记录》,检查邮资机操作员做账交款情况,并填写各项检查记录。支局会计应会同区(县)局会计进行邮资机资费设置,认真填写邮资设置记录;根据操作员填写的交款凭证收取账款,进行日常账务处理。同时,应加强财务监督,对资费的收取做到账物相符。

万国邮联规定,邮资机符志使用红色油墨盖印。我国新式邮资机符志大部分盖印红色(大红、紫红或红褐色),但也有用黑色或蓝色盖印的违规符志。邮资机符志直接盖印在邮件上,称为邮资机戳;若盖印在专用的纸签上再粘贴在邮件上,称为邮资机签条(即邮资标签)。我国现有的新式邮资机(不包括北京大宗邮件收寄机和自助收寄机)既可直接盖印在邮件上,又可打印签条贴用。

1999年1月,国家邮政局在《关于加强邮资符志管理的通知》中重申邮资机符志暂不准使用广告宣传戳,并规定不允许利用邮资机标签制作集邮品。此后几年绝大多数地区严格执行这一规定,出现的带有宣传戳或广告戳的新式邮资机符志已经很少。

10.2.6 邮资机的使用范例

以下以 DM500/DM800 邮资机为例,列举使用中的注意事项。

(1) 电源及使用环境

邮资机使用交流电源应满足 220Vac(+/−10%),同时必须具备良好的接地,避免造成人员和设备的损坏。

请用本机的电源开关关机,严禁用拔邮资机电源插头方式关机。直接拔邮资机电源插头会造成打印头不归位、浪费墨水和损坏邮资机打印头。若需拔邮资机电源插头,应等邮资机面板上的电源灯不亮后再操作。

严禁带电插拔表头、打印头以及连接终端的通讯电缆。请关闭邮资机电源后再做这些操作,否则极易损坏邮资机。

邮资机加密数据模块对环境温度有一定要求。因此,必须确保邮资机工作环境温度为 4～38℃。否则,有可能损坏表头。

不要在邮资机电源插头附近的出风口周围堆放物品,影响邮资机散热。邮资机连续盖戳1小时,最好中断盖戳5分钟。

(2) 耗材及物料

为提高邮资机工作效率,日常工作中均需备用一盒油墨,以免因油墨供货期,耽误正常生产。

严禁打印带有信用卡、订书钉、纪念币等含有硬物的凹凸不平的非常规信封。否则将会损坏打印头喷嘴。

(3) 日常操作与维护

在打印过程中,如果发生信封卡塞,不得直接向外强行拽出。正确做法是:抬起左边的上盖,松开释放杆,抬起压杆,取出卡信。如果卡信发生在右边,请把右侧的释放把手释放松开,取出卡信。

邮资机闲置不用时,必须确保每周打印 5 个邮戳,以防喷墨打印头干结、堵塞。

如果机器出现异响,务必停机报修。否则会导致故障扩大。

每天开机前,检查传输皮带是否移位、脱落。不允许机器"带病工作",每周清洁大灰轮子、黑皮带驱动塑轮上油污及右侧通道中的纸屑异物,确保机器良好工作。

每更换一个新墨盒后,请检查废墨吸收盒里海绵是否已吸满废墨。若海绵中已吸附较多废墨,请及时清除废墨,保持干燥。否则膨胀的海绵会导致主控板短路烧坏。

定期用棉布清洁机器及走信通道;日常维护时,请不要取出打印头,尽量减少装拆打印头的次数。

(4) 邮资机认证及终端连接

为了安全,邮资机两个月内必须进行一次邮政权限认证。否则,邮资机将无法使用。

插拔连接终端的通讯电缆时,必须拿住插头座插拔,尽量减少插拔连接终端的通讯电缆的次数,以免电缆内部短路,烧毁底座。

需要给邮资机注资时,必须确保已在"邮资机管理系统"中申请邮资,并已转入必能宝资费服务器中。其检查方法:电话线插入邮资机表头,然后按"资金"键,再按"查询余额并充值"对应的键,如果显示金额与申请金额一致,说明已到账,可以充值。否则充值会报错。

另外,邮资机在运输过程中,须取出墨盒,清除废墨槽的废墨,同时使用原包装箱。如果没有原包装箱,必须用木箱包装并将内部填实。避免野蛮运输造成的不必要损失。

10.3 商函设备

商函件按载体类型主要分三大类:商业信函(含邮简)、企业明信片和邮送广告。其中商业信函包括各类有名址与无名址广告信函、账单及其他商务信函;企业明信片包括各类带邮资与不带邮资的企业广告、回函卡、纪念卡等形式的明信片。

商函设备是指批量处理商函的专用设备,一般包括信函封装机、捆扎机和商函打印机等。商函设备具备自动化或半自动化处理特点,能够批量制作、封装尺寸规范统一。商函设备以能高效批量处理函件为目的,对于零散的函件则失去使用商函设备的意义。

这使商函设备具有一定的专用性。商函设备主要包括邮简机、函件封装机、信封地址打印机、捆包机和商函打印机等。

10.3.1 邮简机

邮简机是将打印完成的单页纸(预涂压敏胶)自动折叠并压合成保密信函的专业设备。邮简机采用摩擦反转滚轮装置送进纸张,能确保稳定的进纸量。邮简机具有以下功能。

① 识别纸张特性功能,自动储存纸张特性,有效防止双张和乱张。

② 自动设置折叠线,存储折叠方式,根据纸张的长度选择折叠方式,自动设置折叠线,并

可存储四种折叠方式。

③ 解决卡纸和简单维护,邮筒机一般设计有滑动折叠,使用户很方便地取出卡塞纸张。

④ 接纸盘容量大且适用不同规格的纸张及尺寸。

10.3.2 信函封装机

可将 3 页 A4 大小纸张折叠并插入一个标准的 5 号或 6 号信封后自动封口,自动完成折叠、封装和粘口操作。信函装封机如图 10-21 所示。

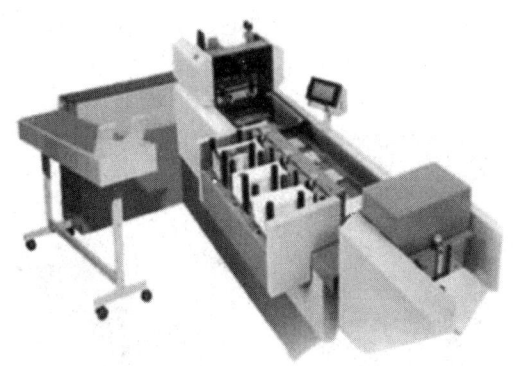

图 10-21 信函装封机

(1) 配置功能

标准配置:单页内件折叠 配页站(三个)信函封口信函收集

主要技术参数:

最大循环速度:5 000 封/小时

装入内件厚度:$n \leqslant 6$ mm

(2) 信封尺寸

最小:长 220 mm×宽 110 mm×舌 40 mm×喉 12 mm

最大:长 240 mm×宽 200 mm×舌 65 mm×喉 25 mm

建议信封重量:最小:80 gsm 最大:120 gsm

信函规格:6♯、7♯标准和用户专用规格

配页站 1、2:

插入尺寸:最小:100 mm×80 mm 最大:220 mm×150 mm

插入厚度:最小:70 gsm/张 最大:1 mm

工作环境:温度 10～32 ℃ 湿度 20%～80%RH

(3) 性能特点

① 可以进行双张或漏失检测。

② 提示信封低位。

③ 可与其他设备联机,如配页站、连续切纸机和邮资机。

④ 集成多台送件器送来文件的功能,并准确地引导函件装入信封,并对函件提供保护。

⑤ 精确可靠的光电检测装置,自动检测并向控制系统反馈装封统计数据。操作者通过屏幕显示即可全面掌握装封机各部位运行状态。

⑥ 在操作运行中,折纸器内件的添加、配页装置各单元内件的添加以及信封的添加,均可在不停机状态下进行。

⑦ 工业化生产机型,12 小时连续运转使用。

10.3.3 信封地址打印机

信封打印机可以在邮件上打印漂亮的图片,也可以打印清晰的个性化地址。

喷墨打印机是商函地址的主要打印设备。商函喷墨打印机可以处理多种规格的函件,具有打印清晰和打印速度快的特点,在商函业务处理中起着重要的作用。生产车间中的商函打印设备如图 10-22 所示,商函喷墨打印机外形如图 10-23 所示。

图 10-22　商函打印设备

 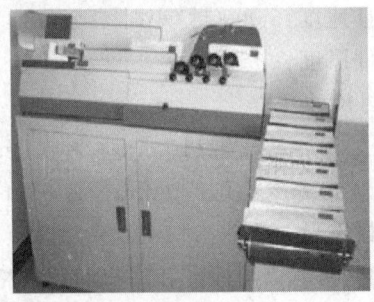

图 10-23　邮政商函喷墨打印机

喷墨打印机的一般适应范围如下。

介质尺寸:最小 76 mm×127 mm×0.076 mm,最大 381 mm×432 mm×15 mm。

打印头调整位置:水平 4.0 mm,垂直 1.5 mm。

打印精度:超级草稿质量 150×600 dpi,草稿质量 200×600 dpi,标准质量 300×600 dpi,加黑质量 600×600 dpi。

打印速度:打印中式 5 号信封每小时 12 000 封,连续打印时间 24 小时以上。

打印字体大小和宽度字体大小和型号:可由 Windows 操作系统自动设置。

打印机的寿命:5 年或打印 60 000 000 件。

思 考 题

1. 什么是终端设备？终端设备经历了哪几个形态？
2. 邮政系统中包括哪些典型的终端设备？
3. 终端设备包括哪些组成环节？各环节包括哪些功能？
4. 请叙述包裹终端机的功能结构和工作原理。
5. 简述终端机的发展趋势。
6. 中国对邮资机符志是怎样管理的？邮资机为什么需要管理？
7. 商函设备包括哪些？简述它们的应用场合。

第 11 章 邮政信息技术

随着中国信息化步伐的加快,邮政采用的新技术和新设备越来越丰富,从信息系统、网络支撑、物流快递到邮政 GIS 系统,都大量采用了新技术和新装备,邮政行业各个层面都展现了新技术的应用,在这里只介绍部分邮政常用的信息技术。

11.1 GPS 系统

11.1.1 GPS 技术

GPS 是 Global Position System 英文首字母缩写,称为全球定位系统。GPS 是美国从 19 世纪 70 年代开始研制,耗资近 200 亿美元,于 1994 年全面建成的利用导航卫星进行测时和测距,具有在海、陆、空进行全方位实时三维导航与定位能力的卫星导航与定位系统。它是继阿波罗登月计划、航天飞机后的美国第三大航天工程。如今,GPS 已经成为当今世界上最实用、应用最广泛的全球精密导航、指挥和调度系统。GPS 在物流领域应用于汽车自定位和跟踪调度,用于铁路运输管理,用于军事物流等。

1. GPS 发展历程

GPS 实施计划共分三个阶段:

第一阶段为方案论证和初步设计阶段。从 1973 年到 1979 年,共发射了 4 颗试验卫星,研制了地面接收机及建立地面跟踪网。

第二阶段为全面研制和试验阶段。从 1979 年到 1984 年,又陆续发射了 7 颗试验卫星,研制了各种用途接收机。实验表明,GPS 定位精度远远超过设计标准。

第三阶段为实用组网阶段。1989 年 2 月 4 日,第一颗 GPS 工作卫星发射成功,表明 GPS 系统进入工程建设阶段。1993 年底,实用的 GPS 网即(21+3)GPS 星座建成,以后将根据计划更换失效的卫星。

2. GPS 组成

GPS 系统主要包括三大组成部分,即空间星座部分、地面控制部分和用户设备部分。

GPS 系统的空间部分由 24 颗 GPS 工作卫星组成,这些 GPS 工作卫星共同组成了 GPS 卫星星座,其中 21 颗可用于导航的卫星,3 颗为活动的备用卫星,均匀分布在 6 个轨道面上,地面高度为 20 000 余千米,轨道倾角为 55 度,偏心率约为 0,周期约为 12 小时,卫星向地面发射两个波段的载波信号,载波信号频率分别为 1.575 42 GHz(L1 波段)和 1.227 6 GHz(L2 波段),卫星上安装了精度很高的原子钟,以确保频率的稳定性,在载波上调制有表示卫星位置的广播星历,用于测距的代码,以及其他系统信息,能在全球范围内,向任意用户提供高精度的、全天候的、连续的、实时的三维测速、三维定位和授时。

地面控制部分是整个系统的中枢,它由分布在全球的一个主控站、三个信息注入站和五个监测站组成。对导航定位来说,GPS卫星是一个动态已知点。卫星的位置是依据卫星发射的星历——描述卫星运动及其轨道的参数算得的。每颗GPS卫星所播发的星历,是由地面监控系统提供的。卫星上的各种设备是否正常工作,以及卫星是否一直沿着预定轨道运行都要由地面设备进行监测和控制。地面监控系统另一重要作用是保持各颗卫星处于同一时间标准——GPS时间系统。这就需要地面站监测各颗卫星的时间,算出时钟差。然后由地面信息注入站发给卫星,卫星再由导航电文发给用户设备。GPS的空间部分和地面监控部分是用户广泛应用该系统进行导航和定位的基础,均为美国所控制。

用户设备部分主要由以无线电传感和计算机技术支撑的GPS卫星接收机和GPS数据处理软件构成。GPS卫星接收机能够捕获到按一定卫星高度截止角所选择的待测卫星的信号,并跟踪这些卫星的运行,对所接收到的GPS信号进行变换、放大和处理,以便测量出GPS信号从卫星到接收机天线的传播时间,解译出GPS卫星所发送的导航电文,实时计算出观测站的三维位置,甚至三维速度和时间,最终实现利用GPS进行导航和定位的目的。

3. GPS功能

(1) 实时跟踪功能

系统能实时跟踪每一车辆,了解车辆与货物状态,这对运输车辆,尤其是运输价高、对时间敏感物品的车辆是至关重要的。系统对每一车辆进行实时监控,能确保车辆和货物的安全。

(2) 定位功能

系统以电子地图的方式表现定位结果,车辆的位置和道路情况都能被直观地反映出来,用户使用起来很方便。

(3) 双向通信功能

无论何时何地,车辆控制中心或者司机都可以利用系统进行双向通信,这有利于途中调度、装运时间的安排,也有利于获知其他紧急或非紧急的情况。

(4) 提供预计到达时间

车辆控制中心可以根据每次的运输计划制定路程时刻表,对整个运输过程制订计划,估计到达某地和到达终点的时间,并将它们提供给货主和司机,让货主与司机清楚地了解整个运输过程。

11.1.2 GPS应用

GPS最初为美国军方所专用,由其控制和操作。海湾战争后,开放了代码,并且降低了它的精度。尽管如此,GPS全天候向全球瞬时提供高精度定位及时间信息,引起了全世界的强烈兴趣。各国科技工作者研究出种种方法,大大提高了测量结果的精度,满足了各国广泛应用的要求,同时也推动了GPS导航定位技术的迅速发展。

目前,全球定位系统已广泛应用于军事和民用等众多领域中。下面以在交通运输系统中的运用为例,简要介绍。

(1) 物流通

"物流通"的核心功能是物流行业的相关行业信息资料。前期产品作为信息存储器,提供货源、专线、集散地等基础资料。可以进行基础信息的在线修改,保持信息的准确性和时效性。提供经过筛选、查证和拆分的货运信息,及时进行有效筛选和确认,经过责任分包的货源信息,提供完整的客户信息。如路况信息、道路天气预报和行业预报等。后期产品可以通过网络进行双向交流,通过 GPS 定位系统进行双向的配比查询。

UPS(联合包裹公司)使用的物流无线手持终端产品——包裹资料收集器,采用与全球卫星定位技术相结合的产品,它每天帮助 UPS 实现实时查询 1 300 多万件包裹的所在位置和所处流程。速递员利用这个终端可以在收到包裹的第一时间将包裹的信息传递到总部的数据库,而且还可以在收货人收到包裹的同时,把收货人的数字签名传送给送货人。当然,这种基于蜂窝电话网络的无线数据传输需要电信运营商支持的。

(2) GPS 在道路工程中的应用

GPS 在道路工程中的应用目前主要是建立各种道路工程控制网及测定航测外控点等。随着高等级公路的迅速发展,对勘测技术提出了更高的要求。由于线路长,已知点少,因此用常规测量手段不仅布网困难,而且难以满足高精度的要求。目前,国内已逐步采用 GPS 技术建立线路首级高精度控制网,如沪宁、沪杭高速公路的上海段就是利用 GPS 建立了首级控制网,然后用常规方法布设导线加密。实践证明,在几十千米范围内的点位误差只有 2 厘米左右,达到了常规方法难以实现的精度,同时也大大提前了工期。

(3) GPS 在汽车导航和交通管理中的运用

三维导航是 GPS 的首要功能,飞机、船舶、地面车辆以及步行者都可利用 GPS 导航接收器进行导航。汽车导航系统是在全球定位系统 GPS 基础上发展起来的一门新型技术。汽车导航系统由 GPS 导航、自律导航、微处理器、车速传感器、陀螺传感器、CD—ROM 驱动器和 LCD 显示器组成。

GPS 导航是由 GPS 接收机接收 GPS 卫星信号(三颗以上),算出该点的经纬度坐标、速度和时间等信息。为提高汽车导航定位精度,通常采用差分 GPS 技术。当汽车行驶到地下隧道、高层楼群、高速公路等遮掩物而捕获不到 GPS 卫星信号时,系统可自动导入自律导航系统,此时由车速传感器检测出汽车的行进速度,通过微处理单元的数据处理,从速度和时间中直接算出前进的距离,陀螺传感器直接检测出前进的方向。陀螺传感器还能自动存储各种资料,即使在更换轮胎暂时停车时,系统也可以重新设定。

由 GPS 卫星导航和自律导航所测到的汽车位置坐标资料、前进的方向都与实际行驶的路线轨迹存在一定误差。为修正这两者的误差,保证与地图上的路线统一,需采用地图匹配技术,加一个地图匹配电路,对汽车行驶的路线与电子地图上道路误差进行实时相关匹配作自动修正,此时地图匹配电路是通过微处理单元的整理程序进行快速处理,得到汽车在电子地图上的正确位置,以指示出正确行驶路线。CD-ROM 用于存储道路资料等信息,LCD 显示器用于显示导航的相关信息。

GPS 导航系统与电子地图、无线电通信网络及计算机车辆管理信息系统相结合,可以实现车辆跟踪和交通管理等许多功能,这些功能包括车辆跟踪、提供出行路线规划和导航、信息查询、话务指挥、紧急援助和 GPS 防盗。

GPS 防盗车安全系统是 GPS 与通信技术结合,对移动的车辆进行监控,通过中心控制台确定车辆的移动方位。当汽车失窃时,可以报由中心控制台来发现其逃跑路线,进而实施截获,也是 GPS 的一种实际运用,目前国内有多家从事 GPS 防盗系统开发、生产的厂家。

GPS 除了用于导航、定位和测量外,由于 GPS 系统的空间卫星上载有的精确时钟可以发布时间和频率信息,因此以空间卫星上的精确时钟为基础,在地面监测站的监控下,传送精确时间和频率是 GPS 的另一重要应用。

11.1.3 GPS 优点

GPS 的问世标志着电子导航技术发展到了一个更加辉煌的时代。GPS 系统与其他导航系统相比，主要特点有以下五个方面。

(1) 定位精度高

GPS 可为各类用户连续提供高精度的三维位置、三维速度和时间信息。

(2) 观测时间短

随着 GPS 系统的不断完善，软件的不断更新，目前 20 千米以内相对静态定位，仅需 15～20 分钟；快速静态相对定位测量时，当每个流动站与基准站相距在 15 千米以内时，流动站观测时间只需 1～2 分钟，然后可随时定位，每站观测只需几秒钟，立即寻址速度快。目前 GPS 接收机的一次定位和测速工作在 1 秒甚至更少的时间内便可完成，这对高动态用户来讲尤其重要。

(3) 执行操作简便

随着 GPS 接收机不断改进，自动化程度越来越高，有的已达"傻瓜化"的程度；接收机的体积越来越小，重量越来越轻，极大地减轻测量工作者的工作紧张程度和劳动强度，使野外工作变得轻松愉快。

(4) 全球、全天候作业

由于 GPS 卫星数目较多且分布合理，在地球上任何地点均可连续同步地观测到至少 4 颗卫星，从而保障了全球、全天候连续实时导航与定位的需要。目前 GPS 观测可在一天 24 小时内的任何时间进行，不受阴天黑夜、起雾刮风、下雨下雪等气候的影响。

(5) 功能多、应用广

GPS 系统不仅可用于测量、导航，还可用于测速、测时。测速的精度可达 0.1 米/秒，测时的精度可达几十毫微秒，其应用领域还在不断扩大。

11.2 GIS 系统

11.2.1 GIS 技术

GIS 系统(Geographic Information System)，即我们经常看到和提及的地理信息系统，它是在计算机技术和地理信息采集技术成熟应用的基础上发展起来的，具有广泛应用前景。随着地理科学、计算机技术、遥感技术和信息科学的不断发展，以及计算机辅助设计技术(CAD)的出现，使人们可以用计算机大规模处理像图形数据，即地理位置的坐标数据。不同图形之间有各种各样的拓扑关系，这些拓扑关系可以描述各种各样的地理位置和三维信息，从而使 GIS 系统得到广泛应用。在实际应用中，一个地理信息系统要管理非常多、非常复杂的数据，可能管理上千上万的点、线、面信息，在每一个位置信息处都可以连接复杂丰富的属性信息，也就是各种业务的应用信息。

GIS 系统主要包括的功能为数据的采集、数据编辑、数据转换和保证数据的完整性等。用计算机对地理数据进行高效获取、存储、更新、操作和分析,可以获得极为有价值的决策信息,并且可以实现直观的三维显示。从而为土地利用、资源评价与管理、环境监测、交通运输、经济建设、城市规划以及政府部门行政管理提供新的知识,为工程设计和规划、管理决策服务。

GIS 是多种学科交叉的产物,它以地理空间数据为基础,采用地理模型分析方法,适时地提供多种空间的和动态的地理信息,是一种为地理研究和地理决策服务的计算机技术系统。其基本功能是将表格型数据(无论它来自数据库、电子表格文件或直接在程序中输入)转换为地理图形显示,然后对显示结果浏览、操作和分析。其显示范围可以从洲际地图到非常详细的街区地图,显示对象包括人口、运输线路和其他内容。如都市信息系统、土地监控系统、地籍信息系统、交通信息系统及环境监控系统、流域管理系统等,皆属于地理信息系统的一部分。

我国 GIS 的发展较晚,经历了四个阶段,即起步(1970—1980)、准备(1980—1985)、发展(1985—1995)和产业化(1996 以后)阶段。GIS 已在许多部门和领域得到应用,并引起了政府部门的高度重视。从应用方面看,地理信息系统已在资源开发、环境保护、城市规划建设、土地管理、农作物调查与结产、交通、能源、通讯、地图测绘、林业、房地产开发、自然灾害的监测与评估、金融、保险、石油与天然气、军事、犯罪分析、运输与导航、110 报警系统和公共汽车调度等方面得到了具体应用。

近几年,随着物流业的飞速发展,邮政速递行业开始使用 GIS 系统作为支支撑,建立自己的物流配送管理信息系统,解决物流配送、最佳路径选择等方案的制定,为高效物流配送提供解决方案。

11.2.2　GIS 的组成

GIS 由计算机硬件平台、GIS 专业软件、地理数据和 GIS 模型组成。

(1) 计算机硬件平台。GIS 包括主服务器、工作站及网络计算的一切计算资源。

(2) GIS 专业软件。GIS 软件具有存储、分析、显示地理数据的功能,要素包括地理数据输入、工具;空间数据库管理工具;空间查询、分析、可视化表达;图形用户界面。

(3) 地理数据。GIS 系统必须建立在准确使用地理数据基础上,数据来源包括室内数字和外业采集,以及从其他数据的转换。数据类型分为空间数据和属性数据,并与关系数据库互相连接。

(4) GIS 模型。包括 GIS 专业模型和经验,是 GIS 应用系统成败的至关重要的因素。

目前,市场上商用的 GIS 平台软件产品主要有 SuperMap,MapGIS,MapInfo 和 ArcGIS 四种。其中 SuperMap 和 MapGIS 是国产的 GIS 软件平台,分别为北京超图公司和武汉中地数码研制;MapInfo 和 ArcGIS 则是美国产品,分别为 MapInfo 公司和 ESRI 公司所有。

11.2.3　GIS 在物流系统中的应用

1. 基于 GIS 物流的中心选址

物流中心选址对整个系统的物流合理化和商品流通的社会效益有着决定性的影响。但由于资源分布、需求状况、运输条件和自然条件等因素的影响,使得即使在同一区域内的不同地方建立物流中心,物流系统和全社会经济效益也是不同的。

传统选址方法的缺陷:物流中心选址方法已有较为成熟的模型与算法,主要有重心法、数值分析法、Kuehn—Hanburger 模型、Baumol—Wolfe 模型、CFLP 法和 Delphi 专家咨询法等，这些传统选址方法几乎都是建立在静态的假定条件下实现的，其结果往往与现实情况不完全相符甚至相差非常大。GIS 技术的出现，可以很好地帮助克服以上缺点，较好地解决物流中心的选址问题。

利用 GIS 选址的优点：GIS 最大、最显著的特点是通过地图来表现数据。在传统的关系数据库中，各数据域是平等的，它们按照关系规范化理论组织起来。在 GIS 中，空间信息和属性信息是不可分割的整体，它们分别描述地理实体的两面，以地理实体为主线组织起来，除了具有管理空间数据（如物流节点的位置）外，还具有空间查询与分析功能（如查询设施的属性、分析其周围的环境状况等）。利用 GIS 的可视性可以以图的形式显示包含区域地理要素的背景下的整个物流网络（如现存物流节点、道路、客户等要素），一般规划者能够直观方便地确定位置或线路，而且 GIS 最终评价是输出图形，既直观又便于理解。另外，GIS 是一个动态的系统，它强大的数据库系统可以保持持续更新，地理空间上的任何变化 GIS 都可以更新其数据库以备调用。同时，利用 GIS 的空间查询分析功能，在物流中心选址过程中能很好的实现规划者与计算机的动态交互，使选址结果更符合实际所需。

用 GIS 进行物流中心选址的原理：在 GIS 中，物流系统中的点、线、面都可作为空间实体，可用空间数据来表达，空间数据描述的是现实世界各种现象的空间、时间和专题特征。空间特征是地理信息系统或者说是空间信息系统所独有的，是指地理现象和过程所在的位置、形状和大小等几何特征，以及与相邻地理现象和过程的空间关系。时间特征是指空间数据随时间的变化而变化的情况。专题特征也指空间现象或空间目标的属性特征，它是指除了时间和空间特征以外的空间现象的其他特征。根据这几个特征，GIS 系统可以直观地在地图上确定物流中心。

2. GIS 在物流配送中的应用

由于 GIS 强大的数据组织、空间分析与可视化等众多优点，基于 GIS 物流配送系统集成已成为物流配送系统发展的必然趋势。系统集成的目的是利用 GIS 空间分析功能，在可视化、智能化的信息平台实现高效、便捷的物流配送，使配送企业能最大限度地利用内部人力、物力资源缩短配车计划编制时间，减少车辆的闲置、等候时间，合理安排配送车辆行驶路线制定合理的配送方案，提高车辆的利用率，优化人员与车辆的调度，使物流配送达到最优，以降低企业的运营成本。

将 GIS 技术应用到物流配送过程中，能更容易地处理物流配送中货物的运输、仓储、装卸和送递等各个环节，对其中涉及的问题如运输路线的选择、仓库位置的选择、仓库的容量设置、合理装卸策略、运输车辆的调度和投递路线的选择等进行有效的管理和决策分析，这样才符合现代物流的要求，有助于物流配送企业有效地利用现有资源，降低消耗，提高效率。GIS 系统在物流配送中的应用如图 11-1 所示。

——GIS 应用于物流配送的原理

地理或空间的数字化数据一般有两种方式：矢量或栅格。矢量数据是由点、线和多边形组成的，物流企业可以把顾客的地点以点的形式储存在数据库中；公路网可以描绘成一组线，而仓库服务的区域边界可以看成一个多边形；扫描的数据也可以用栅格的形式表示，每一个栅格里存储特定的数据。卫星和空间照相以扫描的形式或者把纸质地图扫描到面计算机里。一般

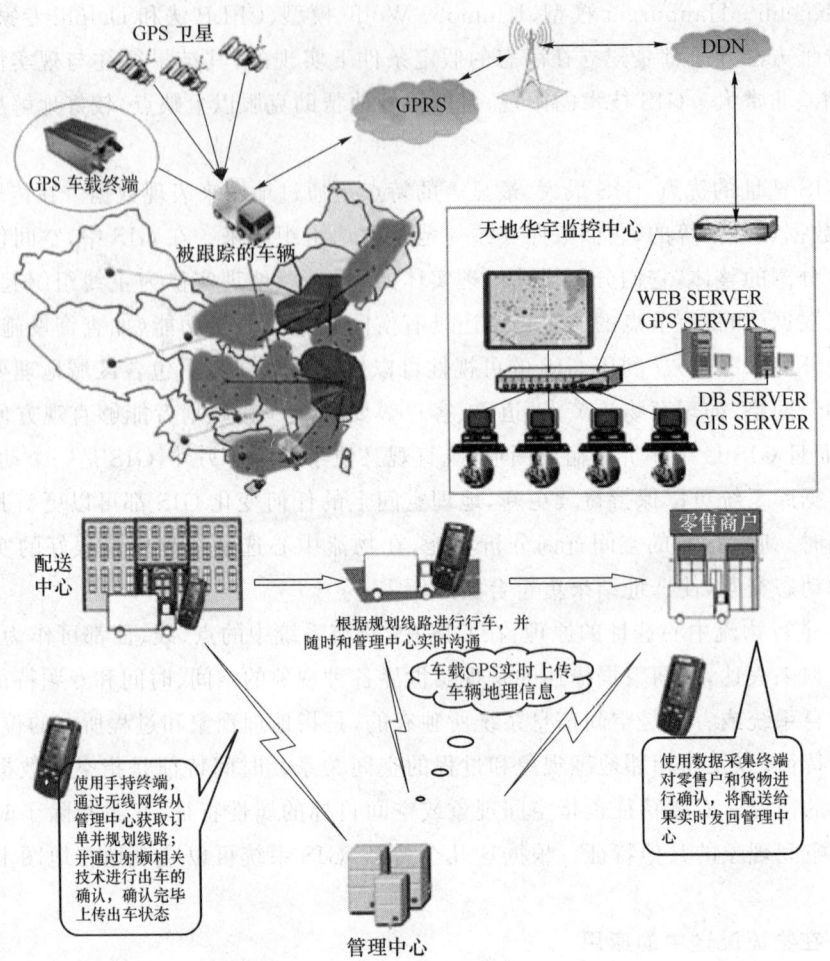

图 11-1　GIS 系统在物流配送中的应用

来说,使用者将购买或获得使用权来得到标准化地理边界和特征数据,并且把它们与本公司的数据引入到 GIS 中。有的数据提供商提供的地图是一组典型的矢量数据包括不同层次的公路和铁路网络,村镇和城市的不同人口分布,港口、飞机场、火车站等。边界数据可以从很多的数据源中得到,它们可以以不同的层次出现,像行政区、邮政区、街区等。

——GIS 在物流配送系统中的功能实现

利用 GIS 能够便于企业基于属性数据和图形数据的结合对分区进行科学、规范的管理,并且可以优化车辆与人员的调度,最大限度地利用人力、物力资源,使货物配送达到最优化。对于物流中的许多重要决策问题,如货物组配方案、运输的最佳路径、最优库存控制等方面,都可以得到更好的解决。GIS 系统的快递路由规划如图 11-2 所示。

GIS 在物流配送系统中主要有以下功能。

(1) 物流网络布局和运输路线的模拟与决策

寻求最优分配货物路径问题,也就是物流网点布局问题。可利用长期客户、车辆、订单和地理数据等建立模型来进行物流网络的布局进行模拟,根据实际需求分布规划出运输线路,使显示器能够在电子地图上显示设计线路,并同时显示汽车运行路径和运行方法,同时利用 GIS

的网络分析模型优化具体运行路径,使资源消耗最小化。并以此来建立决策支持系统,以提供更有效而直观的决策依据。

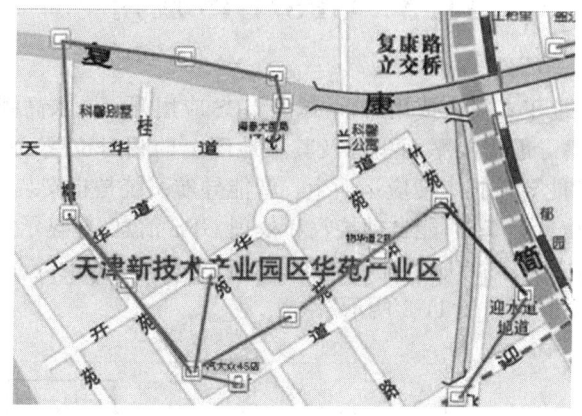

图 11-2　GIS 系统的快递路由规划

（2）车辆和货物跟踪和导航

利用 GPS 和电子地图可以实时显示出车辆或货物的实际位置从而对车辆提供导航服务,并能查询出车辆和货物的状态,以便进行合理调度和管理。在时间紧迫的情况下,找出可替代的行车路线,使所从事的物流活动可以安排在恰当的时间出发,并按照规定的时间到达目的地。

（3）配送区域划分

企业可以参照地理区域,根据各个要素的相似点把同一层上的所有或部分要素分为几个组,用以解决确定服务和销售市场范围等问题。如某一公司要设立若干个分销点,要求这些分销点覆盖某一地区,而且要使每个分销点的顾客数目大致相同。

（4）客户定位

使用 GIS 对某个城市或地区按管理的要求建立电子地图,准确地反映出街道、道路等情况,由于地理地图已具有了地理坐标,通过对地理坐标的描述,可以在地图上对新客户进行地理位置的定位或者修改老客户的地理位置,从而使企业能精确的确定配送点和客户的位置。

（5）信息查询

对配送范围内的主要建筑、运输车辆和客户等进行查询,查询资料可以以文字、语言及图像的形式显示,并在电子地图上显示其位置。

3. GIS 与物流信息系统集成

物流信息具有信息源点多、分布广、信息量大、动态性强、信息的价值衰减速度快和及时性要求高等特性。这意味着物流信息的收集、加工和处理要求速度快、难度大。将 GIS 集成应用于物流管理,可以提供分布式的物流信息系统管理平台；电子地图图形化的显示和输出增强了物流系统的可视化管理能力；强大的地理分析和空间分析为物流方案的制定提供了科学的方法；基于 GIS 的仿真模拟对物流方案设计提供了准确的判断依据。以 GPS 为代表的定位技术与通信技术的有效集成,不仅可以实现远程的信息交换,而且还可以实现移动目标的实时监控,掌握物流作业的状态信息。将空间信息技术引入现代物流管理技术中并进行有效的集成已成为现代物流发展的必然趋势。

物流系统与 GIS 的集成的实质是实现数据集成或功能集成。数据集成主要包括异构数据集成和同构数据集成,功能集成是根据物流的操作模式实现对其功能的规划和重组。构建集成 GIS 和物流管理技术的物流信息系统,需要做好数据集成、功能集成和系统实现三方面的工作。

11.3 GPS/GIS 应用

从 1994 年 GPS 系统正式投入使用后,全球的 GPS 应用开始进入高潮。由于 GPS 提供的是经纬度格式的大地坐标,导航需要平面坐标及其在地图上的相对位置,这样以数字地图、GIS 和 GPS 为基础的计算机智能导航技术便应运而生。智能导航系统是指安装在各种载体(如车辆、飞机、舰船)上,以计算机信息为基础,能自动接收和处理 GPS 信息,并显示载体在电子地图上的精确位置的技术系统。车载 GPS 导航系统和移动目标定位系统是智能导航系统的具体应用。GIS 与 GPS 系统结合的典型应用如图 11-3 所示。

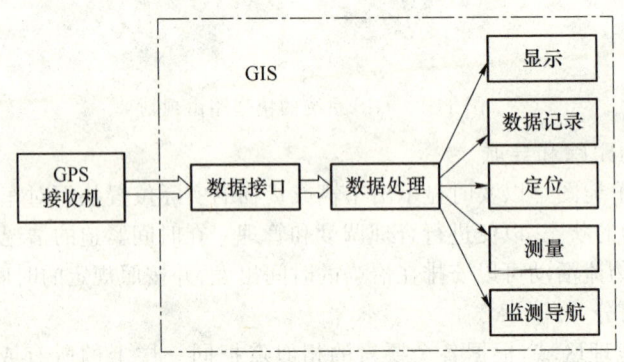

图 11-3 GIS 与 GPS 集成系统

在 GPS 与 GIS 相结合应用深入的同时,现代通信技术也正发生着巨大变化。目前,移动手持设备如移动电话和 PDA 广泛使用,使 GPS+GIS 的应用前景更广阔。

公安、交通、电力、电信、石油、市政、林业和农业等行业的导航与监控应用中,有了更进一步的应急处理系统。如在定位的同时,还需了解当前位置的周边地理情况、所需资源能否满足要求、设施设备的状态和当前位置到目标位置的最佳路径等,以便更好、更快地进行应急处理,这样作为 GPS 移动目标表现载体的 GIS 系统不仅需要提供基本的 GPS 移动目标的地图化表现,还要提供更进一步的基于位置的分析功能,从而提供合理的决策支持依据。GIS 与 GPS 系统结合的应用描述如图 11-4 所示。

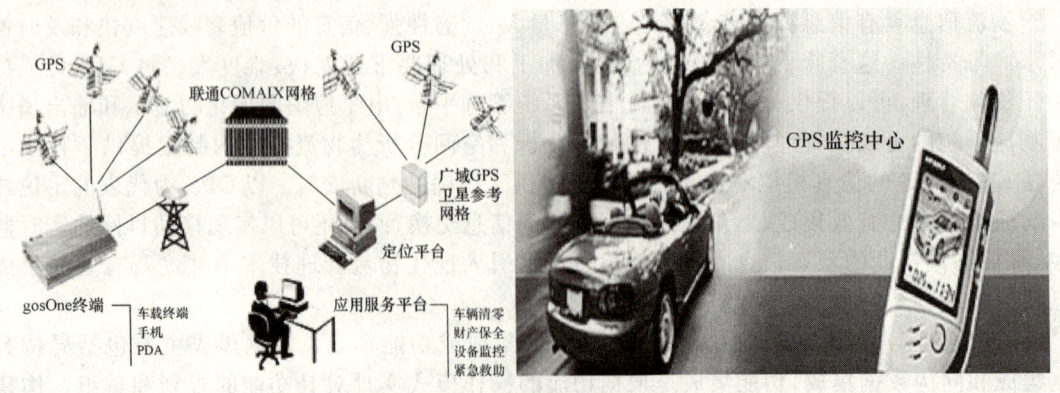

图 11-4 GIS/GPS 应用系统

随着中国现代商业的发展,各大中城市均将逐渐形成大型的物流中心,并且拥有大型的物流公司。大型物流中心和物流企业发展,对物流效率的要求迫在眉睫。因此,地理信息系统(GIS)的应用是物流中心、物流企业和配送中心提高效率的不可缺少的工具。

思 考 题

1. 什么是 GPS 系统？GPS 的发展经历了几个历程？
2. GPS 在邮政物流系统中可以实现哪些功能？
3. GPS 技术有哪些典型的应用？根据你对自己最熟悉领域的了解,举例说明地平要进行哪些具体应用？
4. 什么是 GIS 系统？GIS 系统得到广泛应用的前提是什么？
5. GIS 系统包括哪些组成部分？各个部分都实现哪些功能？
6. 市场上国内外的商用 GIS 平台都包括哪些？
7. GIS 在邮政物流配送中主要体现哪些功能？
8. GIS 技术在邮政物流配送中是如何应用的？如何进行中心选址和路由规划？

第 12 章 邮政技术设备管理

12.1 设备管理概述

设备通常指可供人们在生产中长期使用,并在反复使用中基本保持原有实物形态和功能的生产资料和物质资料的总称。

邮政设备除常用设备外,还有专用设备,如信函分拣机、包裹分拣机和邮政电子秤,且随着发展还在不断拓展新的设备范围,如快件安检机等。

设备管理是以设备为研究对象,追求设备综合效率,应用一系列理论和方法,通过一系列技术、经济、组织措施,对设备的物质运动和价值运动进行全过程(从规划、设计、选型、购置、安装、验收、使用、保养、维修、改造、更新直至报废)的科学化管理过程。

12.1.1 设备管理意义

(1) 设备管理是企业内部管理的重点

企业内部管理,是指企业为了完成既定生产经营目标而在企业内部开展的一切管理活动,它包括企业的计划管理、质量管理、设备管理、财务管理、班组管理和现场管理等。在各项基础管理工作中,设备管理是企业内部管理的重点之一。

生产设备是生产力的重要组成部分和基本要素之一,是企业从事生产经营的重要工具和手段,是企业生存与发展的重要物质财富,也是社会生产力发展水平的物质标志。生产设备无论从企业资产的占有率上,还是从管理工作的内容上,以及企业市场竞争能力的体现上,它都占有相当大的比重和十分重要的位置。管好用好生产设备,提高设备管理水平对促进企业进步与发展有着十分重要的意义。

(2) 设备管理是企业生产的保证

在企业的生产经营活动中,设备管理的主要任务是为企业提供优良而又经济的技术装备,使企业的生产经营活动建立在最佳的物质技术基础之上,保证生产经营顺利进行,以确保企业提高产品质量,提高生产效率,降低生产成本,进行安全文明生产,从而使企业获得最高经济效益。在产品的设计、试制、加工、销售和售后服务等全过程的生产经营活动中,无不体现出设备管理的重要性。设备管理可降低生产成本,节约资源,生产出满足用户需求高质量的产品。设备管理水平是企业的管理水平、生产发展水平和市场竞争能力的重要标志之一。

设备管理是企业产量、质量、效率的保证。"工欲善其事,必先利其器",高效生产必须建立在企业具备先进设备及良好的管理水平之上。若疏于管理,用先进设备生产一般产品,会使生产成本增加,造成极大的浪费;有的先进设备带病运转,在使用过程中,缺零少件,拆东墙补西墙,不能发挥全部设备的效能,降低了设备利用率;有的设备损坏,停机停产,企业虽有先进的设备,不但没有发挥出优势,反而由于设备价高,运转费用大,成为沉重的包袱,导致企业生产经营步履维艰。而一些设备管理好的企业,虽然没有国外的先进装备,由于管理水平高,设备运转状态良好、效率高,一样能生产出高质量的产品,企业效益也稳步增长。

设备管理是企业安全生产的保证,安全生产是企业搞好生产经营的前提。企业的任何生产经营活动都必须建立在安全生产的基础之上。根据有关安全事故的统计,除去个别人为因素,80%以上的安全事故是设备管理不善因素造成的。要确保安全生产,必须有运转良好的设备,而良好的设备管理,也就消除了大多数事故隐患,避免了大多数安全事故的发生。

(3) 设备管理是企业提高效益的基础

企业进行生产经营的目的,就是获取最大的经济效益,企业的一切经营管理活动也是紧紧围绕着提高经济效益这个中心进行的,设备管理是提高经济效益的基础。

提高企业经济效益,简单地说,一方面是增加产品产量,提高劳动生产效益;另一方面是减少消耗,降低生产成本。在这一系列的管理活动中,设备管理占有特别突出的地位。

① 提高产品质量,增加产量,设备是一个重要因素。因此,加强应用现代技术,开展技术创新,确保设备有良好的运转状态;改善和提高装备品质,增强设备性能,延长设备使用寿命,从而达到提高质量、增产增收。

② 提高劳动生产率,关键是要提高设备的生产效率。企业内部多数人是围绕设备工作的。要提高这些人的工作效率,前提是要提高设备生产效率、减少设备故障、提高设备利用率。

③ 减少消耗、降低生产成本更是设备管理的主要内容。原材料的消耗大部分是在设备上实现的。设备状态不好会增大原材料消耗,如出现废品,原材料浪费更大。在能源消耗上,设备所占的比重更大。在设备运转过程中,为维护设备正常运转,本身也需要一定的物资消耗。设备一般都有常备的零部件、易损件,设备管理不好,零部件消耗大,设备维修费用支出就高。

12.1.2 设备管理发展过程

自人类使用机械以来,就伴随有设备的管理工作。从简单落后设备到复杂先进设备,设备管理从凭操作人员凭经验行事到成为一门独立管理学科,经历了以下阶段。

(1) 事后维修阶段

事后维修是设备发生故障后,或者设备的精度、性能降低到合格水平以下时进行的非计划性修理。这种维修能提高设备的利用率,减少设备的停机时间。但若设备一旦发生故障,就会给生产作业造成很大影响,给修理工作造成一定的困难,特别在一些重要设备、连续运行的设备和地处偏远工地的设备上,损失更为严重。

大多数的事后维修只是对发生故障的部位或零件进行修理,而不是对整台设备进行全面检修,好像消防队一样,哪有火就到哪,因此设备经常连续出现故障。

事后维修是很普遍的,但这是一种被动的维修方式,适合一些设备和发生故障后对正常生产影响小,能及时提供备件,并且修理技术不复杂、利用率不高的设备。

(2) 预防维修阶段

社会化大生产的出现,机器设备故障造成的经济损失不容忽视。于是美国首先提出"预防维修"的概念,是对影响设备正常运行的故障采取"预防为主""防患于未然"的措施,即加强维护保养,预防故障发生,尽可能多做预防维修,降低停工损失费用和维修费用。主要做法是以日常检查和定期检查为基础,并从中了解设备状况,以此为依据进行修理工作。

前俄罗斯随后也提出了"计划预防维修制度",以修理复杂系数和修理周期结构为基础的制度,按待修设备的复杂程度制订出各种修理定额作为编制预防性检修计划的依据,除了设备进行定期检查和计划修理外,还强调设备的日常维修。并进一步发展确立规程化技术维护与维修制度,大大提高了维修作业的效率和质量,减少了设备因突发故障造成停机损失。

(3) 设备系统管理阶段

1954年,美国通用电气公司提出了"生产维修"的概念,强调系统地管理设备,对关键设备采取重点维护政策,以提高企业综合经济效益。

美国企业界又提出设备管理"后勤学"的观点,设备在设计阶段就开始考虑其可靠性、维修性及其必要的后勤支援方案。设备出厂后,在资料、技术、检测手段、备件供应以及人员培训等方面为用户提供良好、周到的服务,使用户达到设备寿命周期费用最经济的目标。

设备管理从维修管理转为设计和制造的系统管理,设备管理进入新阶段。

(4) 设备综合管理阶段

设备综合管理是根据企业生产经营的目标,通过采取一系列技术、经济和管理措施,对设备的"一生"进行管理,以保持设备良好状态并不断提高设备的技术素质,保证设备的有效使用和获得最佳的经济效益。设备综合管理的两个典型:英国丹尼斯·帕克斯提出的"设备综合工程学"和以此为基础日本提出的"全民生产维修制(TPM)",分别以设备寿命周期费用最经济和综合效率为目标,致使进一步发展重视维修高技术的开发和应用,充分利用计算机的快速与准确性。并开展以教育为先导,重视维修管理,技术人才的培养。

12.1.3 设备管理主要内容

设备管理的内容是由设备管理的目标来确定的。设备管理一方面保证为企业的生产提供最有效的技术设备;另一方面使企业的生产经营活动建立在最佳的物质技术基础上,以便实现设备寿命周期内费用最经济、效率最高。从设备整个寿命周期看,设备管理包含三个阶段:前期管理、运行管理、后期管理。

(1) 设备前期管理

设备前期管理的内容涉及设备规划、选型、购置、安装调试、交工验收等管理事项,具体包含四个方面:一是选购高效率、高效益的设备。企业应该对设备开展比较全面的技术经济评价,进而合理选购设备,做到技术上先进、经济上合理。二是做好设备的工作环境调节和安装调试工作。三是做好操作人员的培训工作。四是做好设备管理及维修人员的培训工作。这些是设备维修及管理工作顺利开展的前提。

(2) 设备运行管理

设备运行阶段的管理主要涉及以下内容:设备的合理使用、磨损、维修,设备润滑管理、现场管理、备件管理等。在运行阶段,要使用好、维修好、管理好设备,确保设备的正常运行。

(3) 设备的后期管理

设备的后期管理主要包括对现有设备做进一步挖潜、改造和更新,对超过服务年限的设备进行报废处理。

12.1.4 设备管理理论——设备综合工程学

设备综合工程学(Terotechnology)是指以设备一生为研究对象,是管理、财务、工程技术和其他应用于有形资产的实际活动的综合,其目标为追求经济的寿命周期费用。

(1) 设备综合工程学的起源

设备综合工程学是英国人丹尼斯·巴克斯提出来的。1970年,在美国洛杉矶召开的国际设备工程年会上,英国维修保养技术杂志社主编丹尼斯·巴克斯发表了题为《设备综合工程学——设备工程的改革》的著名论文,第一次提出了"设备综合工程学"这个概念,其原意为"具有实用价值或工业用途的科学技术"。

1967年,英国政府设立了维修保养技术部。为了有力地推行设备综合工程学这一新兴学科在工业中的应用,1970年,英国政府在工商部下设置了"设备综合工程学委员会",作为政府行为对设备工程进行计划、组织和领导。

(2) 设备综合工程学的主要内容

① 追求寿命周期费用的经济性。有些设备的设置费较高,但维持费却较低;而另一些设备,设置费虽然较低,但维持费却较高。因此,应对设备一生设置费和维持费作综合的研究权衡,以寿命周期最经济为目标进行管理。研究表明,设备一出厂已经决定了设备整个寿命周期的总费用。也就是说,设备的价格决定着设置费,而其可靠性又决定着维持费。一台机械性能、可靠性、维修性好的设备在保持较高的工作效率的同时,在使用中的维修、保养及能源消耗费用也较低。反之,如果只考虑购入价格便宜,忽视设备的可靠性、维修性和安全、环保等方面的问题,就会带来故障频繁、停机损失增加、危害安全、环境污染等问题,而解决这些问题所需的投资数额往往更大。因此,设备使用初期的决策,对于整个寿命周期费用的经济性影响甚大,应对设备前期管理给以足够的重视。

② 综合技术、经济和管理因素,对设备实行全方位的管理。设备综合管理包含工程技术管理、组织管理和财务经济管理三方面的内容。首先,设备是科学技术的产物,涉及科学技术的各个领域,要管好用好这些设备,需要多种科学技术知识的综合运用。其次,近年来不断涌现和发展起来的管理科学,如系统论、运筹学、信息论、行为科学及作为管理工具的计算机系统,日益成为设备综合管理的手段。设备从研制开发到报废处理的全过程都应运用科学的管理手段,也只有科学管理才能搞好设备综合管理。再次,企业的经营目标是提高经济效益,设备管理也应为这个目标服务。设备综合工程就是以最经济的设备寿命周期费用,创造最好的经济效益。一方面,要从设备整个寿命周期综合管理,降低费用开支;另一方面,要努力提高设备利用率和工作效率。总之,设备的技术、经济、管理这三个侧面,是相互联系的一个整体。其中,技术是基础,经济是目的,管理是手段。只有三者结合,才能实现综合管理的目标。

③ 重视设备的可靠性和维修性。设备的可靠性是指设备在规定的使用时间内、规定的使用条件下能够无故障地实现其规定功能的能力,也就是要求设备使用时准确、安全、可靠。设备的维修性是指设备维修的难易程度。维修性好的设备,应该是结构简单,零部件组合合理,通用化、标准化程度高、互换性强,易于检查、拆卸方便、易于排除故障等。

设备综合工程学是在维修工程的基础上形成的,它把设备可靠性和维修性问题贯穿到设备设计、制造和使用的全过程,即在设计、制造阶段就争取赋予设备较高的可靠性和可维修性,使设备在后天使用中长期可靠地发挥其功能,力求不出故障或少出故障,即使出了故障也要便于维修。设备综合工程学把可靠性和可维修性设计作为设备一生管理的重点环节,它把设备先天素质的提高放在首位,把设备管理工作立足于最根本的预防环节上。

④ 强调发挥设备一生各个阶段的效能。这是系统论等现代管理理论在设备管理上的应用。设备管理是整个企业管理系统中的一个子系统,它是由各式各样的设备单元组合而成,每

台设备又是一个独立的投入产出单元。从空间上看,每台设备是由许多零部件组成的集合体;从时间上看,设备一生是由规划、设计、制造、安装、使用、维修、改造、报废等各个环节组成,它们互相关联,互相影响,互相作用。运用系统工程的原理和方法,把设备一生作为研究和管理的对象,从整体优化的角度来把握各个环节,充分改善和发挥各个环节在全过程中的机能作用,才能取得最佳的技术经济效果。

⑤ 重视设计、使用和费用信息的反馈。为了提高设备可靠性、可维修性设计和做好设备综合管理,必须注重信息反馈。设备使用单位向设备设计、制造单位反馈设备使用过程中发现的性能、质量、可靠性、维修性、资源消耗、人机配合、安全环保等方面的信息,帮助设备设计、制造单位改进设计和工艺,提高产品质量。设备制造单位也可通过用户访问、售后服务、技术培训等,帮助使用单位掌握设备性能、正确使用产品,同时收集用户的意见和建议。另外,设备使用单位内部职能部门之间、基层车间之间也要有相应的信息反馈,以便做好设备综合管理与决策。

12.2 设备的选购

设备选型是指购置设备时,根据生产工艺要求和市场供应情况,按照可行性、维修性、操作性和能源供应等要求,进行调查和分析比较,以确定设备的优化方案。设备的来源主要有企业外购设备和企业自制设备两种。

选购设备应遵循技术上先进、经济上合理、生产上实用的原则,主要考虑以下九方面因素。

(1) 生产性

生产性就是设备的生产效率。通常表示为设备在单位时间内生产的产品数量。企业在进行设备选型时,要根据自身条件和生产需要,选择生产效率高的设备。

(2) 可靠性

可靠性主要包括两个指标:设备的可靠性、生产的产品的精度。可靠性指设备在规定的使用条件下,一定时间内无故障地发挥机能的概率。所以,企业应选择能生产高质量的产品和可靠度的设备。

(3) 安全性

安全性是指设备对生产的保障能力,企业一般应选择安装有自动控制装置的设备。

(4) 可修性

可修性是指设备维修的难易程度,企业选择的设备要便于维修,为此应尽可能取得设备的有关资料、数据,或取得供方维修服务的保证。

(5) 成套性

成套性是指设备在性能方面的配套水平。成套设备是机械、装置及其有关要素的有机组合体。大型企业特别是自动化较高的企业越来越重视设备的成套性,选择配套程度高的设备利于提高生产。引进设备时要考虑设备的成套性,尽量成套购买。

(6) 节能性

节能性是指企业设备节约能源的可能性。企业在选择设备时应购进能耗较少的设备。

(7) 环保性

环保性是指设备的环保指标达到规定的程度。企业选用的设备噪声与"三废"排放较少,达到国家有关法规性文件规定的环保要求。

(8) 灵活性

灵活性是指设备的通用性、多能性及适应性。工作环境易变、工作对象可变的企业在设备选型时应重视这一因素。

(9) 时间性

时间性是设备的自然寿命、技术寿命较长。优良的设备使用期长,技术上较先进,不易很快被淘汰,企业应尽可能选用。

12.3 设备使用维护

设备在负荷下运转并发挥其规定的功能的过程,即为使用过程。设备在使用过程中,由于受到各种力的作用和环境条件、使用方法、工作规范、工作持续时间长短等因素影响,其技术状态发生变化而逐渐降低工作能力。要控制这一时期技术状态的变化,延缓设备工作能力下降的进程,正确使用设备是控制技术状态变化和延缓工作能力下降的首要事项。

保证设备正确使用的主要措施是:制定设备使用程序;制定设备操作维护规程;建立设备使用责任制;建立设备维护制度,开展维护竞赛评比活动。

12.3.1 设备使用程序

操作人员在独立使用设备前,必须经过有关设备的结构性能、安全操作、维护要求等方面的技术知识教育,以及实际操作与基本功的培训。

应有计划、经常对操作工人进行技术教育培训,以提高其设备使用维护能力。经过技术训练操作,获得操作证后方可独立使用设备。

凭证操作设备是保证正确使用设备的基本要求。使用设备应严格岗位责任,实行定人定机制,以确保正确使用设备和落实日常维护工作。

12.3.2 设备操作规程维护规程

设备使用、维护规程是根据设备使用、维护说明书和生产工艺要求制定,用来指导正确操作使用和维护设备的法规。

(1) 规程制定与修改的要求

① 企业首先要按照设备使用管理制度规定的原则,正确划分设备类型,并按照设备在生产中的地位、结构复杂程度以及使用、维护难度,将设备划分为:重要设备、主要设备、一般设备三个级别,以便于规程的编制和设备的分级管理。

② 凡是安装在用的设备,必须做到台台都有完整的使用、维护规程。

③ 对新投产的设备,厂(矿)要负责在设备投产前 30 天制定出使用、维护规程,并下发执行。

④ 当生产准备采用新工艺、新技术时,在改变工艺前 10 天,要根据设备新的使用、维护要求对原有规程进行修改,以保证规程的有效性。

⑤ 岗位在执行规程中,发现规程内容不完善时要逐级及时反映,规程管理专业人员应立即到现场核实情况,对规程内容进行增补或修改。

⑥ 新编写或修改后的规程,都要按专业管理承包制的有关规定分别进行审批。

(2) 设备使用规程内容

① 设备技术性能和允许的极限参数,如最大负荷、压力、温度、电压、电流等。

② 设备交接使用的规定,两班或三班连续运转的设备,岗位人员交接班时必须对设备运行状况进行交接,内容包括:设备运转的异常情况,原有缺陷变化,运行参数的变化,故障及处理情况等。

③ 操作设备的步骤,包括操作前的准备工作和操作顺序。

④ 紧急情况处理的规定。

⑤ 设备使用中的安全注意事项,非本岗位操作人员未经批准不得操作本机,任何人不得随意拆掉或放宽安全保护装置等。

⑥ 设备运行中故障的排除。

12.4 设备维修基本内容

设备维修的基本内容包括:设备维护保养、设备检查和设备修理。

12.4.1 设备维护保养

设备维护保养的内容是保持设备清洁、整齐、润滑良好、安全运行。设备的寿命在很大程度上取决于维护保养的好坏。维护保养依工作量大小和难易程度分为日常保养、一级保养、二级保养、三级保养等。

日常保养,又称例行保养。其主要内容是:进行清洁、润滑、紧固易松动的零件,检查零件、部件的完整。这类保养的项目和部位较少,大多数在设备的外部。

一级保养,主要内容是:普遍地进行拧紧、清洁、润滑、紧固,还要部分地进行调整。日常保养和一级保养一般由操作工人承担。

二级保养主要内容包括内部清洁、润滑、局部解体检查和调整。

三级保养主要是对设备主体部分进行解体检查和调整工作,必要时对达到规定磨损限度的零件加以更换。此外,还要对主要零部件的磨损情况进行测量、鉴定和记录。二级保养、三级保养在操作工人参加下,一般由专职保养维修工人承担。

在各类维护保养中,日常保养是基础。保养的类别和内容,要针对不同设备的特点加以规定,不仅要考虑设备的生产工艺、结构复杂程度、规模大小等具体情况和特点,同时要考虑不同工业企业内部长期形成的维修习惯。

12.4.2 设备检查

设备检查,是指对设备的运行情况、工作精度、磨损或腐蚀程度进行测量和校验。通过检查全面掌握机器设备的技术状况和磨损情况,及时查明和消除设备的隐患,有目的地做好修理前的准备工作,以提高修理质量,缩短修理时间。

检查按时间间隔分为日常检查和定期检查。日常检查由设备操作人员执行,同日常保养结合起来,目的是及时发现不正常的技术状况,进行必要的维护保养工作。定期检查是按照计划,在操作者参加下,定期由专职维修工执行,目的是通过检查,全面准确地掌握零件磨损的实际情况,以便确定是否有进行修理的必要。

检查按技术功能,可分为机能检查和精度检查。机能检查是指对设备的各项机能进行检查与测定,如是否漏油、漏水、漏气,防尘密闭性如何,零件耐高温、高速、高压的性能如何等。精度检查是指对设备的实际加工精度进行检查和测定,以便确定设备精度的优劣程度,为设备验收、修理和更新提供依据。

12.4.3 设备修理

设备修理,是指修复由于日常的或不正常的原因而造成的设备损坏和精度劣化。通过修理更换磨损、老化、腐蚀的零部件,可以使设备性能得到恢复。设备的修理和维护保养是设备维修的不同方面,二者由于工作内容与作用的区别是不能相互替代的,二者应同时做好,以便相互配合、相互补充。

(1) 设备修理的种类

根据修理范围的大小、修理间隔期长短、修理费用多少,设备修理可分为小修理、中修理和大修理三类。

① 小修理。小修理通常只需修复、更换部分磨损较快和使用期限等于或小于修理间隔期的零件,调整设备的局部结构,以保证设备能正常运转到计划修理时间。小修理的特点是:修理次数多,工作量小,每次修理时间短。小修理一般由项目专职维修工人执行。

② 中修理。中修理是对设备进行部分解体、修理或更换部分主要零件与基准件,或修理使用期限等于或小于修理间隔期的零件;同时要检查整个机械系统,紧固所有机件,消除扩大的间隙,校正设备的基准,以保证机器设备能恢复和达到应有的标准和技术要求。中修理的特点是:修理次数较多,工作量不很大,每次修理时间较短,修理费用计入维修基金费用。中修理的大部分项目由项目的专职维修工在设备现场进行,个别要求高的项目可由专业外单位承担,修理后要组织检查验收并办理送修和承修单位交接手续。

③ 大修理。大修理是指通过更换,恢复其主要零部件,恢复设备原有精度、性能和生产效率而进行的全面修理。大修理的特点是:修理次数少,工作量大,每次修理时间较长,修理费用由大修维修基金支付。设备大修后,质量管理部门和设备管理部门应组织使用和承修单位有关人员共同检查验收,合格后送修单位与承修单位办理交接手续。

(2) 设备修理的方法

常用的设备修理主要有以下方法。

① 标准修理法。标准修理法又称强制修理法,是指根据设备零件的使用寿命,预先编制具体的修理计划,明确规定设备的修理日期、类别和内容。设备运转到规定的期限,不管其技术状况好坏,任务轻重,都必须按照规定的作业范围和要求进行修理。此方法有利于做好修理前准备工作,有效保证设备的正常运转,但有时会造成过度修理,增加了修理费用。

② 定期修理法。定期修理法是指根据零件的使用寿命、生产类型、工件条件和有关定额资料,事先规定出各类计划修理的固定顺序、计划修理间隔期及其修理工作量。在修理前通常根据设备状态来确定修理内容。此方法有利于做好修理前准备工作,有利于采用先进修理技术,减少修理费用。

③ 检查后修理法。检查后修理法是指根据设备零部件的磨损资料,事先只规定检查次数和时间,而每次修理的具体期限、类别和内容均由检查后的结果来决定。这种方法简单易行,但由于修理计划性较差,检查时有可能由于对设备状况的主观判断误差引起零件的过度磨损或故障。

(3) 全员生产维修

TPM(Total Productive Maintenance)的意思就是"全员生产维修"。全员生产维修被认为是日本版的综合工程学,其基本概念、研究方法和所追求的目标与综合工程学大致相同,也是现代设备管理发展中的一个典型代表。

全员生产维修的主要做法:

① 自主维修(PM 小组活动)。即 TPM 灌输的"自己的设备由自己管"思想,使每个操作人员以开展 PM 小组活动掌握能够自主维修的技能。

② 5S 活动。是 TPM 自主维修中的一项重要内容。"5S"是指整理、整顿、清洁、清扫和素养。

③ 点检。TPM 自主维修中的另一项重要内容。所谓点检,是指按照一定的标准,对设备的规定部位进行检测,发现设备的异常状态和劣化情况。设备点检一般分为日常点检和定期点检等。

④ 局部改善。TPM 也十分重视对设备进行局部改善。所谓局部改善,是指对现有设备局部地改进设计和改造零部件,以改善设备的技术状态,更好地满足生产需要。

局部改善有两种类型。一是群众性的局部改善活动,先提出合理化建议,然后,自己动手逐个解决诸如漏油、点检不便、不安全、工具与零件存放不便等缺陷。二是对于设计制造上较大的后遗症或重点设备上的问题,由设备管理部门、维修部门、生产现场人员组成设计小组,针对问题花大力气改进设计、消除缺陷,达到要求的技术状况。

12.5 设备改造与更新

12.5.1 设备改造

设备改造是指把科学技术新成果应用于企业的现有设备,通过对设备进行局部革新、改造,以改善设备性能,提高生产效率和设备的现代化水平。

1. 设备改造的意义

设备改造对企业是很有必要的,它对企业而言,具有以下几方面重大的意义。

(1) 它是增强企业应变能力的重要手段

在全球化和信息化不断深入的大背景下,应变与持续发展能力已日益成为企业发展进步及经营成败的一个重要指标。企业要想提高应变和持续发展能力,就要提升其自身的综合素质,特别是技术素质。设备改造是增强企业应变能力及发展能力的重要途径。因此,企业要坚持技术改造,快速吸纳科学技术新成果,提升技术装备水平。

(2) 它是提高原有设备技术水平的基本途径

企业按照生产技术发展状况以及生产状况,通过对设备的某些关键部件进行改造,就能够达到改善设备性能、提高生产效率的效果。

(3) 它是实现资金现代化的需要

虽然设备的及时更新非常必要,但也不能"喜新厌旧",将现有设备废弃不用,而且企业设备的大量更新,会受到时间和资金的限制。

先前先进的、新的,总有一天会变成滞后的、旧的。因此,要充分发挥老设备的作用,并及时革新改造。

(4) 它是提高经济效益的有力保障

一方面,设备改造投资少、时间短、人工省、见效快,比较容易取得较好的经济效益;另一方面,设备改造可以依据企业生产的具体状况有针对性地进行,这样能及时地满足企业生产工艺的要求,最终提高企业的经济效益。

2. 设备改造的方法

设备改造的方法分为设备改装及设备技术改造两个方面。

(1) 设备的改装

是指为了满足增加产量或加工要求,对设备的容量、功率、体积和形状的加大或改变。例如,将设备以小拼大,以短接长,多机串联等。改装能够充分利用现有条件,减少新设备的购置,节省投资。

(2) 设备的技术改造

也称现代化改造,是指把科学技术的新成果应用于企业的现有设备,改变其落后的技术面貌。例如,将旧机床改造为程控、数控机床,或在旧机床上增设精密的检测装置等。技术改造可提高产品质量和生产效率,降低消耗,提高经济效益。

企业进行设备改造必须对改造的必要性、可行性以及经济效益进行充分的分析论证。设备改造一般分为需求设计、方案设计、技术分析、试制试验、验收投产几大步骤。

3. 设备改造的目标

一般而言,设备改造具有以下几个目标。

(1) 满足生产要求和提高生产效率

通过对原有设备进行改造,能够增强设备的性能及技术水平,是设备达到或局部达到新设备的水平,从而充分满足生产要求,并有效地提高生产效率。

(2) 节约能源和降低生产成本

采用相应的技术手段进行设备改造,能够有效地提高能源的利用效率,达到节约能源的目的,从而降低生产成本,并在短期内快速收回设备改造投入的资金。

(3) 保障生产的安全性

对某些影响人身安全的设备进行改造,能够提高设备的安全性,减少工人在生产过程中意外伤亡事故的发生。

(4) 保护环境

对某些产生污染的设备进行改造,能够有效地减少或消除污染,改善生产环境。

4. 设备改造的原则

设备改造应当遵循以下几个原则。

① 设备改造必须适应生产技术发展的需要,针对设备对产品质量、数量、成本、生产安全、能源消耗和环境保护等方面的影响程度,在能够取得实际效益的前提下,有计划、有重点、有步骤地进行。

② 必须充分考虑技术上的可能性,即设备值得改造和利用,有改善功率、提高效率的可能。改造要经过大量试验,并严格执行企业审批手续。

③ 必须充分考虑经济上的合理性。改造方案要由专业技术人员进行技术经济分析,并进行可行性研究和论证。设备改造工作一般应与大修理结合进行。

④ 必须坚持自力更生方针,充分发动群众,总结经验,借鉴国外企业的先进技术成果,同时也要重视吸收国外领先的科学技术。

12.5.2 设备更新

设备更新是指对在技术上或经济上不宜继续使用的设备,用新的设备更换或用先进的技术对原有设备进行局部改造。或者说是以结构先进、技术完善、效率高、耗能少的新设备,来代替物质上无法继续使用,或经济上不宜继续使用的陈旧设备。

设备更新是保障企业简单再生产和扩大再生产的必要物质条件,依靠更新设备来实现高产、优质和低成本,并取得较好的经济效益,降低工人劳动强度,适应新产品高性能的要求,发展企业生产,提高企业的经济效益,提升竞争能力。

1. 设备更新的方式

设备更新的方式主要可分为原样更换与技术更新两种。

① 设备的原样更换。原样更换时指把使用多年、大修多次、再修复已不经济的设备更换为一台同型号的设备。这种方式职能满足工艺要求,在没有新型号设备可以替换的情况下可以采用。这种更新一定程度上可以缓解现有设备的效能衰退问题,但是它并没有技术进步的特点。所以,如果大量采用这种更新方式,企业设备平均服役时间虽然缩短了,但不能大幅度提高企业的经济效益,甚至会影响企业的技术进步。

② 设备的技术更新。技术更新是指用质量好、效率高、能耗低的新型设备替换技术性能落后且无法修复改造或者修理、改造不经济的老设备。技术更新既可以恢复原有设备的良好性能,又可以提升设备系统的技术水平和工作效率。在技术迅速进步的今天,大部分的设备更新都采用这种更新方式,它是企业实现技术进步的重要途径。

2. 设备更新的注意事项

设备更新时应当注意以下几个方面。

① 要提高原有设备的技术水平。尽力提高设备构成的技术水平。根据实际情况,企业可以下方面来努力。一是从设备的自动化程度来说,应逐步增加高效自动化设备的比重,二是从设备功能的水平来说,高精度和精密加工设备的比重应逐渐增加,而普通设备的比重应逐渐减少。但是从设备的用途考虑,要根据生产发展需要,减少专用设备,增加通用设备的比重;注重对设备制造的模块化设计。

② 要与设备改造、维修相结合。设备更新和设备改造都是为了提高企业技术装备的现代化水平。而且,设备改造从本质上而言也是对设备的局部更新。需要更新的设备通常是占少数的,现有设备才是开展当前生产活动的主力,所以,一定要加强对现有设备的维修和改造工作。

③ 加强设备薄弱环节的更新。通过更新陈旧设备,提高企业的综合能力,发挥设备更新应有的效果。

④ 应妥善安排"退伍"的老设备。就经济型方面来说,老设备还具有一定的残值,需要开展材质的回收活动;就物质技术性方面来说,也需要根据老设备的具体情况,实事求是地分别处理。

12.6 设备资料及备件管理

12.6.1 设备资料管理

设备档案,是指设备从规划、设计、制造、安装、调试、使用、维修、改造、更新至报废的全过程中形成的图纸、文字说明、凭证和记录等文件资料,通过不断收集、整理、鉴定等工作建立的档案。

设备档案是企业档案的重要组成部分,也是设备管理工作的重要组成部分。设备的正常运行及维护保养是设备管理工作的基本任务,设备档案管理工作为这一基本任务顺利、经济的实现提供了基本技术支持。

设备档案一般包括设备前期与后期两部分。前期档案包括设备订购、随机供给和安装验收的材料;后期档案包括使用后各种管理与修理的材料。

(1) 前期档案

订货合同;装箱单和说明书及资料、附件、工具明细表(原件);出厂合格证书、出厂精度(性能)检验记录(原件);开箱验收单;自制设备的有关说明及图纸、资料;设备基础及隐蔽工程图纸;动力管线图纸;安装、调试验收单;购入二手设备的有关原始材料。

(2) 后期档案

设备使用初期状况记录;定期维护记录;定期检查和监测记录;设备故障分析报告;设备检修记录;设备封存(启用)单;设备润滑卡片;大修任务书与竣工验收报告;技术改造申请书及项目技术经济论证报告;技术改造说明书与图纸及试用效果鉴定;设备事故报告单;设备报废单。

12.6.2 设备备件管理

1. 配件和备件

在修理设备时用来更换磨损和老化零件的零件叫作配件。为了缩短设备修理停歇时间,在备件库内经常保存一定数量的配件,叫作备件。

配件和备件是做好设备维修工作的重要物质条件。配件和备件供应及时,不仅可以提高企业的设备完好率,而且还可以缩短设备修理停歇时间。所以每个企业必须做好配件、备件的供应工作,除配合设备保修计划有计划地按期按量生产配件外,还必须生产和储备一定品种和数量的备件。

2. 设备备件管理的目标

备件管理的目标是实现用最少的备件资金来发到科学合理的经济储备,并能及时满足设备维修的需要,缩短设备停歇维修的事件,从而提高设备的运行效率和经济效益。

备件管理的目标主要体现在:

① 将因设备突发故障所带来的生产停工损失最小化。

② 尽可能地降低设备备件的储备资金占用量,使其最小化。

③ 尽可能地降低设备维修的时间及费用消耗。

④ 不仅要能迎合设备维修的要求,同时还应该注重经济效益的提升。

⑤ 采用先进、科学的备件管理办法,同时保障信息的流畅和有效共享。

随着社会化服务体系的日益完善，企业的备件储备及供应较多地依赖于备件信息管理与社会虚拟备件库。在这种新的条件下，企业和供应商紧密合作、信息共享的供应链管理模式必将形成。在该模式下，供应商已经直接参与到企业的库存管理中，这就从根本上改变了供应商与企业的关系，是的库存管理模式发生了质的变化。

3．设备备件管理的内容

备件管理工作的内容按性质分，可以分为备件的计划管理、备件的库房管理、备件的技术管理和备件的经济管理。

(1) 备件的计划管理

备件的计划管理工作涉及自提出备件的自制或者外购计划至备件入库这一时期的一系列工作。计划工作应注意准确性，尽量避免设备的挤压和空缺。对于关键备件、紧急备件要采取有力措施，及时供应。

(2) 备件的库房管理

备件的库房管理工作涉及自备件入库至发出过程中的库存控制及管理工作。库房要分类保存、摆放整齐、账、卡、物一致。此外，关键精密备件应采取特殊措施保养和保管。

备件的库存管理是设备备件管理的重要内容。

(3) 备件的技术管理

备件的技术管理工作应该由备件技术人员来承担，其具体内容体现在备件管理的基础资料的编制和积累上。通常情况下，这些资料的积累、补充和完善，有助于把握备件需求，预测备件消耗量，进而可以确定比较合理的备件储备定额、储备形式，为备件的生产、采购以及库存提供科学合理的参考资料。

(4) 备件的经济管理

设备备件的经济管理工作通常涉及对出入库账目的管理、对备件库存资金的审、对备件各项经济指标的统计分析等。

12.6.3 设备备件库存管理

备件的库存管理工作具有复杂性和细致性的特点，是整个备件管理工作中的有机成分。通过对库存备件的输入、输出以及对动态信息的统计、分析，就能够确定备件的消耗规律，并在此基础上逐步地修正其储备定额，最终不仅实现对备件的合理储备及管理，还有助于及时地处理备件积压、加速资金周转。

(1) 备件库存的"3A"管理

备件库存的"3A"管理是指针对备件库存管理的特殊性，按照生产设备的重要程度来进行等级划分和库存控制。它以设备的实际运作状况为出发点，依照备件所属设备、所属部件和所属零件在生产过程中所承受的工作负荷量及其对产品质量的影响度来明确其重要程度，并且还给出该备件重要度的排序。其中，A代表最关键、最重要的设备；B类代表重要的设备；C类代表一般的设备，可以以此类推。将设备、部件、零件分别划分为A类、B类、C类。然后对每个设备从这三个方面来进行考察，每个方面有可按照三个等级来衡量，例如备件是关键设备的关键部件上的关键零件，其等级标识为"AAA"。

设备库存的"3A"管理方法可以通过对备件品种的全面考察及等级排序来开展有针对性的控制管理工作。然而，如果未给出特定的等级，则很难准确恰当地把握其重要程度，特别是当备件种类繁多时，会导致分类工作任务艰巨。

（2）备件 ABC 管理

备件的 ABC 管理法被广泛地应用于企业管理方面。当企业的经营管理存在不均衡状况时，选用该方法有利于重点管理。备件的 ABC 管理法就是按照备件的品种规格、占用资金额度、库存时间及价格差异来有侧重地对设备备件进行控制的一种库存管理方法。备件的 ABC 管理见表 12-1。

表 12-1 备件的 ABC 管理

备件分类	备件特点	备件的库存管理
A	属于关键的少数备件，品种数仅占总数的 5%～15%。但所占资金比重为 60%～80%，储备时间长采购制造周期较长、价格较高	需要重点控制和管理，应该尽量采用最经济合理的订货、采购方案
B	属于一般性的备件，其在品种、资金方面都只占总数的 15%～25%	与 A 类备件相比，订货批量可适当加大，订货时间也可作小幅度的相应机动调整，对库存量的控制也比 A 类稍宽
C	占用资金少但涉及品种较多，属于次要的多数备件，虽然其品种占总数的 60%～80%，但资金比重仅为 5%～15%	通常是根据计划需用量进行一次性订货

思 考 题

1. 简述设备和设备管理的概念。
2. 设备选购主要考虑哪些因素？
3. 自制设备在设计时主要考虑的因素有哪些？
4. 简述全员生产维修的内涵和主要内容。
5. 备件管理的主要目标体现在哪些方面？

参 考 文 献

[1] 陈军须,马记.邮政技术设备与管理[M].北京:北京邮电大学出版社,2009.
[2] 中华人民共和国国家标准.信封:GB/T 1416—2003[S].中国标准出版社,2005.
[3] 中华人民共和国国家标准.快递封装用品:第 2 部分　包装箱:GB/T 16606.2—2003[S].中国标准出版社,2008.
[4] 中华人民共和国国家标准.快递封装用品 第 3 部分　包装袋:GB/T 16606.3—2018[S].中国标准出版社,2018.
[5] 中华人民共和国国家标准.硬质直方体运输包装尺寸系列:GB/T 4892—2008[S].中国标准出版社,2010.
[6] 詹青龙,卢爱芹.数字图像处理技术[M].北京:清华大学出版社,2010.
[7] 张成海,张铎.现代自动识别技术与应用[M].北京:清华大学出版社,2010.
[8] 刘小玲,刘海东.条码技术与应用[M].北京:化学工业出版社,2011.
[9] 陈丹晖,刘红.物流装卸搬运设备与技术[M].杭州:浙江大学出版社,2018.
[10] 罗毅,王清娟.物流装卸搬运设备与技术[M].北京:机械工业出版社,2011.
[11] 王成林.装卸搬运技术[M].北京:中国财富出版社,2012.
[12] 庞明.物联网条码技术与射频识别技术[M].北京:中国财富出版社,2011.
[13] 韦林.物联网条码技术与射频识别技术[M].北京:机械工业出版社,2015.
[14] 赵栓亮.邮政业务与管理[M].天津:天津大学出版社,2010.
[15] 伍玉坤.现代物流设备与设施[M].机械工业出版社,2005.
[16] 中华人民共和国物资管理标准.WB/T 1041—2012[S/OL].自动分拣设备管理要求.
[17] 李晓媚.物流信息技术[M].北京:电子工业出版社,2018.
[18] 陈子侠.基于 GIS 物流配送路线优化与仿真[M].北京:经济科学出版社,2007.
[19] 魏二虎.GPS 测量操作与数据处理[M].武汉:武汉大学出版社,2004.
[20] 夏洪胜,张世贤.设备管理[M].北京:经济管理出版社,2014.
[21] 王汝杰,石博强.现代设备管理[M].北京:冶金工业出版社,2007.